Wolfgang Reitzle
Luxus schafft Wohlstand

Die Zukunft der globalen Wirtschaft

Rowohlt

1. Auflage August 2001
Copyright © 2001 by Rowohlt Verlag GmbH,
Reinbek bei Hamburg
Alle Rechte vorbehalten
Redaktion Friedhelm Schwarz
Umschlaggestaltung any.way, Walter Hellmann
(Foto: © Uwe Martin)
Satz aus der Aldus Postscript, pageMaker bei
Pinkuin Satz und Datentechnik, Berlin
Druck und Bindung Clausen & Bosse, Leck
Printed in Germany
ISBN 3 498 05762 6

Die Schreibweise entspricht den Regeln
der neuen Rechtschreibung.

Inhalt

James Bond und Aston Martin –
der Beginn einer neuen Ära

«Wo ist mein Bentley?», fragte James Bond. «Seine Tage sind gezählt. Tut mir Leid», antwortete Major Boothroyds, genannt «Q». «Er hat mich nie im Stich gelassen», wandte Bond ein. «Sie fahren jetzt diesen Aston Martin DB 5. Wir haben ihn ein bisschen verbessert.» Mit dieser Szene aus dem Film «Goldfinger» (1964) verabschiedete sich nicht nur James Bond endgültig vom Luxus der alten Art, sondern auch Millionen Kinobesucher rund um den Globus. Wie groß die Auswirkungen waren, lässt sich natürlich nicht messen. Aber alle wussten schlagartig, dass es einen Unterschied zwischen Altem und Neuem Luxus gibt.

Muss nun James Bond Aston Martin dankbar sein, dass er durch diese durchaus symbolische Entscheidung zu einem unsterblichen und immer modernen Helden des Kinos wurde, der nicht auf einen bestimmten Zeitabschnitt festgelegt ist, oder muss Aston Martin James Bond danken, dass dieser eine kleine und international eher unbekannte Marke in den Blickpunkt der Weltöffentlichkeit rückte? Ich meine, beide haben voneinander profitiert.

Auch wenn Aston Martin damals die für den Film

benötigten Fahrzeuge nur widerwillig herausrückte und sie sich auch bei späteren Filmen noch teuer bezahlen ließ, macht das nur deutlich, wie in den sechziger Jahren gedacht wurde und wie groß die Unterschiede zu heute sind. Das Filmgeschäft war noch nicht als der große Meinungsbildner erkannt und anerkannt, sondern galt als eine eher halbseidene Branche, Unterhaltung eben. Und Aston Martin war pure Ingenieurskunst, die glaubte, gut auf Marketing verzichten zu können. Beides sind in der Rückschau grobe Fehleinschätzungen. Als BMW für die Filme «Goldeneye» (1995) und «Der Morgen stirbt nie» (1997) Fahrzeuge zur Verfügung stellte, repräsentierten sie bereits einen erheblichen Gegenwert. Aber es hat sich für das Image der Premiumprodukte von BMW gelohnt.

Bonds Bentley aus den sechziger Jahren war mit seinem Kühlergrill nach dem Vorbild eines griechischen Tempels und einer Innenausstattung nach Art der Kaminzimmer von Landschlössern ein Relikt aus einer Zeit, als man noch per Zeppelin in die USA reiste. Er war eine noble und durchaus zuverlässige Droschke mit Motor statt mit Pferden, ein edles Fortbewegungsmittel, aber kein Instrument, mit dem ein Geheimagent Jagd auf internationale Verbrecher machen konnte, die die Erde mit geraubten Atombomben oder Laserstrahlen aus dem Weltall bedrohten. Retrospektives Design, wohnraumähnliche Ausstattung und konservative Technik waren zu jener Zeit und auch noch in den folgenden drei Jahrzehnten die wichtigsten Merkmale der meisten englischen Luxusfahrzeuge. Als wichtigster Maßstab für alle Entwicklungen galt die eigene Vergangenheit, und das umso mehr, je größer die technische Kluft zu den anderen Fahrzeugherstellern in Europa wurde. Dieser Trend nahm in den siebziger und achtziger Jahren sogar noch zu und infizierte auch Unternehmen wie Jaguar und Aston Martin, die zuvor zur technischen Avantgarde gehörten. Außerdem litten auch diese Marken zumindest zeitweise und selektiv unter der englischen Krankheit, der Gleichgültigkeit der Arbeitnehmer gegenüber den von ihnen erbrachten Leistungen. Während die eine Hälfte der englischen Arbeitnehmer arbeitslos zu sein schien, war die andere im Streik.

Visionäre Technik wurde Wirklichkeit

Anfang der sechziger Jahre gab es also für einen englischen Agenten kein anderes Fahrzeug als den Aston Martin. Nur ihm traute man aufgrund seines Auftritts und seiner Leistung, heute würde man sagen Performance, die Aufrüstung zu einer Kampfmaschine ernsthaft zu. Natürlich war diese Ausrüstung völlig übertrieben und wäre zu jener Zeit auch in Wirklichkeit

technisch überhaupt nicht umsetzbar gewesen. Aber sie
regte die Phantasie an.

Der «Radarschirm» in Bonds DB 5 zur Ortung eines
Senders hatte eine völlig unglaubwürdige Reichweite
von 300 Meilen, doch das eigentlich Faszinierende waren die in das System einzublendenden Land- und Stra-
ßenkarten, die die eigene Position und die des Senders
wiedergaben, nicht nur in ganz Europa, sondern auch in
den USA – und das auch noch in verschiedenen Maß-
stäben. Hier war die Idee der heutigen Navigations-
systeme vorweggenommen worden, ohne dass man damals eine Vorstellung davon hatte, wie sie zu realisieren
wäre, und auch ohne zu ahnen, dass es gut dreißig Jahre
später ein gängiges Zubehörteil von Serienautos sein
würde. Das ist also ein sehr schönes Beispiel dafür, wie
aus einer höchst exklusiven technischen Idee ein Produkt für den Massenmarkt geworden ist.

Von der Filmfigur zum Markenartikel

James Bond ist aber nicht nur seit fast vierzig Jahren
und in neunzehn Filmen der Geheimagent par ex-
cellence – der erste Film «James Bond jagt Dr. No» kam
1963 in die Kinos –, sondern der Superagent ist auch
weltweit zur Leitfigur für das geworden, was man mit
Neuem Luxus bezeichnen kann. Das Beste ist für ihn

gerade gut genug, und das gilt speziell für technische
Lösungen, und Kosten spielen für Bond keine Rolle.
Aber das ist noch nicht alles. James Bond ist nicht der
geblieben, der er Anfang der sechziger Jahre war, er hat
sich im Laufe seines Kinolebens immer wieder der ver-
änderten Gegenwart angepasst, allerdings ohne seine
inneren Werte zu verlieren. Die Figur James Bond besitzt damit alle Eigenschaften, über die alle guten Pro-
dukt- oder Dienstleistungsmarken verfügen müssen.
Kein Wunder also, dass James Bond auch im Marketing
von Produkten und im Productplacement im Laufe der
Zeit eine immer größere Rolle spielte und noch immer
spielt.

Es gibt in der Gegenwart keine reale Person und auch
keine Kunstfigur, die so perfekt den Verwender von bestimmten, hauptsächlich technischen Luxusprodukten
verkörpert wie James Bond. Er demonstriert, weshalb
man Luxusprodukte braucht, und stellt damit auch die
Verbindung zwischen Luxus und Leistung her. Natürlich steht Bond auch für stilvollen Genuss, «der Champagner ist zu warm. Es weiß doch jeder, dass man einen
53er Dom Pérignon nicht über acht Grad trinkt.» Aber
Bond ist kein Verfechter der Verschwendung, der Dekadenz oder der sozialen Abgrenzung. Er ist nicht einer
der reichsten Männer der Welt, sondern ein Comman-
der der britischen Marine, der zum Geheimdienst MI 6
wechselte. Er besitzt also kein Vermögen wie manche

anderen Filmfiguren, die ein abenteuerliches Leben sozusagen als Freizeitgestaltung betreiben. Bond steht im Dienste Ihrer Majestät. Ein Beamter in herausgehobener Position tut seine Pflicht. Dass er trotzdem maßgeschneiderte Anzüge von Brioni trägt und schwarze Halbschuhe von Church, hat genauso mit seinen Aufgaben zu tun wie sein perfekter Auftritt im Smoking und mit selbst gebundener Fliege. Bond hat gesellschaftliche Verpflichtungen, die es ebenso zu meistern gilt wie die Attacke eines feindlichen Agenten. Luxus ist kein Selbstzweck, alles hat bei ihm eine Funktion. Auch seine Uhren, sei es nun die Rolex oder die Omega Seamaster, sind für ihn nicht Statussymbole, sondern perfekte Zeitgeber und Werkzeuge. Dass die Omega Seamaster nach dem Film «Goldeneye» zum beliebtesten Statussymbol in Russland geworden sein soll, sei nur am Rande erwähnt.

James Bond ist durch und durch britisch. Kein anonymer Weltbürger ohne Heimat. Er verleugnet seine Herkunft nicht und verhält sich doch in jeder Situation und überall auf dem Globus passend. Ob auf dem Golfplatz, im Kasino oder auf den Partys der Reichen und Schönen dieser Welt. James Bond ist dabei und gehört dazu, doch gibt er nie seine eigene Identität auf. So ist James Bond letzten Endes selbst ein Markenartikel der Luxusklasse geworden.

Aston Martin – Markenwert durch Tradition und Fortschritt

Und was ist mit Aston Martin? Auch diese Marke verfügt über alles, was zu einer Luxusmarke gehört. Auch wenn es anfangs gar nicht so aussah.

Lionel Martin baute seinen ersten Wagen im Jahre 1914, die Marke besitzt also eine über achtzigjährige Tradition. Den Namenszusatz Aston wählte Martin, nachdem er mit seinem Wagen mehrfach erfolgreich am Aston-Clinton-Bergrennen teilgenommen hatte. Diese Bergprüfungen waren damals bei Automobilherstellern sehr beliebt, weil man im Wettbewerb zeigen konnte, wie zuverlässig und leistungsfähig die eigenen Fahrzeuge sind. Die Aston Martins stellten sich von Anfang an als sehr wettbewerbsfähige Sportwagen dar. Produktleistung und Produktname gingen hier eine dauerhafte Verbindung ein, die bis heute Bestand hat, auch wenn die eigentliche Produktion der Wagen erst im Jahre 1922 begann. Allerdings steckte das Unternehmen trotz technisch guter Leistungen ständig in wirtschaftlichen Schwierigkeiten, was sich in Eigentümerwechseln und Umfirmierungen niederschlug. Nur die Automarke blieb gleich, die Fokussierung auf Qualität und handwerkliches Können und die damals eher bedauerten geringen Stückzahlen.

1947 erwarb der Industrielle David Brown die Firma.

Sein eigenes Unternehmen stellte Getriebe her, und vor dem Zweiten Weltkrieg war er außerdem erfolgreich ins Traktorengeschäft eingestiegen, sodass ihn der Kaufpreis in Höhe von 20 000 Pfund nicht besonders schmerzte. Zu diesem Zeitpunkt gab es bei Aston Martin nur ein einziges Modell, den so genannten Atom-Saloon. David Brown war von diesem Auto zwar durchaus beeindruckt, aber er hatte das Gefühl, dass Aston Martin zu seinen Wurzeln als Sportwagenhersteller zurückkehren sollte.

Der erste unter David Brown produzierte Wagen, der Aston Martin DB 1 (DB steht für den Namen des Eigentümers David Brown), gewann zwar im Jahre 1948 das 24-Stunden-Rennen von Spa, blieb aber sonst als Kompromiss in geringer Stückzahl schnell auf der Strecke. Erst mit dem DB 2 aus dem Jahre 1950 kehrte der alte Glanz der Marke zurück. Den 2,5-Liter-Reihen-6-Zylinder-Motor hatte Walter Owen Bentley persönlich entworfen. Die Aluminiumkarosserie wurde von einem Rohrrahmen getragen, und die Vantage getaufte Sportversion fuhr bereits 1950 mit 120 PS über 200 km/h schnell.

Eine komplette technische Neukonstruktion war dann der 1958 bis 1963 gebaute Aston Martin DB 4 mit neuer Fahrwerkstechnik und einem 3,7 Liter großen Aluminiummotor, der zunächst 240 PS leistete und den bis dahin in der Sportwagen-Oberklasse dominierenden italienischen Marken erhebliche Konkurrenz machte. Der von James Bond benutzte, seit 1963 gebaute Aston Martin DB 5 hatte nicht nur ein auf vier Liter vergrößertes Triebwerk, sondern gilt auch technisch als das begehrenswerteste Aston-Martin-Modell der Vergangenheit. Auf die Stückzahl wirkte sich die plötzliche durch James Bond bedingte weltweite Bekanntheit der Marke jedoch nicht aus. Während vom DB 5 insgesamt nur knapp 1200 Stück gebaut worden sind, brachte es das Nachfolgermodell, der DB 6, zwischen 1965 und 1970 auf über 1700 Modelle, eine Zahl, die in der Folgezeit von dem zwischen 1969 und 1989 gebauten Aston Martin V8 nur deshalb geschlagen werden konnte, weil es für das Modell eine so lange Bauzeit gab.

David Brown verkaufte 1972 Aston Martin und auch die Marke Lagonda an die Firma Company Development Limited. Danach verschwanden seine Initialen DB zunächst einmal aus den Modellbezeichnungen, bis sie im DB 7 wiederkehrten. Seit 1987 gehört Aston Martin zur Ford Motor Company. Zunächst überließ man die Marke sich selbst, was ihr nicht gut tat. 1992 wurden von dem Aston Martin Vantage gerade einmal 46 Wagen gebaut. Vorwärts ging es erst wieder 1994, als der Aston Martin DB 7 auf den Markt kam.

Nachdem der DB 7 in der Vantage-Version 1999 einen neuen 6-Liter-12-Zylinder-Motor erhielt, ist der knapp 270 000 Mark teure Sportwagen wieder in die

Wettbewerbsarena zurückgekehrt. Hergestellt werden die Aston Martin in Bloxham, einem kleinen mittelenglischen Ort in der Nähe von Birmingham. Zurzeit sind dort 500 Mitarbeiter tätig, die an 30 verschiedenen Arbeitsstationen hoch spezialisierte Tätigkeiten ausführen. Die beiden Kernbereiche der Handarbeit sind die Lackierung und die Innenausstattung. Die besonderen Schleiftechniken bei der Oberflächenbearbeitung sind nur in Handarbeit auszuführen. Roboter wie bei Großserienfahrzeugen wären beim Auftrag und Schleifen der acht Lackschichten nicht einzusetzen. Etwa 50 Aston-Martin-Beschäftigte arbeiten in der Polsterei. Die Ledersitze werden von Hand genäht. Aber nicht nur dadurch wird auch heute noch jedes Fahrzeug zu einem Unikat. Die Herstellung eines Fahrzeugs dauert zirka acht Wochen, denn auch das Innenleben wird immer noch in Handarbeit gestaltet, ganz nach den Wünschen des Kunden. Aston Martin liefert individuelle Fahrzeuge in Perfektion.

Das neue Spitzenmodell, der Aston Martin Vanquish, wurde bereits als Project-Car im Jahre 1998 auf der Detroit Motor Show präsentiert und ist ein Entwurf von Ian Callum. Der Aufbau des Vanquish besteht aus zwei Teilen. Ein aus Kohlefasern gebackener Getriebetunnel bildet das Rückgrat, die Karosserie ist aus Aluminium. Die Verbindung aus Aluminium und Carbonfasern wurde bisher nur im Motorrennsport der Formel 1 verwendet und ist neben der Motorisierung einer der Hauptgründe für den Preis des Fahrzeugs. Der Preis des Vanquish liegt bei rund 440 000 DM, einer Größenordnung, die in Zukunft bei immer mehr Marken zu finden sein wird und für die die Zahl der Käufer wächst.

Das V-12-Triebwerk ist eine Weiterentwicklung des Motors aus dem DB 7 Vantage. Aus 6 Liter Hubraum werden 450 PS erzeugt, das reicht für eine Beschleunigung von 0 auf 100 in 4,8 Sekunden. Die Geschwindigkeit von 160 km/h erreicht der Vanquish in weniger als zehn Sekunden. Der neue Aston Martin Vanquish ist also eine perfekte Fahrmaschine.

Im Jahre 2000 wurden von Aston Martin 1021 Fahrzeuge abgesetzt. Das ist eine Steigerung von über 40 Prozent gegenüber dem bisherigen Rekordjahr 1997, aber das reicht natürlich noch lange nicht. Das Händlernetz wird von derzeit 65 auf mindestens 130 Betriebe ausgebaut. Bis zum Jahre 2003 werden dann zirka 2500 Wagen pro Jahr produziert werden. Das Potenzial der Marke liegt jedoch bei 5000 Fahrzeugen jährlich. In etwa drei Jahren soll eine dritte Baureihe gefertigt werden, die in dem Segment unter 200 000 DM angesiedelt sein wird. Das Werk für 400 Mitarbeiter wird dann im englischen Gaydon entstehen. Um den Bogen von James Bonds Einzelanfertigung zu heutigen Luxusfahrzeugen zu schließen, ist es also nicht mehr nur notwendig, technisch überlegen zu sein, sondern auch Dienstleistungen zu erbringen, die den Anspruch und den Preis eines Produkts rechtfertigen.

Es gehört zu den Besonderheiten von Aston Martin, dass der Wagen in der kleinen Fabrik nicht nur gebaut wird, sondern dass man ihn dort auch warten lassen kann. Die Fahrzeuge kommen dann aus aller Welt auf die Insel zurück. Von den 16 300 bisher produzierten Aston Martin werden noch 14 500 zumindest gelegentlich gefahren. Um die guten Stücke zu erhalten, bedarf es manchmal, besonders nach Unfällen, eines erheblichen Aufwands. Dann liegen die Kosten auch schon einmal bei über 100 000 DM.

Auf dem Genfer Automobilsalon im Jahre 2001 wurde eine Designstudie Giorgetto Giugiaros ausgestellt. Der DB 2020, genannt Twenty-Twenty, entstand auf der Basis eines DB 7. In dieser Studie verwirklichte der Italiener alles, was die kommenden Jahre im Autodesign bestimmen wird. Durch ein Sichtfenster in der Motorhaube kann man das Triebwerk betrachten. Transparenz ist alles. Das zeigt sich auch in der sichtbaren Karosserie-Rahmenstruktur. Sie besteht aus Aluminiumprofilen (Space Frame), deren Zwischenräume mit Aluminiumblechen ausgekleidet sind. Aston Martin ist also dabei, nicht nur technisch, sondern auch im Design eine Spitzenposition zu besetzen, deren Innovationskraft auch auf die anderen Marken der PAG-Gruppe ausstrahlen wird. Viele Medien haben bereits geschrieben,

dass dies der neue Wagen von James Bond sein wird. Es
sind Spekulationen. Lassen Sie sich überraschen.

Was heißt Luxus?

Worum es mir in diesem Kapitel bisher ging, war nicht,
für James Bond oder irgendein Produkt, für das ich ver-
antwortlich bin, Werbung zu machen, sondern an einigen konkreten Beispielen die verschiedenen Aspekte
von Luxusprodukten und Premiummarken zu verdeutlichen, die im Laufe des Buches vertieft werden.

Wir alle scheinen ziemlich genau zu wissen, was Lu-
xus ist. Wenn wir aufgefordert werden, spontan einige
Luxusprodukte zu nennen, wird niemand in Verlegen-
heit kommen. Produkte wie Champagner, Kaviar oder
auch ein Kostüm von Chanel sind ebenso geläufig wie
Marken. Von A wie Aigner über Rolls-Royce und Rolex
bis hin zu Zino Davidoff. Wir wissen, wo in den großen
Städten Luxusprodukte zu kaufen sind, ob bei Käfer in
München, im KaDeWe in Berlin oder bei Tiffany in
New York, und wir wissen auch, was Luxus kostet.

Eigentlich hat auch jeder eine sehr präzise Vorstellung davon, ob er persönlich Luxus braucht, und wenn
ja, welchen, und natürlich hat er auch eine eigene Meinung über Luxusprodukte an sich. Doch wenn wir aufgefordert werden, den Begriff Luxus allgemein verbind-

lich und abstrakt zu beschreiben, haben wir in den meisten Fällen Probleme.

Luxus ist ein lateinischer Begriff und bedeutete ursprünglich «üppige Fruchtbarkeit», doch dann wandelte sich die Bedeutung in Richtung Verschwendung, Ausschweifung und sogar Liederlichkeit. Der Begriff Luxus wurde in die meisten europäischen Sprachen übernommen, und zwar in dem Sinne, dass er die über das jeweils als notwendig erachtete Maß hinausgehenden Aufwendungen bei der Herstellung von Gütern, bei ihrer Verwendung und auch bestimmte Aspekte der Lebensweise bezeichnet.

Luxus ist also ein ziemlich ungenauer und in gewisser Weise sogar unbrauchbarer Begriff, dessen Inhalt durch die jeweilige Gesellschaft, durch ihre Strukturen, durch kulturelle Dimensionen und durch die ökonomischen Bedingungen bestimmt wird. Ein Exkurs in die Vergangenheit oder auch in andere Kulturen mag historisch oder auch kulturwissenschaftlich interessant sein. Er wird uns in der Gegenwart jedoch nur insofern etwas nützen, als diese Erkenntnisse für unser heutiges Handeln und Denken noch bestimmend sind. Was bei den Griechen und Römern als Luxus galt, ist für die heutige Zeit praktisch irrelevant. Der Luxus, der seine Wurzeln im Europa des 18. und 19. Jahrhunderts hat, wird jedoch bis in die Gegenwart hinein Wirkung haben.

Die gravierenden gesellschaftlichen Veränderungen,

die durch die Industrialisierung angestoßen wurden und die durch die beiden Weltkriege immer wieder unterbrochen worden sind, haben zu einem durch die Technologie bestimmten Wandel gesellschaftlicher Bedingungen geführt, der den meisten Menschen in der Tiefe seiner Wirkung überhaupt nicht bewusst ist.

Die Vorstellung, dass wir heute in einer Wissensgesellschaft leben, geht den meisten leicht von den Lippen. Was sich dahinter an tatsächlichen Veränderungen verbirgt, ist nur den wenigsten klar. Der kontinuierliche Wandel von einer rohstofforientierten Gesellschaft zur Wissensgesellschaft wurde von den beteiligten Menschen, und das sind alle, die sich zwischen der Schulreife und dem Lebensende befinden, deshalb nicht wahrgenommen, weil die Wissensgesellschaft auch die eigene Wahrnehmung permanent verändert. Selbst persönliche Erinnerungen und Wahrnehmungen verblassen im Rahmen der mit der Wissensgesellschaft verbundenen Informationsfülle dermaßen, dass es für jeden Einzelnen einer ganz erheblichen Anstrengung bedarf, sich an andere Verhältnisse als die heute existierenden überhaupt zu erinnern.

Ein Mobiltelefon zu besitzen und es zu benutzen ist für viele schulpflichtige Kinder in Europa, Nordamerika und auch in weiten Teilen Asiens heute eine Selbstverständlichkeit. Aber was für eine technische Spannweite liegt zwischen dieser technischen Selbstverständlichkeit, überall und jederzeit erreichbar zu sein und jeden erreichen zu können, und der Erinnerung von Gräfin Dönhoff, der langjährigen Herausgeberin der Wochenzeitung «Die Zeit», an ihre Kindheit, als auf dem Gutshof ihrer Eltern das erste Mal eine Glühbirne ein Zimmer erhellte und man bei Einbruch der Dunkelheit keine Kerzen mehr anzuzünden brauchte. Diese erlebte Spannweite vom Luxusgut des elektrischen Lichts als Zeichen des Fortschritts und des Wohlstandes beim ländlichen Adel bis hin zum Anschluss an ein weltumspannendes Kommunikationsnetz als ein selbstverständliches Massenprodukt für jedermann zeigt, wie weit die Wissensgesellschaft das Bewusstsein für die Veränderung und für das Besondere nivelliert hat.

Erst mit der Einführung des Begriffs der New Economy wurden wieder Ansätze dafür geschaffen, sich über die Bedingungen der Veränderungen zwischen gestern und heute bewusst zu werden. Die New Economy stellt als Economy of Information ganz klar das Wissen in den Vordergrund, während sich die Old Economy als Economy of Things eindeutig auf das konkret Materielle bezieht. Nun kann die New Economy nicht ohne die Old Economy und ohne ihre Bestandteile funktionieren. Das gilt allerdings auch umgekehrt, wenn Unternehmen der Old Economy den Rahmen der lokalen Beschränkung sprengen wollen, um national, international oder global aktiv zu sein.

Ich möchte den Begriff der New Economy nicht nur auf wirtschaftliche Aktivitäten im Internet beschränkt sehen, sondern ihn auf alle Aktivitäten in Wirtschaft und Gesellschaft anwenden, die wissensbasiert sind. Insofern ist die New Economy kein Phänomen der vergangenen fünf Jahre, sondern eines, das sich aus kleinsten Anfängen heraus seit fünfzig Jahren aus einem schmalen Rinnsal und einer exklusiven Technologie für eine kleine Elite hin zu einem breiten Strom entwickelt hat, der heute zu elementaren Veränderungen geführt hat. Obwohl sie bereits vor 25 Jahren vorausgesehen worden sind, prognostizierte man aber für deren Realisierung eine weitaus fernere Zukunft.

Der Luxusbegriff der Old Economy war ein ganz anderer, als es der Luxusbegriff der New Economy ist. Da wir aber gegenwärtig beide Wirtschaftsformen sowohl parallel als auch ineinander verschränkt vorfinden, stehen wir auch zwei Luxusbegriffen gegenüber, die sich einerseits deutlich voneinander abgrenzen und sich andererseits ergänzen. Das mag für manchen schizophren klingen, es entspricht aber schlicht den Tatsachen unserer gesellschaftlichen und wirtschaftlichen Realität.

Der Begriff Luxus hat nicht nur eine materielle und eine gesellschaftliche Dimension, sondern auch eine politische und moralische. In diesen vier Spannungsfeldern müssen wir sowohl den alten Luxusbegriff als auch den neuen definieren. Der alte Luxusbegriff war rein

materiell ausgerichtet. Wertvolle Rohstoffe, knappe Güter und ihr Einsatz im Überfluss, Verzehr von Arbeits-
kraft und Verschwendung von Ressourcen waren für
ihn maßgebend, um politische Macht und gesellschaftliche Stellung zu definieren und zu behaupten. In der
moralischen Dimension wurde der Luxus dann aus dem
gesellschaftlichen Stand heraus begründet und, um es
modern auszudrücken, als Arbeitsbeschaffungsmaß-
nahme für die arbeitende Bevölkerung gerechtfertigt.
Der Luxusbegriff der New Economy bezieht sich zum
einen auf immaterielle Werte und zum anderen auf Luxusprodukte, die jedoch auch immaterielle Komponenten beinhalten.

Politisch, gesellschaftlich und moralisch erscheinen
diese Luxusprodukte und auch der immaterielle Luxus
nicht fragwürdig, sondern sogar für Mehrheiten erstre-
benswert. Diskriminiert werden heute in zunehmen-
dem Maße nur die Luxusgüter der Old Economy. Dies
lässt sich an den unterschiedlichsten Beispielen erklären. Das Horn des Rhinozeros gilt in der chinesischen
Medizin als Potenzmittel und wird teurer als Gold bezahlt, ein Luxus, dem man in der westlichen Welt zwar
jede Wirkung abspricht, der aber, da er zum Raubbau an
der Natur führte, weltweit geächtet wird. Das Gleiche
gilt für das Thema Elfenbein. Tierquälerische Verfahren,
wie sie die Chinesen anwenden, um Bärengalle für die
traditionelle Medizin zu finden, sind im Westen ebenso

geächtet wie das Tragen von Raubkatzenfellen als modische Bekleidung. War es in den fünfziger Jahren für die Damen der High Society und für Schauspielerinnen und Filmstars noch schick, einen echten Leopardenfellmantel oder gar das Fell eines sibirischen Tigers zu tragen, so würde sich heute jede dieser Damen mit solchen Attributen, die sich wahrscheinlich nicht einmal mehr im hintersten Winkel ihres Kleiderschrankes finden, selbst diskriminieren und aus der Gesellschaft ausschließen.

Luxusartikel der New Economy zeichnen sich durch technische Fortschrittlichkeit, durch Medienrelevanz und einen starken Markenkern aus. Ihr Luxus ist international und klassenlos, sofern man über das Geld verfügt, ihn kaufen zu können. Er wird über alle gesellschaftlichen Schichten hinweg mehr oder weniger neidlos akzeptiert und natürlich auch kopiert, was vielleicht das bemerkenswerteste Phänomen ist.

Es dürfte durchaus interessant sein, auch einmal den Gegenpol von Luxus, oder zumindest das, was viele dafür halten, zu betrachten – Bescheidenheit. Der Journalist und Anchorman der Tagesthemen im ersten deutschen Fernsehprogramm, Ulrich Wickert, hat in seinem «Buch der Tugenden» sowohl eigene als auch fremde Gedanken zu diesem Begriff zusammengetragen. So sagt er unter anderem: «Sowohl die Bescheidenheit als auch die Demut sind Tugenden des rechten Maßes. Der

Gegensatz von Bescheidenheit ist Maßlosigkeit. Wer hingegen bescheiden ist, kennt das rechte Maß, sei es im äußeren wie im inneren Verhalten. Er protzt nicht, weder in seiner Kleidung noch in seinem Verhalten. Trotzdem kann ein bescheidener Mensch durchaus stolz sein.

Als das Bürgertum den Adel ablöste, gehörte es zur bürgerlichen Bescheidenheit, sich dezent statt protzig zu kleiden. Nicht die Kleider sollten den Menschen ausmachen, sondern sein Verhalten. Daher rührt die dunkle Kleidung der Männer. Doch gerade in den letzten Jahrzehnten haben der Überfluss und die Suche nach einer äußerlichen Selbstverwirklichung des Individuums dazu geführt, dass Mode und teure Kleidung wachsende Bedeutung erhalten haben. Immer unbescheidener trägt man Kleidung, die auf den ersten Blick zeigt, wie viel sie gekostet hat.»

Gerade weil Eltern immer weniger Wert auf Bescheidenheit legen, erziehen sie auch ihre Kinder zu dem falschen Glauben, dass das Äußere einen wesentlichen Teil ihrer Identität ausmache. Für Schulkinder wird es schon seit Jahren immer wichtiger, sich mit den richtigen modischen Accessoires auszustatten. Wer nicht die aktuellen und immer kostspieligeren Jacken, Hosen oder Schuhe trägt, gilt weniger. Es scheint so, als bestimme nur noch die Mode den Stellenwert des Menschen in seiner Gruppe. Und weil niemand ausgeschlossen werden will, bemüht sich jeder mitzuhalten.

Wickert sagt sinngemäß weiter, dass Bescheidenheit, wie alles sittliche Verhalten, gelehrt werden muss. Deshalb wäre es durchaus sinnvoll, an Schulen darauf zu achten, dass alle Kinder angemessen gekleidet sind. In manchen Ländern ist eine einheitliche Schulkleidung längst üblich, um Unterschiede, die rein materiell begründet sind, nicht sichtbar werden zu lassen. Bis in jüngere Zeit trugen Schulkinder in Frankreich einen grauen Kittel, der zwar nicht schön, aber uniform war. Und selbst heute werden Schüler in Frankreich von ihren Erziehern aufgefordert, nur dezent und in gedecktem Blau oder Grau in den Unterricht zu kommen. Nach Ulrich Wickerts Meinung ist ein solches Modell für die Erziehung zur Bescheidenheit geeignet.

Diesen Überlegungen könnte man zwar prinzipiell zustimmen. Doch in der Praxis zeigt sich, dass in einer Gesellschaft, die Gleichheit zum eigenständigen Wert macht, der Unterscheidung von anderen durch kleinste Details besondere Bedeutung zukommt. Außenstehende werden viele der Zeichen und Symbole gar nicht deuten können. Es kann die Art sein, wie die Krawatte eines Internatsschülers gebunden ist, oder die Zahl der Falten im Rock eines Mädchens.

In keinem anderen Land der Welt haben Luxusprodukte als Statussymbole einen so hohen Stellenwert wie in Japan. Anpassung und Konformität sind dort keine frei gewählten Werte, sondern werden unter großem sozialem Druck erzwungen. Dieser Druck schafft Gegendruck, der sich im privaten Luxus ein Ventil sucht. Die japanische Gesellschaft ist auch im Hinblick auf das Verständnis von Luxus und auf die Verwendung solcher Güter gänzlich anders als andere Gesellschaften auf der Welt. Sie schwankt im Rahmen des gesellschaftlich Erlaubten zwischen Demut und Exzess, zwischen meditativer Stille und dem dröhnenden Lärm der Karaoke-Bars. Dass alle japanischen Kinder Schuluniformen tragen müssen, scheint keine direkt nachvollziehbaren Auswirkungen auf ihr Leben als Erwachsene zu haben.

Wie die Gesellschaftswissenschaften über Luxus in Europa, aber auch in den USA denken, soll das nächste Kapitel zeigen.

Eine kurze Geschichte des Luxus

Wer sich für die Geschichte des Luxus interessiert, wird an den Arbeiten Werner Sombarts nicht vorbeikommen. Geradezu akribisch hat er vor hundert Jahren die damals noch weitaus besser als heute zugänglichen Quellen des 18. und 19. Jahrhunderts durchforstet, um das Material für seine Bücher zusammenzutragen. Dabei warnt er vor der großen Gruppe moralisierender Schriften, während er über viele Geschichtswerke ziemlich spöttisch sagt: «... eine bewundernswerte Leistung, aber man lernt fast gar nichts aus dem Buche.» Was allerdings auch er trotz mühevoller Suche nicht auffinden konnte, waren spezielle Quellen über die Geschichte des Luxus. Dieses Thema scheint sich bis heute einer auch nur annähernd objektiven Betrachtung durch die Wissenschaft weitgehend entzogen zu haben, weil der geistig-religiöse oder politische Überbau jeder Epoche so dominierend war, dass einfach keine brauchbaren Ergebnisse in größerer Zahl zustande kamen.

Zu den moralisierenden Schriften hat Sombart sicherlich auch die berühmten Essays des Michel de Montaigne gezählt. Bereits 1580 machte dieser sich in durchaus moderner Form Gedanken über den Luxus. Er ging dabei von den zu seiner Zeit geltenden Gesetzen aus, die sowohl bei der Kleidung als auch beim Essen die Rechte des Adels von denen der Bürger abgrenzten. Das Recht, Steinbutt zu essen sowie Samt und Goldtressen zu tragen, war den Fürsten vorbehalten, mit dem Erfolg, dass die Begierde der Bürger geradezu angestachelt wurde, ebenfalls in den Genuss dieser Dinge zu kommen. Montaigne erkannte sehr genau, dass nichts den Gebrauch von Produkten stärker fördert als ihr Verbot. Und er erkannte auch, welche Bedeutung der Lebensstil von Königen und Fürsten als Vorbild für die Bürger hat. Nichts wurde stärker nachgeahmt.

Wörtlich sagt Montaigne (in der Übersetzung von Hans Stilett, 1998) über die Könige: «Ihre persönlichen Neigungen dienen hier als Gesetz. Alles, was die Fürsten tun, scheinen sie allen vorzuschreiben. Ganz Frankreich macht sich zur Regel, was am Hofe die Regel ist.» Dann zitiert Montaigne nach einigen Beispielen aus dem höfischen Leben Platon, der in seinen Gesetzen sagt, «dass es auf der Welt keine gefährlichere Pest für einen Staat gebe, als wenn man der Jugend die Freiheit lasse, in der Kleidung, den Gebärden, den Tänzen, den Leibesübungen und den Liedern immer wieder von einer Form zur anderen zu wechseln, mal dieses, mal jenes Urteil zu übernehmen, der jeweils letzten Mode hinterherzulaufen und deren Erfinder zu verehren». Der Luxus rüttelte für Montaigne also an den hergebrachten Traditionen, die zu verteidigen er sich verpflichtet fühlte. Mit wenig Erfolg, wie wir heute wissen. Dennoch, die Tendenz, Luxus mit Dekadenz und gesellschaftlichem Verfall gleichzusetzen, hat sich, wenn auch unter ganz verschiedenen religiösen, weltanschaulichen, politischen oder ideologischen Voraussetzungen, bis heute in allen Kulturen erhalten.

Luxus als Basis des Kapitalismus

Werner Sombart (1863–1941) geht das Thema Luxus für seine Zeit ausgesprochen pragmatisch an, wenngleich auch er seine Herkunft als Sohn eines Rittergutsbesitzers und Fabrikanten nicht verhehlen kann. Sombart war Professor in Breslau und in Berlin. Als Volkswirtschaftler und Soziologe untersuchte er speziell die historischen und soziologischen Grundlagen des Kapitalismus und war der erste bürgerliche Wissenschaftler, der sich kritisch mit Karl Marx auseinander setzte.

1913 erschien der erste Teil seiner Studien zur Entwicklungsgeschichte des modernen Kapitalismus unter dem Titel «Luxus und Kapitalismus». Die darin aufgezeigten historischen Zusammenhänge und seine Überlegungen dazu erleichtern einerseits das Verständnis des Phänomens Luxus, andererseits eröffnen sie Perspektiven, die auch heute noch, 90 Jahre nach dem ersten Erscheinen seines Werkes, zu weiteren Überlegungen Anlass geben.

Nach Auffassung Sombarts ist Luxus jeder Aufwand,
der über das Notwendige hinausgeht. Man kann Luxus
also nur definieren, wenn man weiß, was «das Notwendige» sein soll. Aber auch das Notwendige ist kein fester
Begriff. Was heute als lebensnotwendig in der deutschen
oder in der amerikanischen Gesellschaft betrachtet wird,
hat nichts mit dem zu tun, was zur gleichen Zeit in der
indischen Gesellschaft als lebensnotwendig erachtet
wird. Natürlich kann man das Notwendige auch aus
einem Wertesystem heraus definieren, was sowohl religiöser wie politischer Natur sein kann.

Luxus hat darüber hinaus auch noch eine quantitative und eine qualitative Dimension. Im quantitativen
Sinn bedeutet es nach Sombart Vergeudung von Gütern.
Luxus im qualitativen Sinn bedeutet für ihn Verwendung besserer Güter. Das steht im engen Zusammenhang mit der Verfeinerung. Diese kann wiederum in
zwei Richtungen vonstatten gehen. Einmal hinsichtlich
des Materials und einmal hinsichtlich der Form, die ein
Luxusgut annimmt.

Die nächste Unterscheidung besteht zwischen öffentlichem und persönlichem Luxus. Der öffentliche Luxus
ist zum Beispiel auch der, der in Kirchenbauten und bei
der Ausstattung religiöser Gerätschaften getrieben wird,
mit dem jedoch ein gänzlich anderer Zweck verfolgt wird

als mit dem persönlichen Luxus, der, sagen wir es doch einmal ganz klar, egoistischen Zwecken dient.

Damit sich Luxus entfalten kann, müssen nach Ansicht Sombarts eine ganze Reihe von Bedingungen erfüllt sein: Es muss Reichtum vorhanden sein, es muss die freie Gestaltung des Liebeslebens möglich sein, denn gerade dieses ist, wie wir noch sehen werden, nach seiner Meinung eine wesentliche Voraussetzung für die Schaffung von Luxusgütern. Weiter muss aber auch das Streben einzelner Gruppen der Bevölkerung möglich werden, sich anderen gegenüber zur Geltung zu bringen.

Nach Sombarts Ansicht hat sich in den Jahrhunderten seit dem Ausgang des Mittelalters ein großer Luxus in Europa entfaltet, der sich gegen Ende des 18. Jahrhunderts ins Maßlose steigerte. Luxus wurde zu dieser Zeit als Last empfunden, als ein zwanghaftes Übertrumpfen des Vorhandenen und Gestrigen. Der Luxus hatte zu dieser Zeit so entsetzlich kostspielige Formen angenommen, dass es schließlich überhaupt kein Vermögen mehr gab, das er nicht zu untergraben imstande war. Man zehrte seine Einkünfte und Vermögen auf, nur um seinem Nachbarn im skandalösen Übertreiben voraus zu sein. Zeitgenossen aus dem Jahre 1751 beschreiben es so: «Der Luxus verschlingt alles wie ein Meer.»

Im 15. Jahrhundert sind es vor allem Feste, öffentliche Schaustellungen, Empfänge und feierliche Umzüge, die den Luxus dieser Zeit darstellen. Was die italienischen

Fürsten vorlebten, wurde später von den französischen Königen noch weit übertrumpft. Neben diesem unproduktiven Luxus des reinen Verprassens traten allmählich immer stärkere Formen des produktiven Luxus auf, nicht zuletzt unter dem Einfluss der Frauen und speziell der Mätressen bei Hof. Dies ist ein ganz wesentlicher Punkt der Überlegungen Sombarts: die Frauen als treibende Kräfte der Verfeinerung. Nicht der Mann ist der Verbesserer, sondern die Frau.

Obenan stand der Bauluxus, was nicht nur die Gebäude selbst, sondern auch ihre Einrichtung betraf. Als Nächstes kam der Kleiderluxus hinzu. Der Luxus, den der Hof betrieb, verbreitete sich allmählich auch über all die Kreise, die ihr Ideal im Hof erblickten oder mit dem Hof in Beziehung standen. Leute aus dem Volk, die schnell zu Reichtum gekommen waren, verwendeten diesen überwiegend zu Luxuszwecken. Irgendwann war es so weit, dass die Bürger den Adel in der Luxusentfaltung überholten. Natürlich verachtete der Adel die Krämergesinnung, das Geld und die Geldwerte. Eine gewisse Bewunderung und Sympathie für den adeligen, nicht auf Zugewinn gerichteten Lebensstil kann Sombart nicht verbergen, doch die Konsequenzen sind ihm klar: Man lebte weitgehend in den Tag hinein, mit dem Erfolg, dass die Vermögen vom Adel zum Bürgertum wanderten.

Sombart sieht in der Zeit zwischen 1200 und 1800

eine sukzessive Veränderung der luxuriösen Lebensweise. Es gibt eine Tendenz zur Verhäuslichung, denn der
mittelalterliche Luxus war ein öffentlicher, der in Form
von Turnieren, Schaugeprängen, Aufzügen und öffentlicher Gastlichkeit dargestellt wurde. Dieser wurde ganz
allmählich durch einen häuslichen Luxus ersetzt, der
natürlich den Interessen der Frauen, ob sie nun Ehefrau-
en oder Mätressen waren, deutlich stärker entgegen-
kam, denn er ging einher mit einer Tendenz zur Versachlichung.

Waren es in den Adelskreisen noch zahllose Diener-
schaften, die ein Überbleibsel des alten Gefolges darstell-
ten, und erschöpfte sich der Luxus vielfach in Aufgebo-
ten zur Beköstigung und Belustigung einer immer
größer werdenden Gefolgschaft von Schmarotzern und
Trabanten, so war das Interesse der Frau eher auf prächtige Kleider, behagliche Wohnungen und kostbaren
Schmuck ausgerichtet. Hier fand der Wandel von unproduktivem zu produktivem Luxus seinen Ursprung, mit
dem auch die kapitalistische Produktionsweise begründet wurde.

Die Versachlichung des Luxusbedarfs ist für die Entwicklung das Kapitalismus von grundlegender Bedeutung, ebenso wie die Tendenz zur Versinnlichung und
Verfeinerung. Verfeinerung heißt für Sombart in erster
Linie Vermehrung des Aufwandes an Arbeit bei der Herstellung eines Sachgutes. Erst durch die Verfeinerung,

durch Arbeit erhält ein Material oder Rohstoff seinen
luxuriösen Wert.

Hinzu kommt auch noch eine Tendenz zur Zusam-
mendrängung im zeitlichen Sinn. Im Mittelalter hatte
man noch unendlich lange Produktionszeiten. Man baute nicht für die nächsten Generationen, sondern gemeinsam mit den folgenden Generationen. Bestimmte Bau-
werke entstanden über drei Jahrhunderte und acht
Generationen hinweg. Luxus als Sache wollte man aber
selbst erleben. Deshalb wurde die Lebensdauer des einzelnen Menschen zum Maßstab des Genießens. Es
machte keinen Sinn, ein Schloss für eine Mätresse zu
bauen, das diese niemals würde beziehen können und
dessen Vorzüge der Erbauer nie würde mit ihr gemeinsam genießen können. Die Bauzeiten verringerten sich
von Generationen auf wenige Jahre.

Im 15. und 16. Jahrhundert bildete sich in Italien die
Kochkunst aus. Es entstand der Essluxus. Süßspeisen,
Zucker, Kakao, Kaffee und Tee wurden zu Luxusprodukten ersten Ranges. Auch hier waren die Frauen die trei-
benden Kräfte. Und selbst der Wohnluxus hatte seinen
Ursprung im Italien des 15. und 16. Jahrhunderts. Das
übrige Europa befand sich immer in der Rolle des Nach-
ahmers. Die Einrichtungen der großen Kurtisanen wurden in jener Zeit vorbildlich für Wohnungseinrichtungen überhaupt. Im Barock wurde für eine gewisse Zeit
der Spiegel zu einem wesentlichen Element des Wohn-

luxus. Auch hierbei darf die Rolle der Frau nicht unter-
schätzt werden.

Das Bett ist damals der kostbarste Gegenstand der
Einrichtung gewesen. Jeder Mann von Stand, dessen
Mittel es erlaubten, schuf seiner Geliebten ein kleines
Schloss oder zumindest eine luxuriöse Stadtwohnung.
Im 18. Jahrhundert sind dann die Möbel das größte Lu-
xusobjekt und die größte Ausgabe geworden. Man rich-
tete sich ungefähr alle sechs Jahre neu ein, um von allem
zu profitieren, was es an Neuem, Schönem und Elegantem gab. Dabei entwickelte sich der Wohnluxus in England noch stärker als in Frankreich.

Ende des 18. Jahrhunderts verwandelte sich in den
Großstädten die private Luxusentfaltung allmählich zu
einer kollektiven Luxusgestaltung in dem Sinne, dass
auch öffentliche Einrichtungen wie Theater, Musikhal-
len und Ballhäuser den Ansprüchen einer inzwischen an
Luxus gewöhnten Gesellschaft entsprechen müssen. Das
gilt auch für die Restaurants und Hotels.

In der Mitte des 18. Jahrhunderts veränderte sich die
Ausgestaltung der Läden. Es gab auf einmal elegante
Läden, nicht nur für Wohnbedarf, sondern auch für verfeinerte Lebensmittel wie Konditorei- und Backwaren.
Sombart beschreibt all diese Entwicklungen anhand von
unzähligen Details, Einkaufslisten, Handwerkerrech-
nungen und Reisebeschreibungen, die hier aufzuführen
jeden Raum sprengen würde.

Luxus, das nützliche Übel

Die Ökonomen des 17. und 18. Jahrhunderts waren sich darüber einig, dass der Luxus den wesentlichen Beitrag zur Etablierung und Schaffung des Kapitalismus leistete, auch wenn man diesen Begriff noch nicht verwendete. Luxus und Fortschritt bildeten ein festes Begriffspaar. Man hatte lediglich die Sorge, dass ein zu großer Luxuskonsum der Kapitalbildung Abbruch tun könnte. Auch die Regierungen richteten ihre Politik in einem luxusfreundlichen Sinne ein.

Während des 17. Jahrhunderts verschwinden in den Ländern mit rasch fortschreitender kapitalistischer Entwicklung die Aufwandsverbote. Die letzte Kleiderordnung einschließlich einiger Verbote für bestimmte Luxusaufwendungen stammt in England aus dem Jahre 1621. Das letzte Edikt über den Tafelluxus in Frankreich wurde im Jahre 1629 erlassen. Hier wurde zwar 1644 und 1672 noch die übermäßige Verwendung von Edelmetallen zu Luxuszwecken verboten, jedoch nur, weil man das Gold und Silber für die Herstellung von Münzen brauchte. 1656 gab es noch ein Verbot von teuren Hüten, die letzte Kleiderordnung wurde in Frankreich im Jahre 1708 verkündet. Dann waren die regierenden Kreise von der Notwendigkeit des Luxusaufwandes «im Interesse der kapitalistischen Industrie» überzeugt. Was sie am Luxus vor allem schätzten, war seine marktbildende Kraft. Luxus wurde zwar im Prinzip als Übel angesehen, aber ein Übel, das Nutzen brachte.

Sombart bedauert, dass über die Beziehungen zwischen Luxus und Markt zu seiner Zeit keinerlei Forschungen angestellt worden sind. Meist rücke man dem Luxusproblem nur mit ethischem Pathos auf den Leib, anstatt es wissenschaftlich zu untersuchen. Also versuchte er es in Ansätzen.

Die Erkenntnis von Marx, dass der Kapitalismus durch die geographischen Erweiterungen der Absatzbeziehungen, insbesondere durch die Erschließung der Kolonien im 16. Jahrhundert, im Wesentlichen gefördert wurde, verneint Sombart. Nach seiner Theorie hat der Luxus bei der Entstehung des modernen Kapitalismus auf sehr unterschiedliche Weise geholfen. Er hat zum Beispiel bei der Überführung des feudalen Reichtums in den bürgerlichen Reichtum durch Verschuldung des Adels eine wesentliche Rolle gespielt.

Sombart postulierte, dass der geschäftliche Erfolg eines Unternehmens von folgenden Umständen abhängt: von der Häufigkeit des Güterumsatzes und von der Höhe des Tauschwertes der umgesetzten Güter. Die Höhe des Tauschwertes wird wiederum durch den Wert des einzelnen Gutes und durch die Menge der Güter bestimmt. Der notwendige Mindestabsatz eines Unternehmens kann also durch den Absatz hochwertiger (einzelner) Güter oder durch den Absatz vieler (Massenabsatz) erzielt werden.

Diese Hochwertigkeit entsteht entweder durch mengenmäßige Häufung oder aber durch Verfeinerung. Das sind natürlich alles Begriffe, die für uns heute altmodisch sind, aber inhaltlich haben sie nichts von ihrer Richtigkeit verloren. Unter Häufung versteht Sombart Güter, die zusammengesetzt oder komplex sind. Zu seiner Zeit waren das Lokomotiven, Schiffe oder auch solche Einrichtungen wie Krankenhäuser. Heute würden wir als ein komplexes Gut zum Beispiel auch ein modernes Automobil bezeichnen. Hier wird auch eine Menge einfacher Materialien, Stahl, Aluminium, Kunststoffe, zu einer Einheit verbunden, die in ihrer Summierung einen großen Wert darstellt. Verfeinerung ist die qualitative Aufarbeitung.

Eine weitere Unterscheidung Sombarts ist die zwischen dem Grobbedarf und dem Feinbedarf. Unter Grobbedarf versteht er das, was zum Beispiel in der Landwirtschaft erwirtschaftet wird. Feinbedarf stellt für ihn das dar, was durch den Fernhandel, durch die Herbeischaffung hochwertiger Güter befriedigt wurde und was durch die Arbeit von Handwerkern auf lokalen, nationalen und internationalen Märkten entstand.

Es ist für Sombart nicht unwahrscheinlich, dass der Warenhandel eher kapitalistische Formen angenommen hat als die Gütererzeugung. Dass der Handel überhaupt eine so große Bedeutung erlangen konnte, kann nur darauf zurückzuführen sein, dass er sich auf Luxuswaren konzentrierte, mit entsprechend hohen Gewinnspannen. Die Güter des täglichen Bedarfs oder des Grobbedarfs wurden jeweils vor Ort erzeugt. Im Mittelalter war Italien der Mittelpunkt des Handels in Europa. Aus dem Norden kamen Wolle als Grundlage für florentinische Tuche, Pelze und Leinenzeug ins Land. Dagegen führte Italien Seide und Seidenwaren, Tücher, Produkte aus Glas, Weine und Waffen aus, aber auch Baumwollwaren, die zu der Zeit noch als Luxusgüter angesehen wurden. Zu den Luxusgütern gehörten damals auch exotische Medikamente, Gewürze, Parfüms, Farbstoffe, Rohstoffe für Gewebe, Schmuckgegenstände und Bekleidungsstoffe. Noch bis ins 19. Jahrhundert hinein blieben auch Tabak, Kaffee, Tee und Kakao Luxuswaren.

Bedruckte indische Baumwollstoffe, so genannte Kattune, kamen Ende des 17. und Anfang des 18. Jahrhunderts in den reichen Kreisen Frankreichs in Mode und standen gleichrangig neben Seidenstoffen. 1700 verbot der französische Staat die ‹Cotons›, weil sie den einheimischen Produzenten zu große Konkurrenz machten.

Im Detailhandel kam es zu einer Versachlichung der Verhältnisse zwischen Händler und Kundschaft, indem nämlich feste Preise eingeführt wurden. Ein Umstand, der in Deutschland per Gesetz über Jahrzehnte eine

Selbstverständlichkeit war und jetzt gerade wieder durch
die Abschaffung des Rabattgesetzes gelockert wird.

Ein anderer Aspekt des aufkommenden Kapitalismus
war, dass die Händler untereinander in den Wettbewerb
gingen und begannen, um den Kunden zu werben. Zuvor betrieben sie ihre Geschäfte einträchtig nebeneinander, worauf auch noch alte Straßennamen hinweisen, die
Straße der Hutmacher, die Straße der Fischhändler und
so weiter.

Es war keineswegs billig, sich im Luxuswarengeschäft
zu etablieren. Man musste nicht nur über ein gutes
Warenlager verfügen, sondern auch eine entsprechende
Ladeneinrichtung bieten, die für die Kunden attraktiv
war. Zugleich änderte sich das Verhalten der Kundschaft.
Sie stellte auf einmal höchste Ansprüche an Eleganz und
auch Kulanz. Allerdings hatte die vornehme Kundschaft
eine negative Eigenschaft: Sie bezahlte nie bar und
manchmal überhaupt nicht.

Wegen der hohen Nachfrage förderte der Luxus auch
die Entstehung von Luxusindustrien, zum Beispiel Bro-
kat- und Samtwebereien und Kunstmöbelmanufaktu-
ren. Sombart geht davon aus, dass ein großer Teil der
frühkapitalistischen Industrien auf dem Umweg über
den Luxus ins Leben gerufen worden ist, auch wenn der
Umweg manchmal recht weit war. Weil die Glas- und
andere Luxusindustrien das Holz der Wälder aufge-
braucht hatten, wurde die Steinkohle ein immer begehr-

teres Feuerungsmaterial, sodass die Kohleindustrie zum
Beispiel in England in direkter Folge der Luxusindustrien entstand.

Zu den reinen Luxusindustrien des 18. Jahrhunderts
gehörten neben der Seidenindustrie auch die Spiegel-
fabrikation und die Porzellanindustrie. Porzellanmanu-
fakturen mit mehr oder weniger staatlicher Organisation wurden in den verschiedensten Städten Europas
errichtet, 1709 in Meißen, 1718 in Wien, 1743 bei Nea-
pel, 1750 in Berlin, 1755 in Frankental und 1772 in
Kopenhagen. Neben der Seidenindustrie gehörte im Bereich der Bekleidung und der Textilien auch die Spitzen-
fabrikation dazu.

Im 18. Jahrhundert beginnt eine Unterscheidung
zwischen dem Luxusgewerbe und dem einfachen Handwerk, das für das Grobe zuständig ist. Zum Luxusgewerbe gehören die Schuhmacherei, der Sattler und die
Hutmacherei. Aber auch die Vorläufer der Automobilindustrie sind schon mit dem Kutschenbau, dem Stell-
macherhandwerk, zu finden.

Weshalb das Luxusgewerbe eher für eine kapitalistische Organisation geeignet ist, beschreibt Sombart so: Es
liegt in der Natur des Produktionsprozesses. Fast immer
braucht ein Luxusgut einen besonders kostbaren Rohstoff, der häufig über große Entfernungen bezogen werden muss. Und das Verfahren, ein Luxusgut herzustellen, wird immer kostspieliger als das, ein ordinäres Gut

zu verfertigen. Es ist kunstvoller und komplizierter, es setzt mehr Kenntnisse voraus, mehr Überblick, mehr Dispositionstalent, und dadurch hebt die Produktion des Luxusgutes den Tüchtigen aus der Masse der Arbeiter heraus.

Der Absatz von Luxusgütern ist größeren Konjunkturschwankungen unterworfen als der von Massengebrauchsartikeln. Da sich der Massenabsatz von minderwertigen Gütern oder der Absatz großer zusammengesetzter Güter erst später einstellte, war das Luxusgewerbe die beste Geldanlage für das wachsende Vermögen der Bürger. Sombart hat hier also eine ganz direkte Linie vom Luxus zum Wohlstand in der Entstehungsphase des Kapitalismus und der Marktwirtschaft gefunden. Es wird sich zeigen, ob es dafür eine aktuelle Entsprechung gibt.

Sozialprestige statt Funktionalität

Jetzt möchte ich einen Blick auf einen Zeitgenossen Sombarts werfen, den dieser durchaus schätzte: Thorstein Veblen, geboren 1857 in Wisconsin als Sohn norwegischer Auswanderer und von 1918 bis 1927 Professor an der New School for Social Research in New York. Veblen hat mit seinem 1899 erschienenen Buch «Theorie der feinen Leute – Eine ökonomische Untersuchung der Institutionen» sowohl Pierre Bourdieu als auch David Riesman in erheblichem Maße beeinflusst, die ich Ihnen auch noch vorstellen werde.

Veblen weist in seinem Buch nach, dass sowohl der demonstrative Müßiggang als auch der demonstrative Konsum ein ganz entscheidendes Merkmal zur Abgrenzung der herrschenden Klasse von der arbeitenden Klasse darstellen. Nicht allein die Anhäufung von Besitz ist entscheidend, sondern ebenso der Umgang damit. Dabei zielte er aber weniger auf die amerikanische Wirtschaftselite als auf den europäischen Adel.

Veblen hat mit seinen Überlegungen die Idee des Sozialprestiges in die Gesellschaftswissenschaften eingebracht. Ein wesentlicher Gedanke von ihm ist neben dem Prinzip der demonstrativen Verschwendung auch der, dass nicht die Nützlichkeit von Gegenständen über ihren Wert entscheidet, sondern das mit diesen Gegenständen verbundene Prestige. Als simples Beispiel nimmt er den handgeschmiedeten silbernen Löffel, dessen Handelswert ungleich höher ist als der eines maschinell hergestellten und der trotzdem nicht mehr zur Funktion taugt als der andere, ja im Zweifelsfall sogar weniger.

Veblen sagt: «Die höhere Befriedigung, die Gebrauch und Betrachtung teurer und angeblich schöner Dinge verschaffen, ist im Allgemeinen nichts anderes als die Befriedigung unserer Vorliebe für das Kostspielige, dem wir die Maske der Schönheit umhängen. Unsere Liebe

zu derartigen Artikeln ist im Grunde eine Liebe zu Überlegenheit und Ehre, die ihnen anhaften, und keineswegs
ein Ausdruck der unvoreingenommenen Bewunderung
des Schönen. Die sich hier ausdrückende Forderung nach
demonstrativer Verschwendung ist uns im Allgemeinen
nicht bewusst, doch beherrscht sie nichtsdestoweniger
unseren Geschmack, und zwar in Gestalt einer ein-
schränkenden Norm, die unseren Schönheitssinn in se-
lektiver Weise prägt und stützt und unser Unterschei-
dungsvermögen im Hinblick darauf beeinflusst, was
legitimerweise schön und was hässlich genannt werden
muss. Je mehr man sich daran gewöhnt, die Merkmale
der Kostspieligkeit mit Wohlgefallen zur Kenntnis zu
nehmen und Schönheit mit Prestige zu identifizieren,
desto eher hält man einen schönen Gegenstand, der billig ist, nun für hässlich.» Die unentwirrbare Vermi-
schung des Kostbaren mit dem Schönen kommt für
Veblen am deutlichsten in Kleidung und Möbeln zum
Ausdruck.

Die Notwendigkeit des Konsums

David Riesman war in den fünfziger Jahren einer der
führenden Soziologen der Welt und guter Kenner der
Theorien Veblens. In seinem 1950 vorgelegten Buch
«The Lonely Crowd» befasst er sich ausführlich mit der

Entwicklung der amerikanischen Gesellschaft. Darin erkannte er unter anderem, dass das Sparbedürfnis und das dauernde Knappheitsbewusstsein, das über lange Zeit eine Form der sozialen Anpassung darstellte, in den vierziger und fünfziger Jahren einem Verbrauchsbedürfnis und dauernden Überflussbewusstsein zu weichen hatte, durch das der Mensch zum verschwenderischen Luxus und zum Verbrauch seiner Freizeit und des Produktionsüberschusses fähig wird. Riesman sah es als eine Notwendigkeit an, dass die Menschen ihre Überproduktion nutzen und, wie er es formulierte, sich selbst in den Dienst der Güter zu stellen haben, da diese viele Arbeitskräfte binden.

Während der prozentuale Anteil an der Gesamtzahl der arbeitenden Bevölkerung in der Urproduktion und der Grundstoffindustrie – Landwirtschaft, Schwerindustrie, Güterverkehr – sinkt, steigen Anzahl und Prozentsatz derjenigen, die im Bereich des Luxusgewerbes und anderer Arten der öffentlichen und privaten Dienstleistungen tätig sind. Diesem wachsenden Konsum von Bildung, Freizeit und Luxus sowie von Dienstleistungen entspricht auch die Steigerung des Konsums von Wort und Bild durch die neuen Massenkommunikationsmittel. Der Bedeutung der Verbindung der Außenwelt mit dem eigenen Ich durch die Medien misst Riesman eine ganz besondere Bedeutung zu, ebenso wie den so genannten peer-groups, die meinungsbildend auf ihre Mit-

menschen einwirken. Der Mensch verändert sich vom
innengeleiteten Typ immer mehr zu einem außengelei-
teten.

Abgrenzung als Ziel

Während Riesman die amerikanische Gesellschaft als
eine große Gemeinschaft sah, die zwar über Strukturen
verfügte, aber von einem steigenden Vertrauen in die eigenen Fähigkeiten geprägt war, durch die alles möglich
wurde, war der französische Soziologe Pierre Bourdieu
von der Unverrückbarkeit der Klassenzugehörigkeit
überzeugt, was sich auch am gesamten Lebensstil nach-
weisen ließe.

In seinem 1979 erschienenen Hauptwerk mit dem
Titel «Die feinen Unterschiede – Kritik der gesellschaftlichen Urteilskraft» befasst sich der berühmte französische Soziologe mit der Analyse der Lebensstile der
verschiedenen gesellschaftlichen Klassen in Frankreich.
Bourdieu geht davon aus, dass die Art und Weise des
Konsums in erster Linie der Legitimierung sozialer Unterschiede dient. Jede gesellschaftliche Klasse lebt nach
eigenen Werten und Prinzipien, die durch das Eltern-
haus und die Schule vermittelt und verdichtet werden
und deren Aufgabe es ist, den Abstand zu den anderen
Klassen zu markieren. Dabei benutzt Bourdieu den Be-

griff der Klasse jedoch nicht in der Form, wie ihn Karl Marx verwendet hat, sondern eher im Sinne von Milieu. Bourdieu geht davon aus, dass die Erkenntnisse über die französische Gesellschaft auch für andere Nationen gelten können. Seine Grundthese, wonach das Verhalten eine aus der Not entstandene Tugend ist, lässt sich seiner Meinung nach nirgends so deutlich nachvollziehen wie am Beispiel der unteren Klassen. Wenn es am Notwendigen fehlt, entstehen eben aus dieser Not heraus ein Notgeschmack und ein Sich-in-das-Notwendige-Fügen, ein Resignieren vor dem Unausweichlichen.

Bourdieu geht davon aus, dass eine gesellschaftliche Klasse sich nicht nur durch ihre Stellung in den Produktionsverhältnissen bestimmt, sondern auch durch den von ihm so genannten Klassenhabitus. Dabei ist es den Mitgliedern der jeweiligen Klassen unmöglich, das Wahrnehmungs- und Werteschema der anderen Klassen vollkommen nachzuvollziehen, weil sie eben diese anderen Klassen jeweils durch die Brille der eigenen betrachten.

Bourdieu sagt über die unteren Klassen, dass dort der Mangel einen eigenen «Geschmack am Notwendigen» erzeugt. In der Folge ist nicht mehr differenziert zu erkennen, ob ein ärmlicher Lebensstil den finanziellen Verhältnissen entspringt oder ein Ausdruck der Geschmacksentwicklung ist. Einen Beweis, dass dieser Geschmack eine eigene, nachhaltige Wirkung entfaltet, sieht er darin, dass Handwerker und Kleinunternehmer, die zu Wohlstand gekommen sind, häufig nicht wissen, «was sie mit ihrem Geld anfangen sollen». Sie empfinden bei der Lektüre ihres Sparbuchs die gleiche Befriedigung oder gar eine noch größere, als ihnen die Güter und Dienstleistungen verschaffen würden, die sie sich mit ihrem Ersparten leisten könnten. Sie greifen darauf aber nicht zurück, weil sie sonst das Gefühl hätten, etwas zu verschwenden.

Es genügt nach Bourdieu nicht, über eine Million zu verfügen, um das Leben eines Millionärs führen zu können. Wer den gesellschaftlichen Aufstieg bewältigt hat, braucht im Allgemeinen sehr lange, manchmal ein ganzes Leben, um zu lernen, dass das, was bisher als Verschwendung betrachtet wurde, innerhalb der neuen Lebensverhältnisse zu den allernotwendigsten Ausgaben gehört. Bourdieu weist in diesem Zusammenhang auf Norbert Elias hin, der, wie manch anderer auch, vom Herzog von Richelieu berichtet, dass dieser seinem Sohn einen Beutel mit Geld gab, damit er lerne, es wie ein Grandseigneur auszugeben. Als der junge Mann das Geld jedoch wieder zurückbrachte, warf es der Vater vor den Augen seines Sohnes zum Fenster hinaus, damit wenigstens die Bettler noch etwas davon hätten.

Nach Elias war im 17. Jahrhundert die Kunst, Geld zu verschwenden, ein Instrument, um den Abstand zwischen dem Aristokraten und dem sparsam auf Profit achtenden Bürger darzustellen. Heute markiert diese Kunst den Abstand zwischen dem Bürger und dem Kleinbürger.

Ein Arbeiter, der in einem Laden eine Uhr für 20000 Francs sieht, ist nicht neidisch auf die Uhr, sondern auf das Geld, mit dem er etwas ganz anderes machen würde, weil er sich innerhalb seines Bedürfnissystems nicht vorstellen kann, dass man für 20000 Francs nichts Wichtigeres kaufen könnte als eben eine Uhr. Er kann sich beim besten Willen nicht in die Sichtweise derer versetzen, die in einer anderen sozialen Welt leben, ebenso wie die es nicht könnten, die Welt aus seiner Perspektive zu betrachten, so Bourdieu.

Bourdieu sagt, es sehe nur so aus, als ob es eine direkte Beziehung zwischen Einkommen und Konsum gebe. Die bedeutsamsten Unterschiede lägen innerhalb der Lebensstile und mehr noch in der Lebensstilisierung. Der «vernünftige» Lebensstil der unteren Schichten verzichtet weitgehend auf rein ästhetische Intentionen bei der Auswahl von Produkten. Man entscheidet sich für das Notwendige, weil der symbolische Gewinn, den bestimmte Produkte vermitteln, innerhalb der unteren Schichten nicht realisiert werden kann.

Nach Bourdieu wissen die Spezialisten für Verkaufsförderung genau, wie sie die innere Zensur der unteren Schichten umgehen können. Bestimmte Konsumobjekte werden als einmalige Gelegenheit und zu Sonderpreisen angeboten, weil dann der Erwerb «erlaubt» ist. In seinen

empirischen Untersuchungen kommt Bourdieu zu dem
Ergebnis, dass in den unteren Schichten die Selbstach-
tung und damit auch die Selbstdarstellung weniger stark
ausgeprägt ist. Man folgt eher einem Konformitätsprin-
zip, indem man tut, was «man tut», um nicht aus dem
Rahmen zu fallen.

Jetzt taucht natürlich die Frage auf, ob diese bis 1979
empirisch gewonnenen Erkenntnisse auch heute noch
ihre Gültigkeit haben. Wenn ja, dann würde das bedeuten, dass eine Veränderung in den Konsumgewohnhei-
ten nicht hätte stattfinden können. Doch Bourdieu selbst
stellt seiner Entscheidung für das Notwendige eine
Pflicht zum Genuss gegenüber.

Bei den Mitgliedern der von ihm so genannten Klein-
bourgeoisie findet er die Bereitschaft, an der Verbreitung
des Lebensstils der neuen Bourgeoisie mitzuwirken, weil
diese es anstreben, dazuzugehören und eine Karriere zu
machen. Es ist das konsumierende Kleinbürgertum, das
sich die Attribute eines Lebensstils aneignen möchte, der
in vielen Elementen die Luxusklasse imitiert und damit
zu einer Art Transmissionsriemen wird. Über den sollen
all jene in den Wettlauf um Konsum und Konkurrenz
hineingezogen werden, die dies im Prinzip und aufgrund
ihrer Klassenzugehörigkeit noch gar nicht beabsichtigt
haben. Das Vorbild der Bourgeoisie schreibt – zumindest
symbolisch – einen Lebensstil vor, der sich in der Praxis
auf lange Sicht selbst legitimiert.

Dieses neue Kleinbürgertum, das die grämliche Aske-
sehaltung hinter sich gelassen hat, ist begeistert von der
Durchsetzung neuer Normen im Konsumbereich und
bereit, an der Gestaltung entsprechender Bedürfnisse
mitzuwirken. Die Moral der Pflicht, die sich auf den Gegensatz von Gutem und Vergnügen stützt, die Lust und
Angenehmes stets als etwas Verdächtiges betrachtete
und Angst vor dem Genießen hatte, wird durch die neue
ethische Avantgarde in eine Pflicht zum Genuss über-
führt. Die Unfähigkeit, sich zu amüsieren, wird als Miss-
erfolg empfunden. Die Werte wurden genau umgedreht.
Entspannung statt Anspannung, Genuss statt Anstrengung, Kreativität und Freiheit statt Disziplin, Kommunikation statt Einsamkeit. Der Begriff der Alternative ist
zu einem Wert an sich geworden.

Die Freudlosigkeit der Wirtschaft

Wieder einen ganz anderen Ansatz bietet Tibor Scitovsky. Er war bis zu seiner Emeritierung im Jahre 1982
Professor für Ökonomie an der Stanford University in
den USA. In seinem Buch «Psychologie des Wohlstands»
entwickelt er eine neue, psychologisch begründete Be-
trachtungsweise des Menschen und des Verbrauchers.
Bezeichnenderweise war der Originaltitel seines Werkes
«The Joyless Economy».

Scitovsky zufolge ist die Annahme der Ökonomen, dass ein Verbraucher grundsätzlich rational handelt und immer den größtmöglichen Nutzen anstrebt, eine falsche Prämisse. Die individuellen Wünsche der Verbraucher sind zwar nicht zu messen, sie haben aber einen ebenso großen, wenn nicht größeren Einfluss auf Kaufentscheidungen als rein rationale Überlegungen.

Scitovsky geht davon aus, dass wir in der westlichen Konsumgesellschaft sowohl eine Herrschaft der Reichen als auch eine Herrschaft der Massen haben. Die Herrschaft der Reichen basiert darauf, dass ein Konsument, je mehr er ausgibt oder auszugeben bereit ist, ein umso größeres Stimmengewicht am Markt erhält. Diese Plutokratie erhält jedoch durch die Herrschaft der Massen ein Gegengewicht. Dank der modernen Technologie können die von vielen Leuten gekauften Güter billiger hergestellt werden als jene, die nur von wenigen gekauft werden, sagt Scitovsky.

Wer in der Gesellschaft seiner Meinung nach wirklich benachteiligt wird, das sind diejenigen, die er Exzentriker nennt, also Leute, die, egal ob arm oder reich, einfach etwas anderes wollen, als auf dem Markt gängigerweise angeboten wird. Von diesen «Außenseitern» ist seiner Meinung nach der exzentrische Millionär der Einzige, der seine ausgefallenen Wünsche verwirklichen kann. Die anderen sind aufgrund der hohen Preise gezwungen, ihre Wünsche aufzugeben und sich anzupassen.

Scitovsky unterscheidet zwischen lebensnotwendigen Gütern und Luxusgütern, wobei er die lebensnotwendigen als solche Güter und Dienstleistungen definiert, deren Nachfrage im Falle einer Einkommenssteigerung gar nicht oder zumindest weniger stark zunimmt als das Einkommen. Luxusgüter sind für ihn dagegen all jene Güter und Dienste, deren Nachfrage sich bei steigendem Einkommen proportional oder überproportial erhöht. Aus psychologischer Sicht sind die lebensnotwendigen Güter jene, die den biologischen Funktionen des Menschen dienen, weshalb die Nachfrage nach ihnen am Anfang sehr dringlich, aber insgesamt begrenzt ist und schnell den Sättigungspunkt erreicht. Luxusgüter sind insofern alle anderen.

Des Weiteren gelten die lebensnotwendigen Güter als vorrangig vor den Luxusgütern, und es wird dem Wunsch nach Luxusgütern erst dann nachgegeben werden, wenn die Grundbedürfnisse befriedigt sind. Daraus ergibt sich dann auch die Trennungslinie zwischen Armen und weniger Armen, wobei zur letzteren Kategorie jene zählen, die sich etwas leisten können, was über den Grundbedarf hinausgeht. In der Folge wird im Rahmen der Armenfürsorge auch immer nur so viel Geld bereitgestellt, dass davon lebensnotwendige Güter erworben werden können.

Jedoch ist Scitovsky der Meinung, dass diese Abgrenzung zwar klar und eindeutig klingt und sich in der Praxis

häufig wieder findet, dass sie jedoch auf den Menschen
bezogen keinesfalls vollkommen stimmig ist. Er macht
geltend, dass es keine biologischen Normen gibt, die das
notwendige Minimum für Kleidung, Wohnung, Heizung, Beleuchtung, Küchen- und Badeinrichtung festlegen. In Amerika wird auch in einer Wohnung von armen
Leuten ein Bad und eine Toilette als Selbstverständlichkeit angesehen, und dennoch ist diese amerikanische
Lebensnotwendigkeit für Milliarden anderer Menschen
auf der Welt ein unerreichbares Luxusgut. Damit macht
er deutlich, dass die Trennungslinie zwischen lebensnotwendigen und Luxusgütern nicht objektiv und unver-
änderlich ist, sondern den gesellschaftlichen Wertesys-
temen unterworfen und daher äußerst variabel.

Scitovsky setzt sich auch äußerst kritisch mit der
Massenproduktion auseinander. Sie habe zwar Vorteile,
weil sie zu einer höheren Güterproduktion führt und
damit den hohen Lebensstandard der Gegenwart begründet hat, aber die mit der Massenproduktion zusam-
menhängende Spezialisierung und Arbeitsteilung habe
auch Nachteile. Zur Arbeitsteilung kam es nach seiner
Meinung im Amerika des 19. Jahrhunderts hauptsächlich als Reaktion auf eine Knappheit an gelernten Arbeitskräften. Durch die Zerlegung von bestimmten Ar-
beitskomplexen in kleinere Vorgänge, die auch von
ungelernten Arbeitern verrichtet werden können, ver-
mochte man diesem Mangel entgegenzuwirken.

Allerdings wurden damit auch gleichzeitig die meisten Arbeitsplätze von interessanten, herausfordernden und anspruchsvollen Arbeiten in mühelose, langweilige und monotone Tätigkeiten umgewandelt. Scitovsky sagt, dass sich heute kaum mehr feststellen lasse, bis zu welchem Ausmaß die Monotonie bewusst hingenommen wurde, weil die weniger interessante Arbeit aufgrund der höheren Produktivität besser bezahlt wurde.

Die Massenproduktion hat auch zu einer Eintönigkeit der Produkte selbst geführt. Der Mensch ist jedoch von der Natur auf Anregungen, Abwechslungen und Neuheiten programmiert. Er will im Prinzip nicht – und kann es auch gar nicht – immer genau dasselbe reproduzieren, was er oder irgendein anderer bereits gemacht hat. Die Spezialisierung auf einzelne Arbeitsschritte hindert den Menschen also an der vollen Entfaltung seiner Phantasie. Seine mangelnde Bereitschaft und Unfähigkeit zur kontinuierlichen Reproduktion der immer gleichen Dinge wird zwar durch die Methoden und Prozesse der Massenproduktion aufgehoben, glücklich macht es ihn jedoch nicht.

Daraus leitet Scitovsky den höheren Wert von Unikaten und auch von handgemachten Produkten ab, die durch ihre geringsten Variationen bereits eine Stimulation und einen Reiz auf den Menschen ausüben. Nicht die absolute Gleichheit und Perfektion entspricht den menschlichen Bedürfnissen, sondern Unterschiedlichkeit und Variation.

Der Mensch in der Massengesellschaft versucht der Monotonie zu entfliehen, indem er sich mit dekorativen Gegenständen umgibt, die keinen funktionalen Wert oder nur einen sekundären funktionalen Nutzen haben. Die Notwendigkeit, für diese Luxusprodukte Geld auszugeben, besteht in ärmeren Gesellschaften nicht, da hier auch im Alltagsgebrauch Gegenstände verwendet werden, die häufig nicht aus der Massenproduktion stammen oder aber einem entfremdeten Zweck zugeführt werden. Der Wunsch nach Variation und Individualität wird auch damit gewahrt.

Ein anderer Aspekt, Massenproduktion auch emotional erträglich zu machen, liegt unter anderem in der immer schnelleren Aufeinanderfolge von Modetrends, die sich nicht nur auf Kleidung, sondern auch auf Wohnungseinrichtungen und natürlich selbst auf Autos beziehen. So führt Scitovsky an, dass die Kosten der jährlichen Modellveränderungen in der amerikanischen Autoindustrie 1972 ein Viertel der Gesamtkosten ausmachten. Das würde bedeuten, dass 25 Prozent des Preises eines Neuwagens nicht für das Transportmittel an sich ausgegeben werden, sondern für den Aspekt der Abwechslung, den eine veränderte äußere Aufmachung und eine veränderte Ausstattung bieten. Heute zählt für den Autokäufer nicht mehr so sehr die Abwechslung, sondern eher die Möglichkeit zur Individualisierung.

Der vorzeitige Ersatz von Gebrauchsgegenständen erscheint für Scitovsky bei oberflächlicher Betrachtung als Verschwendung, weil man mit einem neuen Produkt neben der gewünschten zusätzlichen Anregung auch in den meisten Fällen und speziell beim Automobil eine oft überflüssige zusätzliche Nutzungsmöglichkeit erhält, die man mit bezahlen muss, ob man will oder nicht. Eine Lösung sieht Scitovsky in der neuen Kultivierung handwerklicher Arbeit, in der Individualität, Einfachheit und Funktionalismus verbunden werden und die er als eine Art Gegenentwurf zur Massenproduktion sieht. Genau an dieser Stelle würde sich der Kreis zum Luxusprodukt hin wieder schließen.

Auch Bürokratie kann Luxus sein

Eine der wenigen Untersuchungen zum Thema Luxus aus dem deutschsprachigen Raum liefert Günther Pöll in seiner 1980 erschienenen wirtschaftstheoretischen Analyse. Er bietet geradezu ein Übermaß an Definitionen des Luxusbegriffes. Dabei kommt er auch zu recht originellen Auffassungen, wie zum Beispiel der, dass ineffiziente bürokratische Organisationen ebenfalls dem Luxus zugeschlagen werden sollten. Er unterscheidet zwischen

dem gewöhnlichen Luxus und dem progressiven Ein-
kommensluxus. Beide gehören, wie auch der Basis- und
der Zielluxus, zum individualistischen Luxus, der dem
sozialen Luxus gegenübersteht. Der Zielluxus ist jener,
der von den Menschen angestrebt wird und für den er zu
arbeiten bereit ist. Wenn das Ziel erreicht ist, besteht
kein weiterer Grund zur Bedarfsdeckung.

Dem Basisluxus rechnet Pöll Güter zu, die eher im
häuslichen Bereich als gehobene Lebenshaltung verbraucht werden, wie zum Beispiel Sekt, Kaviar oder
Beefsteak-Fleisch. Es handelt sich beim Basisluxus immer um den «ersten Luxus», der sich auch historisch in
den verschiedenen «Fresswellen» darstellte. Beim Basisluxus liegt es in der Sache, dass der Genuss mit steigendem Konsum unterproportional steigt, er also einen ab-
nehmenden Luxuscharakter hat, und bei ihm auch eine
relative Sättigung eintreten kann.

Das Verhalten der amerikanischen Elite

Eine aktuelle Bestandsaufnahme des Lebensstils der
neuen Elite der USA liefert der Journalist David Brooks
mit seinem Buch «Bobos in Paradise». Als er nach mehr-
jährigem Auslandsaufenthalt in die Vereinigten Staaten
zurückkehrte, sah er sich mit unzähligen Veränderungen
konfrontiert: «Die reichen Wohngebiete und ehemaligen

WASP-Refugien [White Anglo-Saxon Protestant] waren plötzlich übersät mit Kaffeehäusern, in denen die Leute aus kleinen Tassen europäischen Kaffee schlürften und sich von alternativen Klängen berieseln ließen, während sich die Wohnungen in den innerstädtischen Bezirken, der traditionellen Bastion der Boheme, in mehrere Millionen US-Dollar teure Lofts verwandelt hatten.» Sämtliche Statussymbole schienen ihm ausgetauscht worden zu sein, nicht mehr Paul Newman war das Leitbild, sondern Franz Kafka. Am meisten verblüffte ihn allerdings, dass die alten Kategorien ausgedient hatten. Früher hatte man relativ einfach zwischen der bourgeoisen Welt des Kapitalismus und der Gegenkultur, der Boheme, unterscheiden können. Heute sind nach Brooks' Auffassung Boheme und Bourgeoisie miteinander vermischt. Nicht bloß äußerlich, sondern auch in ihren Einstellungen zu Sex, Moral, Freizeit und Arbeit. Rebellische Ansichten und soziale Aufstiegswünsche waren miteinander vereinbar geworden. Die immaterielle Welt der Information ist mit der materiellen Welt des Geldes verschmolzen worden, was auch durch Begriffe wie «Intellektuelles Kapital» oder «Kulturindustrie» deutlich wird.

Die Vertreter der neuen Elite des Informationszeitalters sind für Brooks die bourgeoisen Bohemiens, kurz: Bobos. Die Bobos sind die neue Elite, die ihre gesellschaftliche Stellung nicht ihrer Abstammung, ihrem Besitz oder ihren politischen Verdiensten verdankt, sondern ihrer Bildung. Der neue Verhaltenskodex der Bobos betrifft vor allem das Konsumverhalten. Er ermuntert zu bestimmten Ausgaben, die als «tugendhaft» bewertet werden, und verwirft andere, die als vulgär oder elitär deklassiert werden.

Die Bobos lehnen zwar die bürgerliche Tugend des Erwerbs und Besitzes von Reichtum ab, paradoxerweise betrachten sie aber das Vorhandensein von finanziellen Mitteln im Überfluss als Selbstverständlichkeit. Brooks sagt sinngemäß: Jeder von ihnen kann vier oder fünf Millionen im Jahr ausgeben und dabei noch demonstrieren, wie wenig ihm materielle Dinge bedeuten. Dabei formuliert er die sieben Regeln der Bobos für den richtigen Umgang mit Geld.

Regel Nummer 1: Kultivierte Menschen geben nur dann große Summen aus, wenn es notwendig ist.

Die Bobo-Elite unterscheidet sehr genau zwischen Grundbedürfnissen und Dingen, die man sich wünscht, um sich überlegen zu fühlen. Sie geben deshalb ungeniert große Summen für Dinge aus, die sie als Bedürfnisse definieren. 25 000 US-Dollar für ein Badezimmer auszugeben ist völlig in Ordnung, 15 000 für einen Großbildfernseher sind dagegen unter Niveau. Wer nicht mindestens 20 000 US-Dollar für eine überdimensionierte Dusche aus Schiefer investiert, hat noch nicht gelernt, die einfachsten Dinge im Leben zu genießen. Hunderte von Dollars für Wanderschuhe werden als eine gute Geldausgabe angesehen, derselbe Betrag für Lacklederschuhe gilt als Verschwendung. Man kann, so Brooks, so viel ausgeben, wie man will, solange das, was man kauft, noch als Werkzeug durchgeht, wie etwa ein Range Rover für 62 000 US-Dollar.

Auch wenn es um die Einrichtung eines zweckgebundenen Raumes wie die Küche geht, ist für einen Bobo jede Form von Einschränkung fehl am Platz. In den Wohnungen der Bildungselite ist die räumlich wie ausstattungsmäßig überdimensionierte Küche zum Inbegriff häuslichen Glücks geworden. In solchen Kingsize-Küchen werden ausschließlich Geräte akzeptiert, die man früher nur in Edellokalen vermutete. Gekocht wird auf anderthalb Quadratmeter Fläche auf sechsflammigen Herden. Außerdem verfügt die moderne Küche über einen Lavasteingrill und einen Wok mit eigener Gasbefeuerung. La Cornue baut einen angemessenen Ofen mit Strom und Gasbefeuerung für knapp 23 500 US-Dollar. Der anderthalb Meter breite Herd von AGA, ein Patent aus dem Jahr 1922, wird auch in Europa hoch geschätzt.

Der Kühlschrank in einer Bobo-Küche hat mindestens zwei Türen und selbstverständlich Zapfstellen für Wasser und Eis. Außen darf der Kühlschrank auf gar keinen Fall weiß sein, sondern muss aus Edelstahl sein. Für solche Küchen gilt: Man hat sein Geld für etwas ausgegeben, das absolut unerlässlich ist, für etwas, das man selbst und die Familie jeden Tag benutzt.

Regel Nummer 2: Es ist begrüßenswert, große Summen für alles auszugeben, was von «professioneller Qualität» ist.

Nur wenige Bobos steigen jemals auf die Gipfel der Achttausender. Aber das heißt nicht, so Brooks, dass eine dreifach gesteppte Jacke namens Alpenglow, verstärkt mit Murmeltierfell und aus Gore-Tex mit Expeditionsgewicht, keine sinnvolle Anschaffung wäre. Man beurteilt einander nicht nach dem Wert etwaigen Schmucks, sondern nach der Kostspieligkeit der Werkzeuge, über die der andere verfügt. Schon beim Einkauf muss man zeigen, dass man Haltbarkeit und Qualität zu schätzen weiß.

Um dieses Bedürfnis richtig zu befriedigen, haben sich exklusive Geschäfte ein paar geschickte Verkleidungen einfallen lassen. Sie tun so, als würden sie Material für den harten Arbeitseinsatz verkaufen, in Wirklichkeit handelt es sich jedoch um normale Bekleidung oder Möbel. Als Beispiel gilt Brooks' «Restoration Hardware». Das Unternehmen pflegt sein Image als Werkzeugladen, macht aber viel mehr Umsatz mit Sofas und Sesseln.

Als Folge dieser Entwicklung diagnostiziert Brooks, dass alles, was Bobos besitzen, viel anspruchsvollere

Zwecke erfüllen könnte als den täglichen Einsatz auf dem Weg ins Büro. Die Allradfahrzeuge bekommen nie mehr zugemutet als ein paar Kantsteine und den Schneematsch der Innenstädte.

Regel Nummer 3: Man muss in den kleinen Dingen perfekt sein.

Bobos praktizieren etwas, das der Journalist Richard Starr den Perfektionismus der kleinen Dinge nennt. Sie kämmen Kataloge durch, bis sie den in der Schweiz gefertigten KWC-Wasserhahn gefunden haben, der vielen als die beste herausziehbare Geschirrbrause der Welt gilt, oder eine Spüle, die mit keinem der handelsüblichen Abflussrohre zu verbinden ist. Hinter solchem Tun vermutet Brooks die Absicht, zu zeigen, dass man über so viel Kompetenz verfügt, dass man sogar noch Zeit hat, sich über seine Armaturen den Kopf zu zerbrechen. Bobos wollen seltene Kleinode, die von der Masse noch nicht entdeckt wurden, klug gestaltet sind und das Leben einfacher und abwechslungsreicher machen.

Regel Nummer 4: Man kann gar nicht genug Textur zeigen.

Glatte Oberflächen sind das Symbol der Yuppies der achtziger Jahre. Heute leben Eliten gern in einer Umgebung, die von natürlicher Unregelmäßigkeit geprägt ist. Der Rohzustand verkörpert für die Bobos Authentizität und moralische Korrektheit. Das vermitteln sichtbare Strukturen. Teppiche aus groben Fasern, unhandliche Steinguttassen, grob aufgearbeitete Bauernmöbel, behauene Balken und unregelmäßige Holzfußböden. Wirklich reiche Bobos sollen sogar Handwerker anheuern, um den neuen, breiten Dielenbrettern den Anschein von etwas bereits Benutztem zu geben.

Bobo-Hemden sind aus Flanell, nicht aus Seide. Die Kragen sind weich und knittrig, nicht steif und glatt. Zur Leinenhose tragen sie ein Khakihemd. Stofflichkeit und Struktur geben auch im Bereich der Ernährung die Richtung vor: hefehaltiges Bier aus kleinen Hausbrauereien, naturtrübe Fruchtsäfte, biologischer Kaffee.

Regel Nummer 5: Eine Stufe runter, einen Schritt zurück.

Nichts ist unter Bobos verrufener, als sich auf einen Wettkampf um die Darstellung einer besseren gesellschaftlichen Position einzulassen. Das ganze Leben bekommt einen deutlichen Hauch von Schlichtheit. An die Füße gehören nicht mehr todschicke Pumps, sondern einfache, aber teure Halbschuhe von Prada. Schmucklosigkeit gilt als Zeichen von Aufrichtigkeit.

Die Umkehrung der Statussymbolik begann nach den Beobachtungen von Brooks in den sechziger Jahren, als man entdeckte, dass man ausgewaschene Jeans zu einem höheren Preis verkaufen konnte als neue. Die Vorliebe für das Artifiziell-Archaische hat sich mittlerweile zum Haupttrend im gehobenen Preissegment weiterentwickelt, so Brooks. Die Umkehrung der Statussymbole verläuft in zwei Richtungen: rückwärts und nach unten. Der Trend geht dahin, sich mit Objekten zu umgeben, die vorgeben, keine Funktion als Statussymbole mehr zu haben, was natürlich nicht geht.

Das reicht von durch Shaker inspirierten Stereoanlagen bis zu alten Keksdosen aus Blech und verbeulten Salzstreuern.

Bobos sind fest eingebunden in eine Leistungsgesellschaft, gerade deshalb umgeben sie sich mit Dingen, die ursprünglich und archaisch sind und von einem weniger privilegierten Leben zeugen, Gegenstände aus der Dritten Welt oder aus dem bäuerlichen Bereich. Sie tun es auf der Suche nach Gleichgewicht. Trotz des Überflusses wollen sie auf fast naive Weise keine Materialisten werden, sondern sich der zeitlosen Werte bewusst bleiben. Brooks sagt, sie träumen von einem Haus, in dem sie endlich einmal zur Ruhe kommen, an dem sie nicht von ihrem Ehrgeiz verfolgt werden.

Regel Nummer 6: Unsummen für Dinge ausgeben, die früher mal billig waren.

David Brooks unterscheidet als Amerikaner zwischen jenen, die aus seiner Sicht wirklich reich sind und sich dann tatsächlich Dinge leisten, die anderen Schichten

grundsätzlich verschlossen bleiben, Yachten – nicht Boote, Jets – nicht Sportflugzeuge, und den Bobos, die durchaus wohlhabend sind, dies aber aus Prinzip nicht hervor-
kehren.

Brooks sagt über sich: «Wir kaufen lieber das Gleiche
wie das Proletariat, nur etwas verfeinert, sodass es von
Proletariern als absurd abgetan würde. Wir kaufen
Hähnchenkeulen wie alle anderen auch – nur dass unsere von freilaufenden Hühnern stammen, die zu Lebzei-
ten besser behandelt wurden als Elizabeth Taylor auf einer Schönheitsfarm. Wir kaufen auch Kartoffeln, aber
keine aus Idaho, sondern besondere Miniaturkartoffeln,
die nur auf ganz bestimmten Böden in Nordfrankreich
gedeihen.» Ein solches Verhalten erlaubt den Bobos, ega-
litär und prätentiös zugleich zu sein. So schaffen sie es,
einen immer erleseneren Geschmack für immer einfa-
chere Dinge zu entwickeln. Deshalb zahlen Bobos in der
Konsequenz deutlich höhere Preise für Dinge, die auch
billig zu haben sind.

Regel Nummer 7: Die Bobos verlangen nach Geschäften
mit einer größeren Auswahl.

Die Bobos unterscheiden sich von der übrigen Bevölkerung nicht nur durch das, was sie kaufen, sondern auch
dadurch, wie und wo sie kaufen. Sie fordern sehr präzise
und im höchsten Maße auf ihre individuellen Bedürfnisse abgestimmte Angebote, Dienstleistungen und Pro-

dukte, die ebenfalls über eine Identität verfügen, die sie von allen anderen unterscheidet. Die Folge ist, dass es jetzt, zumindest in den USA, von Produkten, die früher nur in zwei, drei Varianten erhältlich waren, eine unendliche Vielfalt gibt. So soll es Eistee-Marken mit über fünfzig verschiedenen Geschmacksrichtungen geben.

Um den verschiedenen Waren Originalität zu verleihen, werden sie zum Beispiel in Katalogen nicht nur beschrieben, sondern auch noch mit jeder Menge Zusatzinformationen garniert, die es möglich machen sollen, das Produkt einordnen und für sich selbst in Besitz nehmen zu können. Als Beispiel dient Brooks der Katalog von Land's End. Dort findet man nicht nur die Abbildung einer Tweedjacke, sondern auch einen Text, der über die keltischen Ursprünge des Tweeds informiert. Dazu eine Tweed-Sage aus dem 14. Jahrhundert, etwas über die hervorragende Qualität der Wolle in den ersten sechs Lebensmonaten eines Schafs und außerdem noch den Hinweis darauf, dass diese Jacke von liebenswerten alten Männern mit von Wind und Wetter gegerbten Gesichtern genäht wurde.

Unternehmen gehen immer mehr dazu über, zu ihren Produkten nicht nur Informationen zu liefern, sondern sie auch in kulturelle, philosophische oder gesellschaftliche Zusammenhänge zu stellen. Produkte mit Identität und Individualität werden nicht nur besser verkauft, sie werden auch deutlich besser bezahlt.

Die Theorie der feinen Marken

Wie wir im vorhergehenden Kapitel gesehen haben, bieten uns die Wirtschafts- und Gesellschaftswissenschaften zahlreiche Denkansätze, die ich als Hintergrund in meine weiteren Überlegungen einbeziehen möchte.

Besonders interessant erscheint mir die Tatsache, dass sowohl Bourdieu als auch Scitovsky die Unmöglichkeit hervorheben, in der alltäglichen Praxis den Luxus vom Notwendigen klar und eindeutig abzugrenzen. Die Grenzen verschwimmen umso stärker, je größer der Wohlstand und je höher damit auch der Lebensstandard der gesamten Gesellschaft ist.

Die Definition von Luxus ist in den heutigen Wohlstandsgesellschaften so stark von der Sichtweise des Einzelnen und von seiner ganz persönlichen gesellschaftlichen und ökonomischen Situation sowie den Rahmenbedingungen der gesamten Gesellschaft abhängig, dass der Begriff «Luxus» hier keine Allgemeinverbindlichkeit mehr besitzt. Er wird in mehrfacher Hinsicht von relativen Faktoren bestimmt und ist damit als wissenschaftliche Kategorie praktisch unbrauchbar. Das wird auch in den Argumenten sowohl der Befürworter von Luxus und Luxusprodukten als auch der Gegner

sichtbar, obgleich sich beide Seiten um Präzision und
Eindeutigkeit bemühen.

Die Relativität des Begriffs «Luxus»

Dr. Umberto Angeloni, Präsident des italienischen Unternehmens Brioni, schreibt in einem Beitrag für das
«Premium-Magazine»: «Die verschwommenste Inter-
pretation eines luxuriösen Lebensstils ist aber die, die
ich als ‹segmentierten Luxus› bezeichnen möchte, das
heißt das widersprüchliche Verhalten einer Person, die
sich zwar ‹das Beste› gönnt, aber nur in ganz bestimmten Lebensbereichen. Oft trifft man Personen, die jeden
Betrag für ein bestimmtes Auto, eine Reise oder ein
Haus ausgeben würden, aber an ihrer Kleidung sparen.
Wirklicher Luxus muss aber alle Aspekte des menschlichen Lebens durchdringen.

Eine andere, häufige Variante ist der ‹Status-Luxus›,
der typisch ist für so genannte Neureiche. Diese Abart
demaskiert sich leicht durch häufige Stilbrüche, die sie
begleiten. Können Sie sich jemanden vorstellen, der in
Shorts und Turnschuhen aus einem Aston Martin
steigt? Eine weitere, ähnliche Variante ist der ‹Pomp-
Luxus›, der sich auf besonders gut vorzeigbare Objekte
richtet und bei dem es dem Besitzer in erster Linie auf
den Preis ankommt. Aber genauso wie wahre Eleganz

nichts mit Protzerei gemeinsam hat, sondern mit dem Ausdruck von Individualität, so hat wahrer Luxus nichts gemein mit dem Verwalten von Objekten, sondern einzig damit, wie Luxus gelebt wird. Zu guter Letzt gibt es da noch den Typ ‹Obsessiv-Luxus›. Denken Sie an eine Person, die stolz ihre verschiedenen Ferraris präsentiert, die nur Wein aus bestimmten Anbaugebieten trinkt oder Basebälle sammelt, die einst einem Champion gehörten. Wahrer Luxus kann zwar ein wenig extravagant sein, aber er kann nicht mit simplem Besitzen befriedigt werden und freut sich genauso wenig über triviale Dinge.

Das Leben im Luxus insgesamt ist ein vielschichtiges Unterfangen, das ein bestimmtes Kennen voraussetzt (davon stammt das Wort ‹Kenner›), ebenso wie Erfahrung, den täglichen Gebrauch sowie eine bestimmte natürliche Veranlagung. Ein schönes Beispiel für kulturelle Veranlagung zum Luxus liefern die Italiener, die eine soziokulturelle Evolution ohnegleichen gelebt haben in einem Land, das unübertroffen ist, was Kunst, Handwerkskunst und die Produktion von Luxusgütern anbelangt. So ist der ‹italienische Lebensstil› heute zur Referenz geworden. Von ihrer Natur her ist aber die Kultur des Luxus international; der ‹Luxusmensch› liebt es, seinen Horizont zu erweitern, indem er sein Wissen und seinen Geschmack mit dem anderer vergleicht.»

Angeloni definiert den Luxus weniger mit Blick auf

die Dinge, sondern auf den ganzheitlichen Lebensstil
einer Person. Das ist sehr elitär. Wer Luxus leben will,
muss hohen Anforderungen genügen und sich als Kenner in vielen Gebieten ausweisen können. Eine Diskus-
sion über Notwendiges und Luxus erübrigt sich. Luxus
ist das Notwendige.

Aus einer zunächst recht ähnlich erscheinenden Position, aber mit ganz anderen Ergebnissen nähert sich
der Schriftsteller und Publizist Hans Magnus Enzensberger dem Luxus in seinem Beitrag im «Spiegel» 51/
1996: «Dutyfreeshop und Shopping Mall heißen die
Leichenschauhäuser des Luxus. Das Unheimliche an ihnen ist, dass sie sich wie in einem Horrorfilm vermeh-
ren. Die Überschwemmung durch das Immergleiche
tritt mit der Behauptung auf, sie vertrete das Exklusive,
und die Beliebigkeit drängt sich mit dem albernen Anspruch vor, es handele sich um ein ‹Must›.»

Luxus verliert also nach Enzensberger den Status des
Besonderen dadurch, dass Markenprodukte tausendfach
multipliziert in Läden mit immer gleicher Ausstattung
als etwas Besonderes angeboten werden. Doch gerade
diese Identität ist es, die den Luxuskonzernen so wichtig
ist, da sie in ihr eine der Grundlagen ihres Erfolgs sehen.

Weiter schreibt Enzensberger: «Im Rückblick zeigt
sich, dass es mit dem Luxus schon immer eine ästhetisch
dubiose Bewandtnis hatte. Jede Art der Prachtentfaltung

neigt zum Überladenen: zu viel Gold, zu viel Glanz, zu
viel Dekor, zu viel Aufdringlichkeit ... Auch wird es
wohl kein Zufall sein, dass es vor allem Zuhälter, Gangs-
ter und Drogenbarone sind, die den größten Wert darauf legen, sich mit exklusiver Scheiße zu schmücken.
Nirgendwo wird der Kampf um das Etikett, den Markennamen auf den Klamotten blutiger ausgetragen als
im Ghetto.» Luxus wird hier zum Schimpfwort. Doch
dann eröffnet Enzensberger eine neue Perspektive:
«Knapp, selten, teuer und begehrenswert sind im Zeichen des wuchernden Konsums nicht schnelle Automobile und goldene Armbanduhren, Champagnerkisten
und Parfüms, Dinge, die an jeder Straßenecke zu haben
sind, sondern elementare Lebensvoraussetzungen wie
Ruhe, genügend Wasser und genügend Platz.»

Er sieht darin eine merkwürdige Verkehrung der Lo-
gik der Wünsche: «Der Luxus der Zukunft verabschiedet sich vom Überflüssigen und strebt nach dem Notwendigen, von dem zu befürchten ist, dass es nur noch
den wenigsten zu Gebote stehen wird.» Zum Notwendigen zählt Enzensberger Zeit, Aufmerksamkeit, Raum,
Ruhe, Umwelt und Sicherheit.

«1. *Die Zeit.* Sie ist das wichtigste aller Luxusgüter. Bi-
    zarrerweise sind es gerade die Funktionseliten, die
    über ihre eigene Lebenszeit am wenigsten frei ver-
    fügen können. Man erwartet von ihnen, dass sie je-

derzeit erreichbar sind und auf Abruf bereitstehen. Im Übrigen sind sie an Terminkalender gebunden, die auf Jahre hinaus in die Zukunft reichen ... Unter solchen Bedingungen lebt luxuriös, wer stets Zeit hat, aber nur für das, womit er sich beschäftigen will, und wer selbst darüber entscheiden kann, was er mit seiner Zeit tut, wie viel er tut, wann und wo er es tut.

2. *Die Aufmerksamkeit.* Auch sie ist ein knappes Gut, um dessen Verteilung sämtliche Medien erbittert kämpfen. Im Gerangel um Geld und Politik, Sport und Kunst, Technik und Werbung bleibt wenig von ihr übrig. Nur wer sich diesen Zumutungen entzieht und das Rauschen der Kanäle abschaltet, kann selbst darüber entscheiden, was Aufmerksamkeit verdient und was nicht.

3. *Der Raum.* Was für die Ökonomie der Zeit der Terminkalender, ist für die des Raumes der Stau. Im übertragenen Sinn ist er allgegenwärtig. Steigende Mieten, Wohnungsnot, überfüllte Verkehrsmittel, Gedränge in den Fußgängerzonen, Freibädern, Diskotheken, Touristenzonen zeigen eine Verdichtung der Lebensverhältnisse an, die an Freiheitsberaubung grenzt. Wer sich dieser Käfighaltung entziehen kann, lebt luxuriös ... Was fehlt, ist jener Überfluss an Platz, der die freie Bewegung erst möglich macht. Heute wirkt ein Zimmer luxuriös, wenn es leer ist.

4. *Die Ruhe.* Auch sie ist ein Grundbedürfnis, das im-

mer schwerer zu stillen ist. Wer den allgegenwärtigen Krach vermeiden will, muss einen hohen Aufwand treiben.

5. *Die Umwelt.* Dass man die Luft atmen und das Wasser trinken kann, dass es nicht qualmt und nicht stinkt, ist bekanntermaßen keine Selbstverständlichkeit, sondern ein Privileg, an dem immer weniger Menschen teilhaben.

6. *Die Sicherheit.* Sie ist wahrscheinlich das Prekärste aller Lebensgüter. In dem Maß, in dem der Staat sie nicht mehr garantieren kann, steigt die private Nachfrage und treibt die Preise in die Höhe ... Wer sich in den Vierteln der Reichen umsieht, der ahnt bereits, dass der Luxus in Zukunft kein reines Vergnügen verspricht. Wie in der Vergangenheit wird er nicht nur Freiheiten, sondern auch Zwänge mit sich führen. Denn der Privilegierte, der sich in Sicherheit bringen will, schließt nicht nur die anderen aus; er schließt sich selber ein.»

Die Konsequenz dieser Überlegungen und Betrachtungen liegt bei Enzensberger in der Erkenntnis, dass die Zukunft des Luxus nicht wie bisher in der Vermehrung liegen wird, sondern in der Verminderung, nicht in der Anhäufung, sondern in der Vermeidung. «Seine repräsentativste Rolle würde der Luxus damit allerdings endgültig einbüßen.»

Auch Enzensberger stellt nicht die Dinge in den Mittelpunkt. Auch sein Luxus bezieht sich auf einen Lebensstil, nur lassen sich die dazugehörigen Elemente nicht kaufen, ja sie entziehen sich für die Angehörigen der Elite geradezu der allzeitigen Verfügbarkeit. Sicherlich gehört das, was er als Rares und Erstrebenswertes beschreibt, gerade für viele, die über alles andere verfügen, zu den unerfüllten und unerfüllbaren Wünschen. Der Luxus der Zukunft erfordert für Enzensberger zwar Veränderungen im Denken und Handeln, doch die an sich schlichten Wünsche werden sich nicht gerecht und gleich für alle Menschen erfüllen lassen, denn «wer davon nur eines hat, der hat nichts davon». Somit bezeichnet er den Luxus als auch in Zukunft «hartnäckigen Widersacher der Gleichheit».

Der Journalist Horst-Dieter Ebert ist vielen besonders wegen der Kolumne «Warenwelten» im inzwischen eingestellten Magazin der «Frankfurter Allgemeinen Zeitung» bekannt. Er gilt als ausgewiesener Kenner von Luxusprodukten aller Art. Im Vorwort zu seinem 1998 erschienenen Buch «Album des Luxus und der Moden» schreibt er: «Nichts erregt so viel Heuchelei, provoziert so viel Eiertänze wie das Wort Luxus, es gibt kein schöneres Reizthema hier zu Lande. Kaum hat man den Begriff ausgesprochen, will es keiner gewesen sein. Luxus für sie sei ‹spät frühstücken›, ‹spazieren gehen›, ‹Zeit haben›, sagen unsere Superreichen gern – alle tun so, als

bedeute Luxus immer nur goldene Badewannen und die
schiere Geldvernichtung nach Art mittelöstlicher Des-
poten.» Die Verbindung zu Enzensberger ist nicht zu
übersehen. «Doch Luxus will gelernt sein, ganz ohne
Produkt-Kenntnisse macht er wenig Sinn, schlimmer
noch: wenig Spaß.» Hier treffen wir Dr. Angeloni wieder.

«Und selbst die Konsumtypen der Neuzeit garantieren eine gewisse Ordnung ... Fixiert auf Karriere, Kapital und Konsum, markentreu und imagebewusst, etablieren sie sich auch hier zu Lande als die verzogenen
Kinder von Gucci und Rolex, Nike und Nouvelle Cui-
sine ... In Deutschland wurden die Ultraconsumer entdeckt, die von Kopf bis Fuß auf teure Statusartikel fixierten Verbraucher.» Aber nicht nur die Verwendung
von Markenartikeln ist in Deutschland wichtig, es
kommt auch darauf an, wie man sie kauft. «Der ‹Smart
Shopper› ist eine Art Schnäppchenjäger, aber von der
edlen Art, gewissermaßen mit Rallyestreifen und Spei-
chenrädern; der ‹Modest Introverted Luxury Keeper›
ein sozusagen weichgespülter und grün eingefärbter
Yuppie: Er liebt Greenpeace und das Ökologische, Elek-
tro-Autos und umweltfreundliches Toilettenpapier.»
Also eine Abart des Bobo, der, wenn es darauf ankommt,
mit einem Drei-Liter-Auto doch eher den Hubraum als
den Verbrauch meint.

«Es wird wieder konsumiert», fährt Ebert fort, «und
Luxus – als Begriff so tabuisiert wie einst die schlimmen

Four-letter-words – löst die größte Begehrlichkeit aus.» Horst-Dieter Ebert sieht darin hoffnungsvoll einen Trend zu mehr gutem Geschmack, zu mehr Konsumkultur und zu mehr Raffinesse. Auch hier wird eine direkte Verbindung zwischen dem Begriff Luxus und einem Lebensstil hergestellt.

Nun zu meinem letzten Zitat, es ist von Charles Handy, dem bekannten Managementberater, der den Niedergang des klassischen Luxus prognostiziert: «Das für die Gesellschaft notwendige Wachstum hängt zunehmend von einem Klima des Neides in dieser Gesellschaft ab, was die bestehende Kluft verschärft. Auch hier eine Paradoxie. Es deutet aber immerhin einiges darauf hin, dass der so genannte Guccifaktor, also der Konsum von Luxusgütern basierend auf einem latenten Neidgefühl, ebenso wie die gleichnamige Firma seinen Höhepunkt in den achtziger Jahren überschritten hat. Die ‹Financial Times› nannte dies ‹das Abdanken des Luxus›. Die Couturiers in Paris machen sich Sorgen, weil niemand mehr die horrenden Preise für ihre Kreationen bezahlen will. Die Kunden sind heute wählerisch und weniger an Prestigeobjekten interessiert, sie fragen öfter: ‹Funktioniert es auch?›, oder: ‹Ist es haltbar?›»

Auch hier sind wieder Aspekte dessen zu entdecken, was ich bereits bei der Darstellung der Bobos beschrieben habe. Allerdings taucht für mich ganz einfach die Frage auf, ob nicht Funktionsfähigkeit und Haltbarkeit

Attribute sind, die außer Kreativität und Preis zu den elementaren Bestandteilen von Luxusprodukten der Gegenwart zählen.

Diese verschiedenen Zitate untermauern, dass sich der Begriff «Luxus» einer allgemein verbindlichen Handhabung immer mehr entzieht.

Alter Luxus, Neuer Luxus und Premiumprodukte

In der Vergangenheit haben die Ökonomen zwischen produktivem und unproduktivem Luxus unterschieden. Als produktiven Luxus bezeichneten sie jenen, der durch Arbeit neue, bessere und feinere Güter schuf. Der unproduktive Luxus war der Verzehr von Gütern, der seinen Ausdruck am stärksten in Form von rauschenden Festen, gewaltigen Feuerwerken oder festlichen Jagdereignissen fand. Auch heute existieren diese beiden Formen von Luxus, auch heute hat diese Unterscheidung eine Berechtigung, doch hilft sie uns trotzdem nicht recht weiter.

Deshalb möchte ich Luxus wie folgt definieren:

Luxus beschreibt eine Lebensweise, die als Ganzes oder in Teilaspekten von der jeweiligen Gesellschaft als luxuriös empfunden wird und meist durch Produkte und Dienstleistungen bedingt ist. Diesen Luxus-Begriff kann man dahingehend weiter differenzieren, dass ich zwischen Altem und Neuem Luxus unterscheide.

Für alle wirtschaftlichen Erörterungen ist es auch

angebracht, die Begriffe Premiumprodukt, Premium-
dienstleistung und Premiummarke zu verwenden. Sie
sind wesentlich eindeutiger bei der Beschreibung von
Sachverhalten.

Premium bezeichnet eine Spitzenposition in Qualität, Produktleistung, Design oder im Zusammenhang
mit der Marke eine besonders herausragende Wertschätzung. Ob ein Produkt ein Premiumprodukt ist,
lässt sich anhand von Eigenschaften und Kennzahlen, zu
denen auch der Preis gehört, ermitteln. Der Premiumbegriff hat auch den Vorteil, dass er in gewisser Weise
neutral ist. Er steht nicht wie Luxus im permanenten
Gegensatz zum Notwendigen. Der Premiumcharakter
eines Produkts schließt seine Notwendigkeit nicht aus.

Der Premiumbegriff ermöglicht eine klare Abgrenzung zum Massenmarkt, ohne dass man sich auf eine
Wertediskussion einlassen müsste. Premiumprodukte
sind im Vergleich zu anderen herausragend. Ob man sie
als notwendig betrachtet oder nicht, ist für ihre Posi-
tionsbestimmung unwesentlich.

Dem Alten Luxus, Old Luxury, lässt sich der unproduktive Luxus zuordnen, obgleich er ja, genau besehen,
auch nicht unproduktiv ist, denn jedes Fest, jedes Feuer-
werk und jede aufwendige Jagdgesellschaft erfordert
Vorbereitungen und schafft Arbeit, auch wenn am Ende
kein greifbares Gut als Ergebnis übrig bleibt. Old Luxury bezeichnet aber auch den Konsum oder die Verwer-

tung rarer Rohstoffe. Old Luxury sind Wildpelze, Diamanten, Kaviar und andere rare Dinge, für die die Natur
zum Teil regelrecht ausgebeutet wird. Old Luxury ist
der schiere Überfluss, der übermäßige Einsatz von wertvollen Materialien, also die sprichwörtlichen goldenen
Wasserhähne.

Neuer Luxus, New Luxury, ist hingegen der intelligente und wissensbasierte Umgang mit Rohstoffen und
Werkstoffen aller Art sowie ihre intelligente Verwendung. New Luxury strebt nach technischen Lösungen,
die zukunftsweisend sind, nach Überlegenheit durch
Wissen und Können. Nicht nur die Produkte des New
Luxury folgen der Idee der Wertorientierung, sondern
auch deren Produktionsweise. Es sind keine Wegwerf-
produkte, sondern sie folgen der Idee der Gebrauchs-
wertverlängerung und Reparierbarkeit. Während der
Alte Luxus nur verzehrt und oft zerstört, eröffnet der
Neue Luxus die Möglichkeiten zur Erhaltung und Verbesserung.

Wenn man die Unterscheidung zwischen Old und
New vornimmt, wird es leichter, an den Luxus eine moralische, ethische, religiöse oder wie auch immer gearte-
te Messlatte anzulegen und seine jeweils spezifische Er-
scheinungsform in ein Wertesystem einzuordnen.

Das wird an folgendem Beispiel deutlich. Mobiles
Telefonieren ist heute kein Luxus mehr. Wird man
Kunde bei einer bestimmten Telefongesellschaft, erhält

man sein Handy in vielen Fällen zum Nulltarif. Diese
kostenlosen Handys werden alles bewältigen können,
was die jeweilige Telefongesellschaft an Dienstleistungen anbietet. Und doch gibt es immer noch Handys, die
käuflich zu erwerben sind und sich preislich zum Teil
deutlich oberhalb der 1000-DM-Marke bewegen. Eines
der technisch anspruchsvollsten Handys ist zurzeit
wohl das V66 von Motorola. Es wiegt gerade einmal 80
Gramm, verfügt über GPRS (General Packed Radio Ser-
vices, die paketorientierte Datenübertragung mit All-
ways-on-Betrieb), WAP und Tribandfähigkeit. So kann
man das Telefon fast überall auf der Welt einsetzen.
Kurze Notizen kann man in diesem Winzling im einge-
bauten Diktiergerät speichern.

Ob der jeweilige Verwender das gesamte Leistungs-
spektrum seines Geräts jemals ausschöpfen wird, mag
fraglich sein, aber die technischen Features sind in kom-
paktester Form und bestmöglicher technischer Ausführung vorhanden.

Das teuerste Handy der Welt ist allerdings keines, das
durch technische Leistung besticht, sondern durch ein
goldenes und mit Edelsteinen besetztes Gehäuse. Einem
Motorola-Handy verpasste ein Designer eine goldene
Schale, die mit 950 Diamanten besetzt ist. Die Auflage
ist weltweit auf acht Exemplare limitiert, die umgerechnet für gut 107 000 DM pro Stück angeboten werden.
Ist die Technik veraltet, bleibt nur noch der Material-

wert übrig. Ein Handy mit einem solchen Gehäuse ist
für mich eindeutig Old Luxury, Überfluss ohne Nutzen
und ohne erkennbaren Sinn.

Ein goldenes Handy ist weder ein Schmuckstück
noch eine besondere technische Leistung. Es erfüllt eigentlich nur zwei Zwecke: Einerseits zieht der Verwender damit kurzfristig die Aufmerksamkeit auf sich, die
jedoch nicht von Dauer sein wird. Denn wenn man ein
goldenes Handy gesehen hat, hat man im Prinzip alle
gesehen. Andererseits dient ein solches Produkt ganz
klar der sozialen Abgrenzung. Der Besitzer zeigt, dass er
sich etwas leisten kann, was andere sich nicht leisten
können oder vielleicht auch nicht leisten wollen, weil
ein goldenes Handy einfach nur banal und protzig ist.

Verzicht auf Wohlstand bringt den Armen nichts

Bei vielen gesellschaftlichen Gruppierungen in Deutschland sind Luxusartikel allerdings immer noch generell
verpönt. Zum einen, weil man sie grundsätzlich für überflüssig hält, zum anderen, weil man ihre Verwender zu
den Absahnern der Gesellschaft zählt.

Es taucht in diesem Zusammenhang immer wieder die
Frage auf, ob durch den Verzicht auf Luxus in den wenigen Wohlstandsgesellschaften dieser Welt die Armut in
den anderen Bereichen beseitigt werden könnte. Ich glaube nicht an diese Möglichkeit. Umverteilung und Diri-

gismus haben sich auch in der Vergangenheit nicht als probate Mittel erwiesen. Nur die Bejahung von Wohlstand erzeugt mehr Wohlstand. Die Bekämpfung von Armut durch Almosen schafft zwar kurzfristig eine Linderung der Not, langfristig aber nur neue Armut. Luxusprodukte haben insofern eine positive Wirkung auf die Dynamik gesellschaftlicher Prozesse. Sie sind der sichtbare Anreiz, um Leistungen und Erfolge zu erbringen. Sie fördern die private Initiative, sie schaffen neue Ideen.

Viele Überlegungen, die sich gegen Luxus wenden, haben ihre Wurzeln in einer Kombination aus Neid und einem speziellen Wohlfahrtsdenken, das sich in einigen europäischen Ländern ausgeprägt hat, indem die Idee der Gleichheit nicht nur als eine Gleichheit der Chancen, sondern vorrangig als eine Gleichheit der Ansprüche, die man gegen die Gemeinschaft stellen kann, gesehen wird. Luxus ist dann immer das, was der Nachbar hat und was man sich selbst nicht leisten kann.

In der globalen Gesellschaft ist Ungleichheit alltägliche Realität, die jederzeit erlebt wird. Die meisten Gesellschaften haben deshalb eine sehr pragmatische und realistische Ausrichtung auf das Mögliche, während in den Gesellschaften, die im Überfluss schwelgen, eher die Überzeugung gepflegt wird, dass man diese Lebensweise auch im Weltmaßstab verallgemeinern könnte. Dass dies so nicht möglich ist, ändert für mich aber nichts an dem grundsätzlichen Ziel, das Ausmaß der globalen Un-

gleichheit zu verringern. Allerdings bestehen über die
geeigneten Methoden und Maßnahmen sehr unterschiedliche Meinungen.

Luxus als Schrittmacher einer Volkswirtschaft

So hat Luxus nach meiner Überzeugung innerhalb der
verschiedenen Volkswirtschaften eine Schrittmacherfunktion. Er treibt die Innovationen an, schafft Arbeitsplätze und bildet Geschmack und Stil. Für Luxusprodukte werden Lösungen gesucht und gefunden, von
denen später alle profitieren. Allerdings weisen Luxusprodukte nur ganz selten revolutionäre Veränderungen
auf. Luxus ist evolutionär, denn er knüpft an bisher Be-
stehendes an und entwickelt dies weiter. Bei Luxusarti-
keln findet sich deshalb auch eine wunderbare Verbindung von Funktion und Ästhetik, weil solche Artikel an
erprobte Formen und Muster anknüpfen.

Eine meiner Kernthesen lautet: Moderne Luxusprodukte geben der globalen Gesellschaft mehr neue Impulse und verändern sie stärker als Massenprodukte.
Hersteller von Luxusprodukten orientieren sich an den
individuellen Wünschen der Kunden. Hersteller von
Massenprodukten orientieren sich dagegen mehr an ihren eigenen Produktionsmöglichkeiten und an der Ver-
wirklichung massenhafter Wünsche. Das sind zwei
gänzlich unterschiedliche Denk- und Vorgehensweisen,

die zwar jede für sich zu wirtschaftlichem Erfolg führen kann, die aber nicht untereinander austauschbar sind.

Der Weg zum fertigen Produkt ist ein gänzlich anderer, wenn nicht die Kosten des Produktionsverfahrens und die Kosten des Produkts die bestimmenden Größen sind, sondern ausschließlich oder fast ausschließlich das Ergebnis zählt. Bei Großserienherstellern gibt es das Prinzip «Design-to-Cost». Das, was ein bestimmtes Teil kosten darf, wird, meist basierend auf Markterhebungen, von vornherein festgelegt. Und dann versucht man Lösungen zu finden, die die Funktionsfähigkeit und eine angemessene Lebensdauer gewährleisten. Dabei kann man verschiedene Kostenfaktoren variieren, Material, Konstruktion, Fertigungsabläufe oder auch die Bezugsquelle.

Bei einem Teil eines Luxusprodukts stellt sich die Frage, welche Bedeutung seine Beschaffenheit für die Gesamtwirkung hat. Was darf ich nicht tun, um diese nicht zu beeinträchtigen? Was bin ich verpflichtet zu tun? Dabei ist es nicht so, dass Kosten keine Rolle spielen würden, aber sie dürfen nicht zum alles entscheidenden Faktor werden.

Der Abstieg vom Luxus zur reinen Show

Luxus ohne überzeugende Funktionserfüllung verkommt zu einem Produkt, das nicht lange Bestand hat.

Wenn Luxus nur nach außen getragene Form ist, die in
der Substanz selbst keinen Mehrwert birgt oder die als
technisches Produkt eine Funktion nicht besser erfüllt
als Massenprodukte oder mehr Funktionen erfüllt als
diese, dann rutscht der Luxus zur reinen Show ab und
wird irgendwann nur noch von Kundengruppen gekauft, die den demonstrativen Luxus suchen und sich
damit nicht mehr als Kenner zeigen, sondern sich selbst
als geltungssüchtige Prahlhänse enttarnen.

Rolls-Royce hatte am Anfang die schnellsten, sport-
lichsten und zuverlässigsten Autos. Dann vernachläs-
sigte man Basisfunktionen wie Qualität, Zuverlässigkeit, Robustheit, aber auch solche Bereiche wie
Treibstoffverbrauch und Umweltfreundlichkeit. Damit
verletzte man das, was ich als Hygienefaktoren bezeichnen möchte.

Der Luxus von Rolls-Royce rutschte zum rein demonstrativen Luxus ab, und damit wuchsen die Produkte in einen anderen Kundenkreis hinein, in den der
Playboys und Nachtclubbesitzer, die imponieren, aber
nicht wirkliche Substanz kaufen wollten. In diesen Kreisen spielte nicht mehr der Geschmack, sondern ausschließlich die Demonstration von Geld eine Rolle, was
dazu führte, dass man sich die Autos nach den eigenen
Wünschen herrichten ließ, nur waren die eigenen Wünsche dieser Zielgruppe alles andere als geschmackvoll.
Noch mehr Gold, noch mehr Chrom, noch ausgefalle-

nere Farben und noch größere eingebaute Bars mit noch
mehr Telefonen ergeben eben unter dem Strich nicht
noch mehr Qualität.

Luxus muss, um Bestand zu haben, immer glaubwür-
dig sein, muss seine souveräne Position, die natürlich
auch über den Preis ihren Ausdruck findet, durch eine
möglichst harmonische Verbindung von Ästhetik,
Funktion und Design darstellen. Davon lebt der Luxus.
Im Bereich der Bekleidung ist es der hochwertige Stoff
plus die hochwertige Verarbeitung in einem hochwertigen Design, die einen außergewöhnlichen Anzug oder
ein außergewöhnliches Kleid ausmachen. Gutes Design
und ein billiger Stoff funktionieren auf Dauer ebenso
wenig wie ein hochwertiges Material, das langweilig
verarbeitet ist. Englische Jacketts entsprachen lange diesem Understatement-Luxus, und der wird auch heute
noch von vielen Engländern gern gepflegt, aber irgendwie funktioniert er in Europa und dem Rest der Welt
nicht mehr.

Premiumprodukte sind gesamthaft stimmig

Wirklicher Luxus besticht durch die Kombination von
überdurchschnittlicher Funktionserfüllung und überdurchschnittlicher Produktsubstanz und wird durch
überzeugendes Design noch gesteigert. Luxus weist selten Brüche auf, ist immer stimmig und gesamthaft opti-

miert und ist, von diesem gesamtheitlichen Ansatz aus-
gehend, bis ins Detail ausgearbeitet. Ich würde es holis-
tisch nennen, wenn die physische Produktsubstanz mit
dem ideellen Wert, dem Image und der Marke ver-
schmilzt.

Ein wahres Luxusprodukt weist immer eine überzeugende Konsistenz zwischen der Marke, den Markenkernwerten, der Funktion, dem Design und der Liebe
zum Detail auf, sodass sich daraus etwas gesamthaft
Stimmiges ergibt. Wenn alles zusammenpasst, verkörpert es auch eine eigene Kultur. Und wenn ein Produkt
wie ein Rolls-Royce oder auch ein Lamborghini nicht
mehr das erfüllt, was es erfüllen soll, begibt sich das jeweilige Unternehmen in einen gefährlichen Bereich.
Eine gewisse Zeit lang wird man noch von dem alten
Image leben können, aber dann kommt ein ganz schneller Zusammenbruch, weil die Leute merken, dass das,
was das Produkt vorgibt zu sein, und das, was in den
Markenkernwerten enthalten ist, nicht mehr zusammenpassen.

Je stärker eine Automobilmarke ist, desto eher wird
es ihr gelingen, gewisse Schwächen einzelner Produkte
oder Produktkomponenten zu überbrücken. Allerdings
bleibt dabei die Frage offen, über welchen Zeitraum das
gelingen kann. So entsprechen nach meiner Ansicht weder die neuen Geländewagen noch die Kompaktfahrzeu-
ge eines führenden Herstellers in ihrer Qualität dem,

was die Vergangenheit und Gegenwart der anderen
Baureihen eigentlich erwarten lassen. Aber weil sie das
Markensymbol auf der Motorhaube tragen, werden sie
vom Markt akzeptiert.

Individualität als wichtige Premiumkomponente

Tradition und Herkunft spielen bei Luxusprodukten
nach wie vor eine wichtige Rolle. Firmen- und Markennamen gehen weit zurück und haben schon viel früher
einen legendären Ruf geschaffen, meist durch die her-
ausragenden Fähigkeiten einiger weniger Menschen.
Hinter wirklichen Luxusprodukten standen schon immer und stehen auch heute noch einzelne Persönlichkeiten oder eine kleine Gruppe von Menschen. Ich glaube, dass es schwierig ist, ein Team mit demokratischen
Entscheidungsprozessen wirklichen Luxus schaffen zu
lassen. Luxusprodukte tragen eigentlich immer eher
den Stempel einiger Individuen und verkörpern damit
den Charakter und die Kultur einer Firma in Verbindung mit ebendieser Ausdruckskraft des Individuums.
Individualität kann nach wie vor nur von Individuen
geschaffen werden. Und Individualität ist eine wichtige
Komponente von Luxusprodukten.

Das sieht man unter anderem auch an den heutigen
japanischen Autos, die nicht auf eine große Tradition
zurückschauen können und sich deshalb verschiedener

Kunstgriffe bedienen müssen. Der Lexus von Toyota
versucht schon mit seinem Kunstnamen den Bereich
Luxus zu besetzen. Lexus ist einer der erfolgreichsten
Kunstnamen auf der Welt überhaupt. Mit dem Namen
Toyota hätte man nicht gegen Mercedes oder BMW antreten können, denn der Markenname eines Massenherstellers taugt nicht, um auf überzeugende Weise
Produkte im Highend-Segment anbieten zu können.
Nissan hat den gleichen Kunstgriff wie Toyota versucht
und ist ein Jahr nach der Einführung des Lexus mit dem
Kunstnamen Infinity an den Markt gegangen. Der Erfolg stellte sich bis heute nicht ein, und das beweist, dass
nicht nur eine Idee, sondern auch ihre Umsetzung stimmen muss. Die Marke Infinity ist im Prinzip heute
schon tot.

Aber auch die Produkte unter der Marke Lexus sind
nicht wirklich ultimativer Luxus, sondern zählen eher
zum Premiumbereich. Sie sind über dem Massenmarkt
angesetzt, sie differenzieren sich preislich und ausstattungsmäßig, aber sie stellen eigentlich keinen Luxus
dar, wie es der Name suggerieren will.

Es wird Toyota auch so lange nicht gelingen, echte
Luxusautos herzustellen, solange die extrem starke
Teamorientierung als Prinzip des japanischen Manage-
mentsystems Einfluss auf die japanischen Produkte haben wird. Wenn die Entscheidung im japanischen Kon-
sensverfahren getroffen wird, wird zwar technisch alles

perfekt sein, aber auch irgendwo langweilig und steril, ohne Eigenständigkeit und Charakter. Denn Eigenständigkeit und Charakter können einem Produkt nur von einem Individuum verliehen werden und nicht von einer Gruppe.

Luxus braucht Kreativität

Erfolgreiche Luxusunternehmen sind wie keine andere Branche auf kreative Künstler und auf Könner ihres Fachs angewiesen. Gemeinsam mit einem Designer der Spitzenklasse ist es auch möglich, eine alte Marke wieder zum Leben zu erwecken. Burberry war zum Beispiel in den sechziger Jahren mit seinen Karos unglaublich gut positioniert. Dann galt Burberry als angestaubte englische Marke, die der Vergangenheit angehört. Aber vor wenigen Jahren haben Amerikaner das Unternehmen übernommen, und die Chefin Rosemarie Bravo hat es geschafft, die Marke innerhalb von zwei, drei Jahren zu revitalisieren. Inzwischen gilt Burberry wieder als die In-Marke Nr. 1 und ist eine wirkliche Trendmarke für Mode.

An diesem Beispiel erkennt man, was man aus dem schlummernden Potenzial einer Traditionsmarke machen kann, wenn man nicht nur versucht, im Sinne von Retrodesign das Alte zu bewahren und zu wiederholen, sondern stattdessen den Markenkern versteht, an ihm festhält, um dann die Marke progressiv und kreativ auf die Zukunft auszurichten.

Ich bin sicher, dass Dinge, die eine bestimmte ästhetische Qualität besitzen, zur Geschmackserziehung der Menschen beitragen. Die Menschen gewöhnen sich an ästhetische Dinge und lernen zu differenzieren, dass etwas, was harmonisch ist, was in sich eine Balance hat, was aus hochwertigen Materialien sorgfältig und mit Liebe zum Detail gearbeitet wurde, etwas Schönes ist. Dieser Lernprozess, dessen Produkt im Endeffekt die spezielle Kultur einer Gesellschaft ist, wird durch Luxusprodukte gefördert.

Die Globalisierung des guten Geschmacks

Natürlich ist mir bewusst, dass Luxus und Luxusprodukte in den verschiedenen Ländern der Erde schon immer sehr unterschiedlich definiert worden sind und zum Teil immer noch werden. Was Chinesen und Japaner zum Beispiel früher als Luxus empfunden haben und auch heute noch als Luxus empfinden, unterscheidet sich von dem, was in Afrika, im Mittleren Osten, in den USA und in den verschiedenen Ländern Europas als Luxus empfunden wird, zum Teil ganz erheblich. Das Faszinierende daran ist, dass so unterschiedliche Luxuskategorien mit eigenen starken Wurzeln geschaffen wurden, die der jeweiligen Gesellschaft immer noch, trotz aller Globalisierungstendenzen, eine eigene Identität geben.

Aber durch die Globalisierung und Internationalisierung der Wirtschaft und auch der kulturellen Bereiche entsteht darüber hinaus eine neue internationale Definition von Luxus und Geschmack, die sich mit den traditionellen Definitionen zum Teil deckt und überschneidet, sie aber auch überlagert und zum Teil diagonal durchdringt. Der internationale Standard für Luxus wird einerseits durch die Herkunft der Produkte definiert und andererseits durch ihre Funktion und äußere Form, die einem weltweiten Geschmack entsprechen müssen. Denn inzwischen bestehen weltweit ähnliche Leitbilder für etwas Edles.

Die Japaner zum Beispiel sind heute leidenschaftliche Louis-Vuitton- und Gucci-Käufer. In keinem anderen Land der Welt werden so viele Produkte dieser Marken verkauft wie in Japan. Noch nach dem Zweiten Weltkrieg war die Definition von Luxus innerhalb Japans ausschließlich auf Produkte gerichtet, die im eigenen Land erzeugt wurden. So waren es zum Beispiel Kimonos aus ganz bestimmten Werkstätten, die höchstes Ansehen genossen. Heutzutage sind es für die Geschäftsleute und erfolgreichen Jungmanager Anzüge von Armani, Brioni, Versace oder Zegna.

Reichtum – die Grundlage des Luxus

Es ist eine unbestrittene Tatsache, dass es auf der Welt
immer mehr reiche Menschen gibt und der Wohlstand
in den verschiedensten Regionen und nicht nur in den
hoch industrialisierten Ländern steigt. Allerdings
nimmt auch die Zahl der Menschen generell zu, und so
bleibt ein hohes Maß an Ungleichheit erhalten.

Nun verhalten sich die reichen Leute zum Glück weder wie Dagobert Duck, der sein Geld in einem gewaltigen Speicher aufhäuft, noch wie Gustav Gans, der sich
mit jedem Pfennig das Leben schöner macht. Die meisten leben in einem gut ausgewogenen Verhältnis zwischen Konsum und Investitionen. Und aus dem gene-
rellen Aufwärtstrend ergibt sich auch ein ständiger
Bedarf nach anspruchsvollen Produkten.

Als reich gilt in Deutschland – jedenfalls für die
Banken und andere Finanzdienstleister – jemand, der
über ein Geldvermögen von mehr als einer Million
Euro verfügt. In der Bundesrepublik Deutschland gab
es 1999 rund 365 000 Reiche, im Fachjargon der Fi-
nanzbranche High Net Worth Individuals (HNWI –
vermögende Privatanleger) genannt. Diese HNWIs
machten 1999 zwar nur rund 0,5 Prozent der erwach-
senen deutschen Bevölkerung aus, besaßen aber zusammen 2 Billionen Euro, das sind 25,7 Prozent des gesamten deutschen Vermögens in Höhe von 7,81 Billionen

Euro. Dies geht aus dem «German Wealth Report 2000» des Finanzdienstleisters Merrill Lynch und der Unternehmensberatungsfirma Cap Gemini Ernst & Young hervor. Beide Unternehmen untersuchen seit einigen Jahren die Welt der Reichen und berichten darüber in ihrem jährlich aktualisierten «World Wealth Report». Vermögensverwalter sind immer auf der Suche nach neuen Kunden, deshalb haben sie im Februar 2001 erstmals einen gesonderten Bericht über Deutschland vorgelegt, denn hier wird sich in den kommenden Jahren im Bereich der persönlichen Vermögen besonders viel bewegen.

Als Ultra High Net Worth Individuals (UHNWI – sehr vermögender Privatanleger) werden dann die Personen mit einem Geldvermögen von mindestens 30 Millionen Euro bezeichnet. Davon gab es 1999 in Deutschland immerhin rund 3700 Menschen, doch das entspricht nur 0,0054 Prozent der deutschen Bevölkerung. Sie besaßen zusammen 612 Milliarden Euro, das waren 7,9 Prozent des gesamten deutschen Vermögens.

Wie die Studie weiter zeigt, stieg die Zahl der HNWIs und UHNWIs von 1996 bis 1999 jährlich um 5,3 Prozent. Ihr Vermögen erhöhte sich in diesem Zeitraum überdurchschnittlich um 10 Prozent pro Jahr. Das führt Merrill Lynch vor allem auf eine allgemein positive Börsenentwicklung und auf die Veränderung der Investitionskultur – weg vom klassischen Sparbuch, hin zu rentableren Anlageformen wie Aktien und Fonds – zurück.

Von dieser Entwicklung zu mehr Reichtum profitiert inzwischen eine immer breitere Schicht der Gesellschaft. Das heißt, immer mehr Leute, die ihr Geld intelligent angelegt haben, steigen zu den HNWIs auf. Der Geldvermögenszuwachs in Deutschland (von 6,96 Millionen Euro in 1996 auf 7,81 Millionen Euro in 1999) hat, zum Beispiel im Gegensatz zu Großbritannien, nicht zu einer Konzentration, sondern zu einer breiteren Verteilung des Geldvermögens in der Bevölkerung geführt. In Großbritannien wurden die Unterschiede zwischen den Reichen und den weniger Besitzenden in den vergangenen Jahren immer größer.

Allerdings gab es auch in Deutschland keineswegs eine gleichmäßige Verteilung. 1999 waren 92 Prozent des deutschen Vermögens immer noch in den alten Bundesländern einschließlich Berlin konzentriert. 90,5 Prozent der HNWIs und UHNWIs lebten dort und nur 9,5 Prozent in den neuen Bundesländern, und das zehn Jahre nach dem Fall der Mauer. Gemessen an der Gesamtbevölkerung bestand die höchste Konzentration der Reichen und Ultrareichen in den ehemaligen Handelsmetropolen Hamburg und Bremen sowie im Bundesland Hessen, in absoluten Zahlen gemessen lebten die meisten in Nordrhein-Westfalen – mit seiner historisch gewachsenen großen Zahl von Familienunternehmen, gefolgt von Bayern und Baden-Württemberg. Insofern dürfte auch dort die größte Nachfrage nach Luxusprodukten bestanden haben.

30 Prozent aller europäischen HNWIs wie auch UNHWIs leben in Deutschland. Damit liegt Deutschland auf dem europäischen Spitzenplatz, eine Tatsache, die man in der Bundesrepublik kaum zur Kenntnis nimmt. Die meisten Deutschen glauben, dass die Mehrzahl der Nachbarländer, allen voran die Schweiz, Großbritannien, Schweden und die Niederlande, über mehr Reiche verfügt. Merrill Lynch führt den Vorsprung Deutschlands auf den seit den fünfziger Jahren anhaltenden Wirtschaftsaufschwung zurück – eine Tatsache, die innerhalb der Bundesrepublik oft aus den Augen verloren wird.

Merrill Lynch erwartet auch, dass sich das überdurchschnittliche Wachstum in den Geldvermögenswerten von HNWIs und UHNWIs weiter fortsetzen wird. Begründet wird diese Einschätzung mit:

- einer weiteren kontinuierlichen Umschichtung von Vermögenswerten in Aktien und eigenkapitalähnliche Anlagen,
- neu geschaffenen Geldvermögen aus dem Verkauf von Familienunternehmen und erfolgreichen Börsengängen,
- der vermehrten Einführung von Aktien und Optionen für leitende Angestellte,

- den Folgen der Steuerreform von 2001 und
- der Vererbung beachtlicher Vermögen.

Experten rechnen damit, dass in den Jahren von 2001 bis 2010 in Deutschland rund 4,4 Billionen DM vererbt werden, doppelt so viel wie in den neunziger Jahren. Davon sollen 47 Prozent oder 2,1 Billionen DM Barvermögen sein. Die Zahl der Erbschaftsfälle werde von rund 852 000 in 1998 auf etwa 960 000 in 2010 ansteigen. Und die durchschnittlich zu vererbende Summe wird nach diesen Schätzungen deutlich anwachsen, von 234 000 DM in 1995 auf 574 000 DM pro Erbfall.

Merrill Lynch geht davon aus, dass in der Zeit von 1999 bis 2004 von den insgesamt 1,6 Millionen Familienunternehmen rund 320 000 einen Nachfolger suchen. Bei knapp 25 Prozent davon, also 84 000 Firmen, werde die Nachfolgeregelung durch Unternehmensverkauf erfolgen, was zu einer entsprechenden Erhöhung des Geldvermögens und auch der Anzahl der HNWIs führen wird. Der eigentliche Luxusboom steht Deutschland also noch bevor, und das wissen auch die Hersteller entsprechender Produkte.

Dabei geht es auch dem Durchschnittsbürger nicht schlecht. Das Gesamtvermögen der Bundesbürger wurde 2000 auf 14,5 Billionen DM geschätzt, davon entfielen rund 6,75 Billionen DM auf Geldvermögen. 1990 lag das Geldvermögen der privaten Haushalte noch bei 3,0 Billionen, 1995 bei 4,7 Billionen und 1998 bei 5,6

Billionen. Laut einer 1999 veröffentlichten Analyse des Deutschen Instituts für Wirtschaftsforschung besaß ein Privathaushalt durchschnittlich 153 000 DM Geldvermögen und weitere 236 000 DM in Sachwerten und Immobilien. Allerdings hielten 50 Prozent aller Haushalte zusammen elf Prozent des Vermögens, während die reichsten fünf Prozent über 28 Prozent des Vermögens verfügten. Rein rechnerisch lag das verfügbare Einkommen (Nettolöhne und -gehälter plus öffentliche Zahlungen plus Zinseinkünfte) deutscher Privathaushalte 1999 im Durchschnitt bei 5020 DM pro Monat.

Auch weltweit sieht es nicht schlecht aus. Rund um den Globus gab es im Jahre 1999 etwa sieben Millionen HNWIs mit einem Geldvermögen von jeweils mehr als einer Million US-Dollar. 2,5 Millionen von ihnen waren in Nordamerika, 2,2 Millionen in Europa und 1,7 Millionen in Asien. Zusammen besaßen sie 25,5 Billionen US-Dollar. Dies geht aus dem «World Wealth Report 2000» hervor.

Allein 1999 kamen 1,1 Millionen neue HNWIs hinzu. Damit stieg die Anzahl der HNWIs und auch ihr Geldvermögen innerhalb eines Jahres um 18 Prozent, während ein Jahr zuvor die Wachstumsrate bei nur 12 Prozent gelegen hatte. Diese Verbesserung wird auf die allgemein gute Weltkonjunkturlage und die weltweit positive Börsenentwicklung zurückgeführt. Die großen

Gewinner waren 1999 die 1,7 Millionen HNWIs in
Asien: Sie konnten ihr Vermögen aufgrund der wirtschaftlichen Erholung der Region und der stark verbes-
serten Börsensituation um 22,7 Prozent steigern.

Bis 2004 werde sich weltweit das Geldvermögen der
HNWIs weiter um jährlich 12 Prozent erhöhen auf dann
44,9 Billionen US-Dollar, schätzt Merrill Lynch. Zugleich werde die Zahl der UHNWIs, die jeder mehr als
30 Millionen US-Dollar Geldvermögen besitzen, kräftig
zunehmen. Im Jahre 1999 ist die Zahl der UHNWIs von
46 900 auf 55 400 angewachsen und ihr Geldvermögen
von 6,8 auf 7,9 Billionen US-Dollar.

Auch die 2000er Liste der weltweit reichsten Personen des Magazins «Forbes» zeigt einen weltweit kräfti-
gen Anstieg der Vermögen auf, und zwar innerhalb
eines Jahres von 721,2 Milliarden US-Dollar auf 1,27
Billionen. Dieser wurde aber nicht von den Leuten an
der Spitze getragen – der reichste Mensch der Welt, Bill
Gates, wurde zumindest auf dem Papier innerhalb eines
Jahres um zehn Milliarden US-Dollar ärmer –, sondern
das Vermögen hat sich breiter gestreut.

Die «Forbes»-Liste 2000 enthält 306 Milliardäre, die
zusammen ein Vermögen von 1,27 Billionen US-Dollar
besitzen. Nach der Herkunft dieser Personen verteilt
sich das Vermögen folgendermaßen: 889,1 Milliarden
US-Dollar USA, 439,8 Milliarden US-Dollar Europa,
279,8 Milliarden Asien und Australien, 107,7 Milliarden

Kanada und Südamerika und 61,8 Milliarden US-Dollar
Afrika und Mittlerer Osten.

Wellness – Luxus für Körper und Seele

Von den sechs Notwendigkeiten, die Hans Magnus
Enzensberger zu den Lebensvoraussetzungen zählt, las-
sen sich Sicherheit, Raum und wahrscheinlich sogar
Umwelt mit genügend Geld überall erwerben. Sie ste-
hen den Topmanagern der Welt, den Politikern, den
Größen des Showgeschäfts und den ganz einfach Rei-
chen ohne Probleme zur Verfügung. Das Geschäft der
Bodyguards und Sicherheitsunternehmen boomt. Die
Hotelsuiten, die man reserviert, sind mit ihren Salons,
Besprechungsräumen und mehreren Badezimmern
meist viel zu groß für eine kurze Nacht.

Aber bei der Umwelt, da ist es schon nicht mehr so
einfach. Die Luft aus den unzähligen Klimaanlagen ist
gefiltert und gekühlt, aber ist das eine Umwelt? Das
französische Mineralwasser an den entlegensten Plät-
zen der Welt, was ist daran authentisch und natürlich?

Zeit, Aufmerksamkeit und Ruhe gehören sogar zu
den knappen Gütern, die man im Alltag opfern muss,
um sie dann in der seltenen frei verfügbaren Zeit für
viel Geld in Form von Service zurückzukaufen. Das ist
auch ein Teil des luxuriösen Lebensstils, bestimmte le-

bensnotwendige Selbstverständlichkeiten werden tatsächlich zur Ausnahme und sind nur noch auf Zeit erhältlich.

Deshalb gibt es heute etwas, was es früher in dieser
Form nicht gab: Luxus auf Zeit. Luxus sowohl für den
Körper als auch für die Seele. Urlaub, ein Begriff, den
man zu Beginn des 20. Jahrhunderts so noch nicht verwendete, ist an sich schon lange kein Luxus mehr, sondern wird in Deutschland eher wie eine Art Grundrecht
behandelt. In Deutschland wurden im Jahre 1998 immerhin 82,6 Milliarden DM für Auslandsurlaubsreisen
ausgegeben. Aber nicht mehr die Reise selbst steht im
Mittelpunkt, wenn man von einem Luxusurlaub spricht,
sondern eher das «Sich-wohl-Fühlen», was man heute
mit Wellness bezeichnet.

Alles, was zu Wellness gehört, Ernährung, Gesundheit, Körper, Wohlbefinden, ist ein Riesentrend. In ein
normales Hotel fahren, Kaviar essen, Champagner trinken, am Strand liegen, und am Abend ziehen sich dann
alle zum Dinner chic an, das ist out. Aber zu wissen, wo
man die seltensten Öle zur Massage bekommt, die von
sonst woher gebracht wurden, das ist gegenwärtig die
Magie des Besonderen. Die heutigen Vorstellungen von
Luxus führen dazu, dass sich die Menschen wieder ihres
Körpers bewusst werden und sich gesundheitlich weiterentwickeln wollen, während früher Urlaub ja auch bedeutet hat, über die Stränge zu schlagen.

Aber Wellness ist nur ein Aspekt dessen, was Enzensberger sagte. Bei Booten, Flugzeugen und Häusern ist heute ein Luxus auf Zeit möglich. Das ist zwar auch teuer, aber es ist immerhin erreichbar, und es ist sinnvoller, als ständig etwas zu unterhalten, was man kaum nutzt oder was man sich dauerhaft ohnehin nicht leisten kann oder will.

Früher gab es nicht die Möglichkeit, sich ein Gulfstream-Flugzeug zu mieten oder ein Schloss in der Bretagne. Noch nie konnte man so phantastische Häuser in der Welt für den Urlaub buchen wie heute. Einer der Gründe ist natürlich auch der, dass der Unterhalt so teuer geworden ist, dass die, die sich solche Anwesen früher als ständigen Zweitwohnsitz leisteten, heute nicht mehr dazu in der Lage sind. Damit sie ihr luxuriöses Anwesen behalten können, vermieten die Leute es. Man hat dann statt eines Hotels das Haus mit Personal für vier Wochen. Raum, Ruhe und Zeit, das sind Aspekte der Individualität, und die ist ein ganz wichtiger Trend der Gegenwart.

Einer, der das schon vor fünfzehn Jahren erkannt hat, ist Adrian Zecha mit seinen Amanhotels.

Mythos Amanhotels

Die Amanhotels sind unter den wohlhabenden Erholungssuchenden dieser Welt ebenso legendär wie ihr

Gründer Adrian Zecha unter den Touristikmanagern. Der Indonesier mit böhmischen Vorfahren und dänischem Pass wurde 1933 geboren und studierte nach dem Zweiten Weltkrieg in den USA. Sieben Jahre war er Asien-Korrespondent für das «Time Magazine» und startete dann einen eigenen Verlag, den er 1972 wieder verkaufte. Mitte der siebziger Jahre war er einer der Gründer der Regent International Hotels. 1986 verkaufte er seinen Anteil an der Hotelkette für 30 Millionen US-Dollar und beteiligte sich an einer Investmentfirma und an den Rafael-Hotels.

Um der Regenzeit auf Bali zu entgehen, suchte Zecha auf der thailändischen Insel Phuket nach einem Grundstück für einen Zweitwohnsitz und entdeckte eine Kokospalmenplantage am Strand. Es dauerte fast zwei Jahre, bis von den verschiedenen Besitzern alle Grundstücke zusammengekauft waren, um dort ein größeres Anwesen zu errichten. Dann stellte sich heraus, dass es dort kein Trinkwasser gab. Man würde es mit Tankwagen herbeischaffen müssen. Eine Lösung, die sich Zecha selbst als vermögender Geschäftsmann privat nicht leisten wollte. Also entschied er sich, von dem in Paris lebenden amerikanischen Architekten Ed Tuttle ein kleines Luxushotel bauen zu lassen. Immerhin hatte der Architekt ihm bereits sein Wohnhaus auf Bali entworfen.

Am 1. Januar 1988 war es dann so weit: Das erste

Amanhotel, Amanpuri auf Phuket, wurde eröffnet. Die Hotelbranche war sich schnell darüber im Klaren, dass es sich hierbei um eine Revolution im Luxussegment handelte. Das Amanpuri war nicht nur ein außergewöhnliches Hotel, es war ein Gesamtkonzept, das heute an elf Orten, überwiegend in Asien, verwirklicht wurde und das bisher schon so viele pedantische Nachahmer gefunden hat, dass weltweit eine neue Kategorie von Luxusherbergen geschaffen wurde, die Small Luxury Hotels of the World. Den Standard des Vorbilds haben aber nicht alle erreicht.

Was ist nun das Geheimnis der Amanhotels? Was ist das Amantypische? Es ist Adrian Zechas persönlicher Geschmack und Lebensstil. Die ursprüngliche Idee war ja, ein Feriendomizil, einen Ort der Erholung nach seinen Vorstellungen, für sich ganz persönlich zu bauen. Dabei ist es bis heute eigentlich geblieben. Zecha wählt die Region aus, in der ein weiteres seiner Hotels entstehen soll, er bestimmt den Standort und den Architekten. Und dann realisiert er mit ihm genau das, was er persönlich für das Beste hält. Er baut keine Hotels, sondern er verwirklicht einen Lebensstil. Nicht nur in den Tropen, sondern auch in den Rocky Mountains und in den französischen Alpen, denn er ist bis heute ein begeisterter Skifahrer.

So erfolgreich seine Ideen auch waren, geschäftlich lief nicht immer alles so glatt, wie Zecha es sich wünsch-

te. Er holte sich einen französischen Geschäftspartner
ins Boot, Clémont Vaturi, der wirtschaftlich ins Trudeln
geriet, und plötzlich hatte Zecha den amerikanischen
Investor Colony Capital als Mehrheitseigner in seiner
Gesellschaft. Zecha und ein Großteil seiner Führungskräfte verließen das Unternehmen. Dann gründete er
eine neue Kette, die Maha-Hotels. Inzwischen konnte er
auch mit einem Partner und zwei Fonds 98 Prozent des
Amankapitals zurückerwerben.

Wahrscheinlich fällt es vielen Lesern immer noch
schwer, den besonderen Reiz der Amanhotels nachzuvollziehen. Ich will versuchen, es wie folgt zu erklären:
Hotels, auch Luxushotels, werden in erster Linie unter
Zweckaspekten entworfen und ausgestattet. Selbst in
den besten Hotels findet man lange Korridore mit an-
einander gereihten Zimmern. Die im Prinzip funktiona-
le Einrichtung wird dann durch «Dekoration» aufgewer-
tet. Nur bleibt ein Hotelkorridor immer ein Korridor, ob
dort wertvolle Perser liegen und echte Bilder an den
Wänden hängen, ob dort chinesische Vasen stehen oder
goldglänzende Kandelaber die Glühbirnen halten.

All das fand man in den Amanhotels von Anfang an
nicht. Bei allen Entscheidungen stand dort nie die
Zweckrationalität im Vordergrund, weder beim Standort noch bei der Architektur oder beim Design der Einrichtung. Es mag sich banal anhören, aber im Mittelpunkt stand der Mensch oder, genauer gesagt, ein

Mensch – nämlich Adrian Zecha, der heute schon als Guru des Purismus bezeichnet wird. Denn es sind tatsächlich die einfachen Dinge, die aus Luxus Lifestyle machen. Edle Werkstoffe, stilvolle Arrangements und übersichtliche kleine Einheiten sind die bestimmenden Elemente. Die elf Hotels der Kette umfassen insgesamt gerade mal etwas mehr als 400 Zimmer, eine Größenordnung, die für manche luxuriösen Stadthotels als wirtschaftliche Untergrenze gilt.

Auch wenn manche der Amanhotels heute nicht mehr so klein sind, wie sie zu Beginn waren – immerhin sind zu den vierzig Pavillons des ersten Amanpuri noch dreißig Villen hinzugekommen –, Privatsphäre hat nach wie vor höchste Priorität. Die 115 qm großen Pavillons sind so gestaltet, dass sie zwei Personen einen komfortablen Aufenthalt ermöglichen. Dazu gehören individuelle Terrassenplätze ebenso wie der separate Blick auf den Ozean. Die Villen befinden sich in Privatbesitz und werden vom Hotel nur mitbetreut. Ein Hausmädchen und ein Koch gehören zum persönlichen Personal. Die Villen verfügen über mehrere Schlafräume, private Swimmingpools und andere Annehmlichkeiten.

Dass Freizeitaktivitäten angeboten werden und Wellness einen hervorragenden Stellenwert hat, dürfte heute nicht mehr so ungewöhnlich sein. Bemerkenswert jedoch ist, dass das Amanpuri mit zwanzig Schiffen über die weltweit größte private Hotelcharterflotte verfügt.

Schiffe plus Besatzung können sowohl für Tagesausflü-
ge wie auch für längere Reisen gebucht werden. Der
Name der Flotte ist «Aman Cruises». Und da sind wir
bei einem weiteren Element: der Markenbildung. Adrian Zecha hat konsequent den Sanskrit-Begriff Aman =
Friede zu einer eigenen Marke ausgebaut. So gibt es unter dem Begriff Aman nicht nur eine eigene Flotte, sondern auch eine eigene Champagner-Marke.

Und noch etwas sehr Amanspezifisches ist zu bemer-
ken. Zecha hat nie klassische Werbung für seine Hotels
gemacht. Er ist zwar heute selbst mit Informationen im
Internet zu finden, doch auch diese sind äußerst zurück-
haltend. Im Grunde genommen hat er sich von der
Startphase an auf sein Netzwerk von vermögenden
Freunden verlassen. Der Rest lief durch Mundpropa-
ganda. Und genau das ist typisch für ein Luxusprodukt.
Meinungsbildung wird nicht durch eine möglichst große Kontaktzahl mit möglichst vielen Menschen erreicht,
sondern durch eine ausreichende Kontaktzahl mit den
richtigen Leuten. Streuverluste gibt es bei der Mund-
propaganda kaum, und wenn, dann ist sie nicht kosten-
relevant.

Der Preis spielte bei den Amanhotels von vornherein
keine Rolle. Dass er sich pro Übernachtung zwischen
1000 und 3000 DM eingependelt hat, wird in der ange-
peilten Zielgruppe allenfalls mit einem Achselzucken
registriert werden. So hat zum Beispiel der Engländer

Jimmy Goldsmith das Amanwana Hotel auf Moyo Island/Indonesien für zwei Wochen als Ganzes gemietet und sich seine Gäste gleich mitgebracht, zu denen unter anderen auch Lady Di gehörte. Allerdings ist der höhere Preis eine Notwendigkeit, um kleine Einheiten wie die Amanhotels wirtschaftlich führen zu können.

Für Zecha ist Qualität auch ein ständiger Prozess des Lernens und Einstimmens auf die Bedürfnisse der Gäste und die Anforderungen der Zeit. In diesem Prozess befinden sich sowohl das Management seiner Hotels als auch das Personal, das möglichst selten gewechselt werden soll. Er sagt: «Wir sind eine Lifestyle-Gesellschaft, und diese Definition soll nicht so statisch sein, wie es Lifestyle auch niemals ist. Es ist schwer zu definieren, aber es muss eine Menge feiner Zutaten haben. Es ist immer schwer fassbar und hat viel zu tun mit Intuition und Timing, man muss diese kleinen Notwendigkeiten fühlen, und entweder ist man im Einklang mit der Stimmung der Zeit, oder man ist es nicht.»

Eine ganze Insel oder doch nur ein Schloss?

Eine weitaus aufwendigere Form von Individualität bietet John Melk. Drei Flugstunden von New York entfernt hat der US-Multimillionär auf der Insel Mushakai ein Resort für den High-End-Tourismus der Extraklasse errichtet. Insgesamt stehen fünf luxuriöse Unterkünfte zur Verfügung, und es befinden sich nie mehr als zwanzig Gäste gleichzeitig auf der Insel. Anreisen kann man per Jet – es gibt eine Landepiste auf der Nachbarinsel – oder per Yacht. Insgesamt sorgen dreißig Angestellte für das Wohl der Gäste.

Eine der Unterkünfte, das so genannte Beach-House, ist eigentlich nichts anderes als ein rundum verglastes Zimmer mit Strohdach und einem riesigen Bett. Der gesamte Sanitärbereich, einschließlich Dusche und Waschbecken, steht, gut getarnt, in der freien Natur. Insgesamt ist die Insel Mushakai 60 Hektar groß und bietet alle Möglichkeiten des Wassersports, dazu gehören Hochseefischen und Hummertauchen. Auch ein Segelboot steht bereit. Wer den Inselkoller bekommt, kann sich mit einem Flugzeug in das zehn Minuten entfernte Georgetown fliegen lassen.

Das eigentlich Bemerkenswerte an dieser Form des Urlaubs ist der Preis. Die ganze Insel kostet für eine Woche einschließlich Verpflegung und Freizeitgestaltung 325 000 US-Dollar. Wer hier bucht, darf also nicht gerade mit dem Pfennig rechnen. Verschwenderisch ist das zumindest dann nicht, wenn man seinen Freundeskreis mitbringt, pro Kopf sind es dann nur noch 2300 US-Dollar pro Tag.

In England ermöglicht es der 1965 gegründete Landmark Trust auch Menschen, die nicht zum englischen Adel und die auch nicht zum Geldadel gehören, ihren

Urlaub in einem echten englischen Schloss zu verbrin-
gen. Der Hintergedanke war der, dass viele der historisch und architektonisch wertvollen kleineren Schlös-
ser in England verfallen würden, wenn man sie nicht
mit zusätzlichen Finanzmitteln versorgt. Sie nur für Be-
sichtigungen zu öffnen reicht nicht, um die notwendigen Einnahmen zu erzielen. Also wurden vom Landmark Trust inzwischen 168 erhaltenswürdige Landgüter
gekauft oder geleast und originalgetreu renoviert.

Dabei legte man zwar Wert auf Komfort, aber Originalität hat immer noch Vorrang, was man als Mieter besonders bei dem Thema Heizung zu spüren bekommen
kann. Im Sanitärbereich wurden am ehesten Kompromisse gemacht. Die Kosten für ein kleines Schloss liegen
zwischen zwei- und dreihundert Pfund pro Woche und
Person. Viele der Objekte sind nur für zwei bis sechs
Bewohner ausgelegt. Wünscht man einen Butler, kostet
das extra. Aber die Nachfrage ist so groß, dass die meisten Objekte schon sehr früh im Jahr ausgebucht sind.

Luxus für das Wochenende

Wer nicht die Zeit oder das Geld für einen längeren Luxusurlaub hat, kann auch für ein Wochenende Luxus
buchen. Das Lyoner Unternehmen Sun Seekers bietet
im Internet unter «weekendmeteo.com» Luxus-Wo-
chenend-Reisen in über 40 Luxushotels in neun Staaten

des Mittelmeerraumes, insbesondere Südeuropas. Das Besondere an diesen Reisen ist eine Sonnengarantie. Sun Seekers teilt dem Kunden am Donnerstag vor dem Reisewochenende mit, ob das Wetter am gewünschten Reiseziel sonnig wird. Sollte dies weder hier noch bei der Zweitwahl, die der Kunde bei der Buchung angibt, der Fall sein, wird ihm ein anderes gleichwertiges Reiseziel oder eine Verschiebung der Reise angeboten. Möglich ist dies aufgrund der Zusammenarbeit mit verschiedenen Wetterdiensten. Wer nicht Business-Class fliegen will, kann alternativ individuell einen Privatjet chartern. Fast alle Weekendmeteo-Reiseziele werden innerhalb von drei Flugstunden erreicht. Die Wochenendarrangements können auf Wunsch mit kulturellen, sportlichen oder gastronomischen Aktivitäten verknüpft werden. Ein dreitägiges Sonnen-Wochenende ist ab 3000 Euro pro Person – für den Flug und das Hotel – zu haben.

Grenzenloser Luxus über den Wolken

Wer auch beim Fliegen wahren Luxus sucht, wird einen Platz in der ersten Klasse buchen. Über Jahre hinweg wurde die billigere Business-Class ständig aufgerüstet, sodass der Unterschied zur ersten Klasse immer kleiner wurde. Jetzt bemühen sich alle Fluglinien, einen entsprechenden Abstand zwischen den Klassen wiederherzustellen. Bei den meisten Fluglinien gibt es in der ersten Klasse nur zwischen acht und sechzehn Sitzplätze, die nach dem so genannten Fischgrätensystem angeordnet sind. Der Blick eines jeden Platzes ist in Richtung Fenster gerichtet. Und da für den Fluggast sowohl die Bequemlichkeit des Sitzes als auch der Schlafkomfort von höchster Bedeutung sind, lassen sich alle Sitze in ein richtiges Bett verwandeln. Bei manchen Fluglinien gibt es nicht nur Bettdecke und Kissen, sondern auch einen Pyjama und einen Paravent.

Die Kosten für einen First-Class-Flug sind ungefähr doppelt so hoch wie der in der Business-Class. Trotzdem finden sich immer Reisende, die diesen Luxus in Anspruch nehmen wollen. Besonders wer während des Fluges nicht nur schlafen, sondern auch arbeiten will, weiß die Annehmlichkeiten dieser komfortablen Sitze zu schätzen. Aber auch vor und nach dem Flug wird der Erste-Klasse-Gast besonders betreut. Ein so genannter Concierge-Service bringt ihn nicht nur zum Flugzeug und erledigt die Abflugformalitäten, bei manchen Fluggesellschaften beinhaltet er auch einen Zubringerdienst per Chauffeur zum Flughafen.

Das Catering an Bord ist allerdings in hohem Maße nationalen Eigenheiten unterworfen. Während bei British Airways livrierte Kellner teure Weine servieren, ist es bei United Airlines auch in der ersten Klasse manchmal nur ein Cheeseburger, der gereicht wird. Der Trend geht übrigens dahin, dass auch Touristen die erste Klasse buchen. Die Manager der Fluglinien sehen jedenfalls für exklusiven Service noch ein großes Potenzial.

Individualisierung auch in Hotels und Clubs

Vor etwa zehn Jahren begann der Trend zu individuellen Reisen in kleine Boutique- oder Designer-Hotels. In den großen Städten steigt man nicht mehr im Grandhotel ab, sondern im Hotel von Ian Schrager, das ist die Nummer eins bei Designer-Hotels. Alle Trendhotels in Los Angeles, in London und in New York sind von ihm. Das Design seiner Hotels ist vollkommen ungewöhnlich und komplett anders, als man es von den üblichen Hotels gewohnt ist. Eine skurrile Dekoration, kombiniert mit einem präzisen und sauberen Design, und dann – als Überraschung – prächtige Vorhangstoffe, ein Gold- oder Purpursofa. Das ist Schrager. Aber solche Ideen braucht man schon, um ein Hotel von anderen abzugrenzen.

Die Erfolgsformel ist verhältnismäßig einfach: Man engagiere einen bekannten Designer und lasse ihn ein kleines Hotel – möglichst mit deutlich weniger als hundert Zimmern – extrem spektakulär ausstatten. Das erste Hotel dieser Art wurde von Ian Schrager zu Beginn der neunziger Jahre in New York eröffnet. Es ist das «Morgans» an der Madison Avenue. Ian Schrager ist der ehemalige Besitzer des Nachtclubs Studio 54, und er tat

sich auch in diesem Metier durch großes Fingerspitzen-
gefühl hervor. Das «Morgans» zeichnet sich eher durch Understatement aus, denn die Zimmer sind kleiner, als sie erscheinen. Das bestimmende Designelement der Designerin
Andrée Putman sind Karos, die sich überall im Hotel
wieder finden. Für alle weiteren Ian-Schrager-Hotels
wurde der Designer Philippe Starck gewonnen. Auch
das erste Philippe-Starck-Hotel, das «Royalton» an der
44th Street, ist verhältnismäßig klein.

Das «Paramount» ist unter den Design-Hotels sicherlich eine Ausnahme, denn es hat immerhin 600
Zimmer, und von Exklusivität kann dabei wohl kaum
noch die Rede sein. Auch hier findet man den typischen
Starck-Stil, eng und dunkel. Man fühlt sich wie in einer
gestylten Höhle. Das erste lichtdurchflutete Hotel mit
viel Glas und weißer Farbe ist das «Delano» in Miami
Beach. Im «Mondrian» am Sunset Boulevard in West
Hollywood hat Philippe Starck ein besonders schräges
Hotel geschaffen. Die Eingangstüren sind zehn Meter
hoch, und der Treffpunkt in der Bar ist ein achtzehn
Meter langer Marmortisch.

Die beiden Londoner Ian-Schrager-Hotels «St. Martin's Lane» und «Sanderson Hotel» sind beide zwar ver-
schieden eingerichtet, aber sie unterscheiden sich von allem, was man sonst von Hotels kennt. Im «St. Martin's
Lane» kann man je nach Stimmung die Farbe des Lichts in

seinem Zimmer verändern, und das Foyer wurde mit Requisiten wie eine Theaterbühne bestückt. Im «Sanderson» kamen die Inspirationen von der Oper des 18. Jahrhunderts. Auch hier schwelgt Philippe Starck in dramatischen Farben und Formen. Design und Individualität gehen eindeutig vor Komfort und Gemütlichkeit. Ob es sich bei Ian Schragers Hotels noch um Luxusherbergen handelt, mag vielleicht fraglich sein. Auf jeden Fall sind sie eine eigenständige Erlebniswelt.

Auch das Ritz-Carlton hat inzwischen den Trend zur Individualisierung erkannt und berücksichtigt das bei der Konzeption der Hotels. Ziel ist, bis Ende 2003 zum Branchenführer im Luxussegment aufzusteigen. In diesem Zusammenhang ist nicht nur die Eröffnung von mehr als 25 Hotels und Resorts bis Ende 2003 geplant, sondern auch die Errichtung von Residenzen in Wohneigentum, so genannten Condominiums, großzügigen Spa-Anlagen, exklusiven Golf Lodges und «Membership only»-Zweitwohnungen.

Im Herbst 2000 wurden in Washington und New Orleans zwei neue Ritz-Carlton-Hotels eröffnet. Für Liebhaber von Boutique-Hotels ist das 93 Zimmer große «Ritz-Carlton Georgetown» in Washingtons elegantem Wohnbezirk gedacht, das Anfang 2002 fertig sein soll. «The Ritz-Carlton», New Orleans, befindet sich in einem einhundert Jahre alten, denkmalgeschützten Warenhaus in der legendären Canal Street im French Quarter. Auch wenn der Schwerpunkt in den USA liegt, so will man auch international expandieren. Das erste vollständige Spa, das in Istanbul entstehen soll, zeichnet sich durch ein original orientalisches Badehaus aus und hat ein Gourmetrestaurant, bei dem alles von der Tasse bis hin zum Dach aus Glas bestehen wird.

«Betreutes Wohnen für Reiche» ist ein neues Immobilienkonzept aus den USA. Eine Investorengruppe bietet Luxuswohnungen zum Kauf an, die in Hotels der Ketten «Ritz Carlton» und «Four Seasons» entstehen. Deren Service – vom Hemdenbügeln bis zum mitternächtlichen Room-Service – können die Eigentümer in Anspruch nehmen. Hinzu kommen verschiedene Sport- und Freizeitangebote. Die Preise für eine Wohnung liegen zwischen einer und 15 Millionen US-Dollar.

Der private Club «Abigail's Party» in London ist bei Prominenten aus der Film- und Musikszene in. Damit die sich auch wohl fühlen, sind die Räume wie eine Privatwohnung eingerichtet, mit Wohnzimmer, Schlafzimmer und einer Hausbar. Geleitet wird der exklusive Club von der einundzwanzigjährigen Exballerina Abigail Marshall, die sich persönlich um das Wohlergehen ihrer illustren Gäste kümmert. Wer rein will, muss sich als Mitglied bewerben, darf dann aber auch zwei Freunde mitbringen. Zu den Gästen sollen Leonardo DiCaprio, Kate Moss, Noel Gallagher und Jade Jagger gehören.

Erlebnisse als Luxus

Im Rahmen der Bemühungen um Individualisierung und Personalisierung wollen sich immer mehr Menschen von den anderen durch Erlebnisse unterscheiden. Die jungen Internetmillionäre, die plötzlich so reich wurden, beeindrucken ihre Freunde nicht damit, dass sie sagen: Ich war jetzt in diesem teuren Hotel auf Madeira, wo mein Vater schon immer war. Das reicht nicht. Sie wollen heute mit dem Mountainbike den Mount Everest hinunterfahren.

Luxus ist für reiche junge Leute heute das Kaufen von Erlebnissen, von einzigartigen Erfahrungen. Sie machen etwas ganz Verrücktes, springen aus dem Flugzeug mit dem Fahrrad. Bunjeejumping, Fallschirmspringen von gefährlichen Bergen herunter, Extremskifahren und andere Extremsportarten sind gefragt. Das ist der neue Luxus, und er differenziert auch von den älteren Leuten, denen Vergleichbares schon körperlich gar nicht mehr möglich ist.

Wem diese Erlebnisse nicht mehr zur Individualisierung reichen, weil inzwischen auch für Pauschaltouristen Extremsportarten oder Geländewagentouren in Afrika als Erlebnisurlaub im Angebot sind, der sucht sich neue Erlebnisse der Luxusklasse. Was ist das?

In den Ländern der ehemaligen Sowjetunion, die alle an chronischem Geldmangel leiden, ist es heute auch möglich, während eines Fluges bei zweieinhalbfacher Schallgeschwindigkeit den Steuerknüppel einer MiG 29 zu halten, ohne Flugschein und Flugerfahrung, versteht sich. Das 40 Minuten dauernde Abenteuer kostet rund 10 500 US-Dollar. Wem das noch nicht reicht, der kann mit einer MiG 25 auch die Grenzen des Luftraums in 27 Kilometer Höhe erobern. Wer noch mehr möchte, der kann an einem Kosmonautentraining in der russischen Weltraumstadt Star City teilnehmen, wobei der Reiz etwas nachgelassen hat, seitdem die Raumstation Mir endgültig und unwiderruflich aus dem Verkehr gezogen wurde.

Wer die Schwerelosigkeit erproben will, kann so genannte Parabelflüge buchen, bei denen während eines kontrollierten Sturzfluges aus rund 10 000 Meter Höhe für 30 Sekunden Schwerelosigkeit erzeugt wird. Die Kosten liegen bei 3500 Euro, können aber auch, je nach Veranstalter, das Doppelte betragen, womit die Etats Erlebnissüchtiger noch lange nicht überzogen werden. Denn auch zwei Runden auf einer Grand-Prix-Strecke mit einem Formel-1-Rennwagen sind heute für 3200 Euro machbar. Tauchgänge mit Atom-U-Booten werden nach einem Unfall mit einem japanischen Fischerboot Anfang 2001 wohl wieder aus dem Reiseangebot der Veranstalter gestrichen werden.

Selbst das Essen soll immer mehr zum Erlebnis werden. «Fooding» heißt der neue Essenskult aus Frankreich. Alexandre Cammas, einer der namhaftesten Gastronomie-Kritiker von Paris, hat sich diese neue Vokabel ausgedacht. «Fooding» ist eine Kombination aus «Food» und «Feeling», lässt sich als Essen mit Ambiente beschreiben. Man speist eben nicht nur einfach, man tafelt mit allen Sinnen. Dass das Auge mitisst, wissen wir schon lange. Für Cammas spielt es jedoch auch eine Rolle, welche Musik dazu gespielt wird, wer am Nachbartisch sitzt, wie das Interieur gestaltet ist und welches schmückende Dekor den Raum ziert. Szenelokale, die von Stardesignern entworfen wurden, freuen sich über großen Zulauf. Das Essen wird dabei fast zur Nebensache. Man isst halt so, wie man sich fühlt, lautet die Kurzformel des «Fooding». Harmonie gilt als das Gebot der Stunde.

Dass Zeit ein immer größerer Luxus wird, verdeutlichte eine Meldung der BBC. Sie lautete: Ausgiebiger Schlafkonsum ist das neue ultimative Statusobjekt in der Londoner Geschäftswelt. Ich persönlich habe davon allerdings in London noch nichts mitbekommen. Laut BBC jedenfalls gönnen sich einflussreiche Geschäftsleute in der Londoner City den Luxus, abends früh ins Bett zu gehen. Wer etwas auf sich hält, schläft mindestens acht Stunden pro Nacht. Amazon-Chef Jeff Bezos gilt als Begründer des neuen «Kultes»: Auch er schläft mindestens acht Stunden pro Nacht.

Glanz und Glitter – die Welt des Besonderen

Die Zeiten der Knappheit bestimmter Güter, die heute zum täglichen Leben gehören, sind gerade etwas mehr als hundert Jahre vorbei. Kaffee- und Kakaobohnen waren solche Luxusgüter, ebenso wie Perlen oder Seide. Die Zeiten, als bestimmte Luxusgüter oft nur in lokalen oder nationalen Märkten eine Bedeutung hatten, dauerten noch bis in die sechziger Jahre des 20. Jahrhunderts an, als das Fernsehen auch in Europa seinen Siegeszug antrat.

In globalen Märkten mit ihrem alles umfassenden Kommunikationsnetz haben sich die Anforderungen an das, was Luxus sein soll, grundlegend geändert. Entscheidend für den Wert und die Wertschätzung von Luxusprodukten ist heute nicht mehr die relative Knappheit der Güter, sondern ihre Verfügbarkeit und die Durchgängigkeit von Qualität und Leistung im materiellen und immateriellen Spektrum der Marke als Ganzes, ihre Konsistenz und ganz besonders ihre Bekanntheit.

Luxus ist heute allen Menschen, die irgendwo auf dem Globus in einer Gesellschaft leben, die über weit verbreitete, preiswerte Medien wie Rundfunk, Fernsehen, Kino und Zeitschriften verfügt, viel vertrauter als noch vor fünfzig oder gar hundert Jahren. In all diesen Mediengesellschaften wird das Interesse an den Prominenten und ihrem Lebensstil in einer Weise befriedigt, die ohne diese Medien überhaupt nicht möglich ist. Prominent wird automatisch mit Luxus gleichgesetzt.

Ein besonders bemerkenswerter Effekt ist derjenige, dass diese Medien nicht nur gierig nach Prominenten jeder Art Ausschau halten, seien es nun Unterhaltungskünstler, bildende Künstler, reiche Unternehmer, Manager, Politiker einschließlich ihrer Familien und, nicht zu vergessen, die zahlreichen Sport-Stars. Die Medien kreieren selbst auch Prominente, einerseits aus ihren Reihen und andererseits dadurch, dass sie einzelne Menschen aus ihrer Anonymität herauslösen, indem sie diese in die Medien holen.

Während ein Zeitungsjournalist selbst als Chefredakteur einer großen meinungsbildenden Zeitung so gut wie unbekannt bleibt und auch niemand an seinem Privatleben interessiert ist, wird es ein mittelmäßiger Jungjournalist, der in einer Musiksendung alberne Witze reißt, schnell zu großer Berühmtheit bringen.

Was zurzeit in den elektronischen Medien zu sehen ist, ist wirklich furchtbar, primitive Shows, niveaulos und seicht. Es stellt sich natürlich in diesem Zusammenhang die Frage, welche Produkte zum Beispiel Menschen, die sich «Big Brother» im Fernsehen angucken, als Luxus empfinden. Ihr Luxusbegriff muss doch eigentlich auch immer anspruchsloser werden.

Einen Teil der Medien trägt also zur Verflachung des

Geschmacks bei, ein anderer Teil aber auch zur Popularisierung des mit dem Luxus verbundenen speziellen Wissens. Damit wird der moderne Luxus für jeden Normalmenschen auch gedanklich nachvollziehbar und nicht nur finanziell immer leichter erreichbar. Wie viele Menschen gibt es, die vor zehn Jahren nie daran gedacht hätten, sich eine teure Uhr zu kaufen, die das aber jetzt tun. Früher war das eine Sache für Kenner und für Uhrenfachleute, und heute weiß ein jeder allein schon durch die zum Teil hoch informativen Anzeigen in Magazinen und Wochenzeitungen über solche Uhren Bescheid. Luxusuhren beginnen für Fachleute bei Preisen ab 5000 DM. Dafür bekommt man schon eine anständige mechanische Uhr, aber noch nichts, was das Herz eines Uhrensammlers höher schlagen ließe. Die Welt der Luxusuhren ist, nachdem man sich fast durchgängig von den Quarzuhren ebenso sang- und klanglos verabschiedet hat wie vor zwanzig Jahren von der mechanischen Uhr, wieder extrem kompliziert und unübersichtlich geworden.

Mehr als 90 Marken konkurrieren inzwischen auf dem globalen Luxusuhrenmarkt. Das reicht von den Klassikern wie Rolex, Patek Philippe, Cartier und IWC bis hin zu Uhren der Marke Chanel oder Montblanc. Und dabei handelt es sich nur um Uhren im Luxussegment. Ganggenaue und technisch durchaus feinsinnige

Produkte aus Japan wie etwa die der Marke Seiko sind ebenso wenig mitgerechnet wie die Kult-Uhren von Swatch.

Den Wert einer Uhr an ihrem Gehäuse festmachen zu wollen, sei es nun aus Stahl, Titan, Gold oder Platin, wird dem Laien nur wenig weiterhelfen. Eine quarzgesteuerte Tank «Must de Cartier» mit goldplattiertem Sterling-Silber-Gehäuse gibt es schon ab 2500 DM. Aber Cartier-Uhren, seien es nun die Modelle Tank, Santos oder Pasha, werden sowieso selten wegen der inneren, sondern meist wegen der äußeren Werte gekauft. Selbst schwere goldene Spitzenmodelle mit mechanischem Aufzug schaffen es normalerweise nicht, die 40 000-DM-Marke zu übersteigen. Eine Ausnahme gibt es natürlich, der Pasha-de-Cartier-Tourbillon «Collection Priveé». Diese Uhr mit einem Werk von Girard-Perregaux kostet in limitierter Auflage 213 000 DM und ist damit bei Cartier die absolute Ausnahme.

Der Hersteller Girard-Perregaux geht mit seinen eigenen Uhren noch deutlich weiter. Das Modell Opera Two soll in einer limitierten Auflage von sechs bis acht Exemplaren gefertigt werden. Der Preis liegt bei 530 000 Schweizer Franken. Aber Girard-Perregaux hat auch durchaus preiswerte Gebrauchsuhren im Angebot, sogar noch quarzgesteuerte.

Ebenfalls zur Spitzengruppe gehört das Modell Dynamograph Jules Audemars von Audemars Piguet für 554 000 DM in der Weißgoldausführung. Wer es noch exklusiver haben möchte, kann noch einmal 31 000 DM drauflegen, dann bekommt er die Uhr auch als Platinversion. Ob und für wie lange damit die Spitzenposition des Uhrmacherhandwerks erreicht ist, weiß ich nicht. Die Grenzen werden immer weiter hinausgeschoben. Was jedoch zählt, sind die inneren Werte, zum Beispiel Tourbillons in Armbanduhren. Tourbillons hatten in den Taschenuhren den Zweck, den schwerkraftbedingten Lagenfehler zu eliminieren. In Armbanduhren machen sie technisch keinen Sinn, aber sie werden als feinmechanische Meisterwerke heiß geliebt.

Marken wie Rolex genießen schon seit mehr als einem halben Jahrhundert einen gewissen Nimbus. Aber man verbindet mit ihnen weniger die Idee von uhrmacherischem Können als die von Robustheit – dank des 1926 entwickelten wasserdichten Oyster-Gehäuses. Dass es die Rolex auch im Rotlichtmilieu zu großer Bekanntheit gebracht hat, tat ihrer Beliebtheit keinen Abbruch. Wer es jedoch eleganter mag, wählt eine Patek Philippe. Hier findet man nicht nur klassische Schönheit, sondern bei dem Chronographen mit ewigem Kalender auch ein Objekt, das sich hervorragend als Erbstück eignet.

Die Marke IWC glänzte lange Zeit durch ein gepflegtes technisches Understatement. Das wurde mit neuen Modellen und unter neuer Führung inzwischen aufgegeben. Was man auch als einen Luxus ansehen kann, ist

die technische Leistung der Luminor Submersible von
Officine Panerai. Diese Uhr ist auch noch in tausend
Meter Wassertiefe dicht und funktionsfähig. Auch ein
Luxus, den nur die wenigsten ausschöpfen werden.
Echte Neuheiten gibt es unter den Luxusuhren eigentlich wenige. Eine ist die koaxiale Hemmung, die von
dem englischen Uhrmacher Georges Daniels erfunden
wurde. Sie lässt auch mechanische Uhren fast so präzise
wie ein Quarzwerk laufen. Zu finden ist sie erstmals in
größerer Serie in der Omega De Ville. Unter Insidern ist
Georges Daniels eine Legende. Dem breiten Massen-
publikum wird sein Name kaum etwas sagen; die erste
grundlegende Erfindung seit 200 Jahren dürfte dem auf
Prestige bedachten Uhrenträger nicht viel bedeuten. Die
wenigen Armbanduhren, die von Daniels überhaupt je
gefertigt worden sind, eine Kleinserie von 50 identischen
Armbanduhren zum Preis von 90 000 DM sowie rund
40 Unikate, haben ihm zwar unter Spezialisten größten
Ruhm eingebracht, aber nicht zur Markenbildung geführt.

Uhren haben inzwischen zwar eine lange Geschichte,
trotzdem gehören sie nicht zu dem, was ich mit Old
Luxury bezeichne, nämlich demonstrativer Konsum,
Raubbau an der Natur, Überfluss, Verschwendung und
soziale Abgrenzung.

Dem Aspekt von Glanz und Glitter alten Stils wird
heute natürlich auch noch in der Hotelbranche Rech-

nung getragen. Eine gänzlich anders gelagerte Idee als
Zecha mit seinen Amanhotels verfolgt die australische
Sunland-Gruppe mit ihrem «Palazzo Versace». Während die Amanhotels zum Teil abseits liegen und
manchmal etwas schwer zu erreichen sind, liegt das
«Palazzo Versace» im Westen Australiens an der so
genannten Goldküste rund 80 Kilometer südlich von
Brisbane. Das 146 Zimmer und 59 Suiten umfassende
Hotel, zu dem auch noch 72 First-Class-Eigentums-
wohnungen gehören, wurde bis ins letzte Detail im Ver-
sace-Stil durchgestylt. Alle Möbel entstanden nach Ent-
würfen von Gianni Versace, und auch das Geschirr und
die Wäsche tragen den Medusenkopf, sein Markenzeichen.

Während die Amanhotels den jeweiligen Landesstil
aufnehmen und kultivieren, ist das 330 Millionen teure
Versace-Hotel im australischen Queensland ein Fremd-
körper. Gleichzeitig symbolisiert es aber auch, wie die
Amanhotels, einen weltumspannenden, internationalen
Geschmack, nur eben einen anderen. Nicht Purismus,
sondern Historismus, nicht Schlichtheit, sondern Glanz
sind die entscheidenden Elemente. Am Preis ändert sich
zwischen diesen beiden eigentlich nicht zu vergleichen-
den Konzepten jedoch nichts. Immerhin hofft die Sunland-Gruppe, mit diesem speziellen Angebot Gäste aus
der ganzen Welt nach Queensland locken zu können.
Nur ist die Frage, ob das, was ihnen dort geboten wird,

nicht viel authentischer in Italien oder Frankreich zu finden ist.

Ein Kleid mit Weißgold, schwarze Chiffonseide, ein tiefes Dekolleté, langer Beinschlitz, eine Schleppe – und das alles besetzt mit 2000 Diamanten, so sieht die aufsehenerregendste Robe der Londoner Modemesse aus. Das Modell wurde von der Designerin Maria Grachvogel entworfen. Auf einen Wert von 190 Karat kommen die in Weißgold gefassten Steine, der Kaufpreis des Kleides beträgt umgerechnet rund 3 Millionen DM. Damit handelt es sich um das teuerste Kleid, das je auf einer Modenschau gezeigt wurde. Der Verkaufserlös aus der Versteigerung der Edelrobe geht als Spende an ein Kinderhilfswerk.

Sport und andere gesellschaftliche Ereignisse

Es gibt zahlreiche Bereiche, die nicht durch den Premiumbegriff abgedeckt werden. In erster Linie finden wir sie im Zusammenhang mit Sport und Gesellschaft. Was eine Luxussportart ist, dürfte von Nation zu Nation wieder unterschiedlich bewertet werden. Tennis wurde erst in den siebziger Jahren zu einem Massensport, als er nämlich von den Medien entdeckt wurde. Golf hat bis heute in Deutschland von seinem elitären Anspruch nichts verloren.

Auch der Reitsport wurde demokratisiert, ganz einfach dadurch, dass immer mehr Leute über genügend finanzielle Mittel verfügten, sich nicht nur ein Pferd, sondern auch dessen Unterhalt leisten zu können. Polo hingegen ist weiterhin eine Elitesportart, weil der Erwerb der speziellen Polo-Ponys und ihr Unterhalt immer noch hohe finanzielle Mittel erfordern.

Die Jagd wird in Deutschland kaum als Sport angesehen. Sie ist entweder ein gesellschaftliches Ereignis oder eine nützliche Maßnahme im Rahmen der Waldwirtschaft. Anders ist es zum Beispiel mit der Fuchsjagd in England, die man in dieser Form in Deutschland nicht kennt. Zwar werden in Deutschland speziell unter dem Aspekt der Seuchenbekämpfung Füchse in gleichem Maße zur Strecke gebracht wie in England, nur erfolgt das weitaus weniger spektakulär. Die englische Fuchsjagd ist eine Mischung aus Sport und gesellschaftlichem Ereignis. Die Teilnehmer müssen nicht nur über reiterliche Qualifikationen verfügen, sie müssen auch bereit sein, sich der Etikette zu unterwerfen, und sie müssen auf irgendeine Weise gesellschaftlich dazugehören.

Während die Fuchsjagd in Deutschland, so wie die Jagd generell, nur auf den Widerstand hoch ambitionierter Tierschützer trifft, deren Zahl so gering ist, dass sie von den Medien nur gelegentlich wahrgenommen werden, sind die Gegner der Fuchsjagd in England weitaus populärer. Ihnen geht es nicht nur um den Aspekt der Tierquälerei – ob dieser Vorwurf berechtigt ist oder

nicht, vermag ich nicht zu beurteilen –, sondern auch
um den Protest gegen ein durch die Fuchsjagd augenfäl-
lig demonstriertes Klassenbewusstsein. Die Fuchsjagd
ist ein Privileg des Adels, der über das Recht verfügt, mit
seiner Jagdgesellschaft quer durch die Landschaft zu rei-
ten. Die Fuchsjagd ist also ein Sport, der gleichzeitig die
demonstrative Abgrenzung zu anderen Gesellschafts-
schichten darstellt. Diese Abgrenzung kann man speziell
in England auch noch an anderer Stelle erleben, zum
Beispiel in den Clubs, die man in dieser Form in
Deutschland kaum kennt.

Viele Clubs haben lange Traditionen, aber es gibt
auch Neugründungen wie zum Beispiel den Home
House Club in London. Mitglieder sind hier Prominente aus Showbusiness, Wirtschaft und Politik. Der Club
wurde 1999 eröffnet und hat seinen Sitz in dem ehemaligen Palais der Gräfin Home. Er wurde von einem Kon-
sortium privater Investoren für fast 50 Millionen DM
aufwendig restauriert und bietet eine Clubatmosphäre
vom Allerfeinsten.

Da die Clubleitung daran interessiert ist, ihre Kundschaft, sprich Mitglieder, nicht nur in England, sondern
international zu rekrutieren, wobei auch Damen den
Zutritt erhalten können, gibt es die so genannte Over-
seas Membership. Der Jahresbeitrag für diese Mitglieder beträgt 2350 DM plus einer einmaligen Aufnahme-
gebühr. Dafür stehen dem Mitglied dann die stilvollen

Aufenthaltsräume, das Restaurant und die Bar mit Bibliothek zur Verfügung. Außerdem kann man im Home House auch übernachten. Die Übernachtung in einem der achtzehn Zimmer kostet je nach Größe zwischen 600 und 3500 DM, was für Londoner Verhältnisse recht günstig ist. Im Bankettsaal kann das Mitglied auch geschäftliche oder private Empfänge veranstalten, und es hat auch das Recht, Gäste mit in den Club zu bringen. Die einzige Hürde dürften für die meisten Menschen, die Mitglied werden möchten, nicht die damit verbundenen Kosten sein, sondern die fehlende eigene Prominenz. Schließlich ist ein Club keine soziale Einrichtung, sondern dient ganz im Sinne des alten Luxus nicht nur der Zurverfügungstellung einer Aufenthaltsmöglichkeit, sondern auch der gesellschaftlichen Abgrenzung und Heraushebung.

Ess-Luxus der alten Art

Gerade im Zusammenhang mit dem Ess-Luxus hat es in der Vergangenheit viele Unappetitlichkeiten gegeben, und es gibt sie auch heute noch. Zwar ist die berühmtberüchtigte Schildkrötensuppe inzwischen aus den noblen Restaurants verbannt worden – lange hätte es sie sowieso nicht mehr gegeben, da die Tiere kurz vor dem Aussterben standen –, doch gibt es noch genügend andere «Delikatessen». Nicht nur in Asien, sondern auch in anderen Teilen der Welt gilt Haifischflossensuppe als etwas Besonderes. Als Folge töten Fischer jährlich unzählige Haie, indem sie ihnen die Flossen abschneiden und die sterbenden Tiere dann ins Meer zurückwerfen.

Der Handel mit Haifischflossen hat sich seit 1985 bis zum Jahre 1997 auf über 7000 Tonnen mehr als verdoppelt. In Australien, Brasilien und Nordamerika ist diese Form der «Fischverarbeitung», bei der mehr als 99 Prozent des Fleisches weggeworfen werden, zwar verboten, aber keiner kann es kontrollieren. Solange in Hongkong für eine Schale Haifischflossensuppe bis zu 210 DM bezahlt werden, dürfte der verfeinerte Geschmack der wohlhabenden Elite wohl weiterhin Ausgangspunkt für Tierquälerei bleiben.

Eine grundsätzliche Meinungsverschiedenheit besteht aber auch zwischen Japan und dem überwiegenden Teil der restlichen Welt hinsichtlich des Verzehrs von Walfleisch. In Japan ist es eine Delikatesse, und ein Kilo Wal kostet mehrere hundert Mark. Eine Notwendigkeit, diesen Meeressäuger zu verzehren, besteht nicht. Es ist aber ein Ess-Luxus, der fest in der japanischen Gesellschaft und in der Tradition verankert ist.

Eine etwas andere Form von Qualität und Leistung demonstrieren japanische Köche bei der Zubereitung von rohem Fisch. In den besonders feinen Restaurants kann man sich den Fisch, dessen Fleisch man verzehren möchte, in einem Aquarium aussuchen. Aber anders als in Europa, wo das Tier als Ganzes in den Topf oder in die Pfanne wandert, darf man in Japan nicht überrascht sein, wenn man den Fisch während des Essens wieder vorbeischwimmen sieht, allerdings mit einer gewissen Schlagseite.

Das Können eines japanischen Kochs bei der Zubereitung von Sashimi, also rohen Fischgerichten, zeigt sich darin, dass er das Fleisch aus dem Fisch herausschneidet, ohne diesen sofort tödlich zu verletzen. Auf europäische Verhältnisse übersetzt wäre es ungefähr so, als würde man sein Tatar oder sein Carpaccio aus einer lebenden Kuh herausschneiden, der man anschließend zuschaut, wie sie wieder auf die Weide getrieben wird. Guten Appetit!

Aber auch die Gewinnung anderer Delikatessen ist nicht unbedingt etwas für zarte Gemüter. Sei es nun der Kaviar, für den man die Fischeier den lebenden Fischen entnimmt, oder der in einigen Ländern Europas so beliebte Verzehr von Singvögeln. Gerade beim Ess-Luxus prallen die Vorstellungen zwischen Alt und Neu wohl besonders heftig aufeinander.

Obwohl der Handel mit Tibetantilopen und mit Teilen von ihnen seit 1979 durch das Washingtoner Artenschutzabkommen untersagt ist, ist ihr Bestand bedroht. Grund dafür ist die besonders feine Wolle, aus der die luxuriösen «Shahtooh»-Schals hergestellt werden. Allein für 300 bis 600 Gramm Rohwolle, die ein einziger Schal benötigt, müssen drei bis fünf Antilopen getötet werden. Wie eine Studie von TRAFFIC, dem gemeinsamen Artenschutzprogramm der internationalen Naturschutzorganisation WWF und der Weltnaturschutzorganisation IUCN, beweist, führt die erhebliche Nachfrage nach den 1800 bis 9000 Mark teuren Schals zu einer Wilderei im großen Stil und zu einem gesetzwidrigen Handel mit dem hoch begehrten Produkt. Zu den Hauptkonsumenten gehört die Elite Frankreichs, Spaniens, Italiens und Hongkongs. Der WWF hat in einem Aufruf, den auch prominente Persönlichkeiten unterstützen, das Ende des Handels mit den luxuriösen Schals gefordert und an die Verbraucher appelliert, auf den Kauf dieser Produkte zu verzichten.

Statussymbole des Neuen Luxus

Dienstleistungen wie die Auswahl einer stilvollen Inneneinrichtung, individuelle Kultur- und Modeberatung sowie die Organisation von Luxusdinners werden inzwischen auch in Deutschland von speziellen Lifestyle-Serviceagenturen angeboten. Auch sie sind Teil des New Luxury. Vom klassischen Butler oder Hausmädchen unterscheidet sie nur, dass sie eine neue Geschäftsidee verwirklichen. Thomas Kuball und Peter Kempe orientieren sich mit ihrer Lifestyle-Serviceagentur in Hamburg am amerikanischen Vorbild. Ihre Kunden haben ein bestimmtes Problem: Sie wissen nicht, wohin mit ihrem Geld. Kuball & Kempe wollen ihnen dabei helfen und ihnen die schönen Dinge des gehobenen Lebens nahe bringen, denn im Unterschied zu ihren Klienten haben die beiden die Zeit und die Muße, sich mit derartigen Dingen zu beschäftigen. Die ultimativen Statussymbole der neuen Reichen sind Privatjets. Damit sind nicht die verhältnismäßig engen Reise- und Geschäftsflugzeuge gemeint, in denen neben Pilot und Copilot gerade noch vier Personen und eine Stewardess Platz nehmen können, sondern richtige Flugzeuge, wie die Boeing 757, die der Microsoft-Mitbegründer Paul Allen zum Beispiel bevorzugt. Statt 120 Sitzplätzen hat ein solcher Flieger nur noch 35, und zum wahren Luxus wird ein Jet erst mit eigenem Schlafzimmer, Dusche und Büroarbeitsplatz. Aber selbst das zählt für viele noch nicht zum Nonplusultra.

Wer ebenso viel Sorge um seine Gesundheit hat, wie er Geld besitzt, lässt sich auch schon mal das Flugzeug mit einem Operationssaal ausstatten. Während solche Jets, wie sie auch von Gulfstream gebaut werden, rund vierzig Millionen Euro kosten, muss man für eine individuelle Ausstattung noch einmal mit zehn Millionen Euro rechnen. In den USA gehören derartige Jets bei

den Stars des Showgeschäfts ebenso wie bei den Stars
der Unternehmen schon zur Grundausstattung. Steve
Jobs bekam von Apple 1999 eine Gulfstream V ge-
schenkt, schließlich hatte er 1999 für nur einen symbolischen US-Dollar (und Aktienoptionen) gearbeitet.

In Europa sind Firmenjets immer noch vorrangig ein
Transportmittel, das man auf dem Weg zur Arbeit benutzt. Schaut man sich die Streitereien auf Regierungs-
ebene an, die sich mit schöner Regelmäßigkeit daran
entfachen, wenn Minister einmal nicht in eine Linien-
maschine einsteigen wollen, so wird man in Europa für
den Freizeitgedanken, der sich in den USA mit einem
solchen Komfort-Jet verbindet, wenig Verständnis aufbringen. Von der Ostküste geht es eben einmal kurz auf
die Bahamas, und von der Westküste macht man einen
Wochenendabstecher nach Hawaii.

Yachten sind nach wie vor ein Statussymbol. Aber
wenn es früher die größten Yachten waren, sind es jetzt
die schnellsten. Bevorzugt werden die ganz unkomfor-
tablen Racer. Man verzichtet auf die Luxusausstattung,
weil man am schnellsten sein will. Früher war das Ma-
hagoniboot gefragt, groß, mit allem Komfort und üppi-
gen Bädern, heute ist der Luxus ein Designer-Boot.

Ganz oben angesiedelt sind zurzeit die Traumboote
der Firmen Luca Brenta und Wally mit ganz moderner
Schiffsarchitektur. Sie sind auch aus Holz gemacht, aber
mit ganz klarem Design, während die anderen schönen

Boote aus Holz alle traditionell gebaut sind. Das Traum-
schiff von Luca Brenta ist keine Yacht für Leute, die an-
geben wollen, sondern es ist von hervorragender Ästhetik und sehr minimalistisch, ein unglaubliches Boot. Als
der Rolls-Royce der Meere gelten allerdings Swan-
Yachten der finnischen Nautor-Werft, die seit 1998 den
italienischen Modemachern Ferragamo gehört. Eine
Swan kostet immer einen ein- oder zweistelligen Mil-
lionenbetrag, und selbst die kleinsten Swans sind gebraucht kaum unter einer halben Million D-Mark zu
bekommen.

Auch Genussmittel wie Weine, Spirituosen und Zigarren haben heute als Luxusobjekte und Statussymbole nichts von ihrer Bedeutung verloren. Voraussetzung
ist allerdings, dass sie nicht nur von höchster Qualität
sind und eine bestimmte Originalität besitzen. Sie brauchen vor allem eines: Zeit. Erst die Lagerung macht aus
Weinen und Spirituosen ein wertvolles Getränk, und
Zeit spielt sogar bei Zigarren eine Rolle. Das erkennt
man am besten an den Preisen für Zigarrenraritäten.
Kubanische Zigarren, die 1991 noch für 500 US-Dollar
zu erwerben waren, haben heute einen Marktwert von
10 000 US-Dollar. Beim Auktionshaus Christie's wurden 50 Coronas aus dem Jahre 1917 für rund 7600 US-
Dollar versteigert. Und eine Partagas aus den fünfziger
Jahren erzielte sogar einen Rekordpreis von 1700 US-
Dollar.

Wer glaubt, dass solche Raritäten in den Vitrinen landen, der irrt. Sie werden tatsächlich geraucht, denn Zigarren können, wenn sie richtig aufbewahrt worden sind, durchaus 50 Jahre alt werden und immer noch schmecken. Nach mehr als 50 Jahren kann es mit dem Geschmack bergab gehen. Aber fünf bis zehn Jahre Lagerzeit helfen einer guten Zigarre durchaus, ihr Aroma voll zu entfalten.

Premiummarken – die Demokratisierung des Luxus

Ich kenne keinen Bereich, in dem es noch keine Premiumprodukte gibt. Häuser von berühmten Architekten, Badeinrichtungen, Küchen, Möbel, Heimtextilien von großen Marken und Designern, Bekleidung, Kosmetik, Nahrung. Jeder Hersteller versucht auch kleinere Luxusobjekte anzubieten, die populär und für viele erschwinglich sind, wenngleich sie von berühmten Marken stammen. Eines der besten Beispiele sind Sonnenbrillen. Sie können nützlich sein, aber man braucht sie tatsächlich seltener, als man sie nutzt. Sie sind Accessoires, die auf Sonne und damit Urlaub verweisen. Sie sind markant und gut sichtbar.

Bei keinem Produkt gibt es so viele verschiedene Marken wie bei Sonnenbrillen. In Deutschland sind es rund 1000 verschiedene Labels, die zusammen jährlich einen Umsatz von 800 Millionen DM erzielen. Dabei haben sich die Designermarken extrem in den Vordergrund gespielt. Sonnenbrillen sind nicht mehr nur von der Funktion her bestimmt, sondern eindeutig Modeartikel geworden.

Die verschiedenen Marken konzentrieren sich auf nur wenige Hersteller, von denen knapp zehn fast alle großen Labels unter Vertrag haben. Der Kostenanteil für eine Markenlizenz am Endverkaufspreis liegt zwischen fünf und acht Prozent, wie zum Beispiel für die Brillenmarke Jaguar, die bei Menrad in München produziert wird. Die reinen Herstellungskosten liegen für die meisten Brillen bei 20 bis 30 DM, der Verkaufspreis ist dann zehnmal so hoch. Bei diesen Preisen zwischen 200 und 300 DM liegt der Absatzschwerpunkt der Edelmarken.

Pro Jahr bringen einige der ganz großen Hersteller wie Luxottica bis zu 500 neue Modelle auf den Markt. Dabei spielen auch die Stars aus Film und Fernsehen eine ganz wichtige Rolle. Als die Firma Luxottica aus Norditalien die Traditionsmarke Ray Ban für 640 Millionen US-Dollar kaufte, stieg der Aktienkurs von Luxottica schlagartig um 16 Prozent. Der Jahresumsatz von Luxottica betrug rund 4 Milliarden DM, was Leonardo Del Vecchio, Chef der Luxottica-Gruppe, in erster Linie auf die angesammelten Exklusivlabels wie

Armani, Ferragamo, Vogue, Bulgari, Moschino, Chanel und natürlich auch Ray Ban sowie etliche andere zurückführt. Damit ist Luxottica weltweit im Sonnenbrillengeschäft die Nummer 1. Und natürlich stimmt auch der Gewinn. Del Vecchio ist neben Silvio Berlusconi und Luciano Benetton der dritte Italiener, der zu den hundert reichsten Menschen der Welt gezählt wird. Sein Vermögen soll über 4 Milliarden US-Dollar betragen. Nach Ansicht von Branchenkennern haben Gucci und Prada sowohl bei der Verbreitung ihrer Modelle als auch bei der Preisgestaltung Fehler gemacht, weil sie ihr üblicherweise hohes Niveau verließen. Beide Marken sind in der Produktqualität ihrer Brillen nur Mittelklasse und kommen zu niedrigeren Preisen auf den Markt als ihre Wettbewerber. Das freute speziell die preisorientierten Deutschen, die diesen Ausrutscher mit einer großen Nachfrage honorierten.

Rund 18 Prozent des Umsatzes investieren die Brillenhersteller in das Marketing. Derzeit spielen die asiatischen Märkte für Sonnenbrillen eine besonders große Rolle, jedoch sind die USA und Europa nach wie vor die Kernabsatzgebiete. Problematisch wird es, wenn zwischen den Lizenzgebern und den Brillendesignern eine schlechte Zusammenarbeit besteht. Brillen, in denen nicht der bestimmte Stil einer Modelinie zu erkennen ist, bekommen früher oder später Identitätsprobleme, die sich auch im Absatz niederschlagen. Bei Klassikern wie Ray Ban ist das Risiko nicht sehr groß, aber gerade bei modernen Lifestylemarken wie New Beetle, die an ein einziges Produkt gebunden sind, dürfte es auf Dauer schwer werden, die Marken lebendig zu halten.

Sonnenbrillen dürften wohl die Produkte sein, die sich am weitesten für Marken aus allen Bereichen geöffnet haben, sei es aus dem Automobilsektor, aus den Medien wie «Vogue» oder «Elle» oder auch aus dem Segment der Uhren und Schreibgeräte. Eine Verbindung zur Brille lässt sich fast immer herstellen.

Andere Bereiche, die fast ebenso gern von Premiummarken besetzt werden, sind Schreibgeräte und natürlich Parfums. Alles, was sich gut verschenken lässt, wurde als Luxusgut demokratisiert. Die Wünsche der Verbraucher korrespondieren bestens mit den Interessen der Hersteller. Werbung wird nicht als Belästigung, sondern als Bestätigung der eigenen richtigen Marken-Entscheidung gesehen.

Die Marke, das Markenprodukt ist aus der Wahrnehmung der heutigen Welt nicht mehr wegzudenken. Inzwischen werden auch Städte zu Markenartikeln, das zeigt sich unter anderem am Preis der Wohnungen, dem räumlichen Luxus. Berlin zum Beispiel weiß um die Notwendigkeit, nicht nur einen Anspruch als Hauptstadt zu erheben, sondern auch das notwendige Umfeld zu schaffen. Trotz des extrem hohen Leerstands von

Wohnungen in Berlin – dort sind schätzungsweise 100 000 Wohnungen frei – steigt die Nachfrage nach neuen Luxuswohnungen.

Wie die «Berliner Morgenpost» berichtet, arbeitet der Berliner Senat an einem neuen Flächennutzungsplan für die zukünftige Stadtentwicklung, der vor allem an den Wasserstraßen neue Bauflächen für hochwertige Wohnungen vorsieht. Etliche Neubauten sind im hochpreisigen Segment bereits entstanden, die Nachfrage kommt vor allem aus dem Botschaftsbereich.

Die «klassizistischen Neubauten», wie zum Beispiel das Charlottenpalais in Berlin-Mitte, verfügen über Deckenhöhen bis zu 3,80 Meter, die es mit Altbauten aufnehmen können. Die Ausstattung ist exklusiv. Die Wohnflächen liegen zwischen 250 und 380 Quadratmetern, mit Kaltmieten bis zu 39 DM pro Quadratmeter. Im Vergleich zu London ist das noch sehr günstig.

Wohlstand – was Luxus für die Welt so wertvoll macht

Am Luxus verdienen alle – Luxus schafft Arbeit

Zwischen Luxus und Arbeit sehe ich einen ganz direkten Zusammenhang. Die Massenproduktion zielt aus Kostenüberlegungen tendenziell auf die Abschaffung der Arbeit hin und hat sie inhaltlich und qualitativ nivelliert. Luxusprodukte erfordern hingegen höhere Fähigkeiten von den Mitarbeitern eines Unternehmens, und sie tendieren dazu, die Strukturen der Wertschöpfungsketten zu verändern und neue, qualitativ hochwertige Arbeitsplätze an dezentralen Standorten zu schaffen.

Meine Sicht der Dinge ist geprägt vom internationalen Sektor der Wirtschaft, der dem ständigen Verbesserungsdruck der Weltmärkte ausgesetzt ist. Deshalb glaube ich, dass den international orientierten Unternehmen, zu denen auch die Automobilindustrie gehört, auch wenn sie nur einen Ausschnitt der Wirtschaft bilden, eine Pionierrolle für strukturelle Veränderungen zukommt.

Die Lebenschancen und der Wohlstand der Beschäftigten in den hoch industrialisierten Ländern werden heute nicht mehr von einem Klassengegensatz zwischen Kapital und Arbeit bedroht. Eine Gefährdung kommt heute vielmehr vom internationalen Wettbewerb. Im Vergleich zum Produktionsfaktor Kapital hat es der Faktor Arbeit schwerer, jederzeit zu einem effizienten Einsatz zu kommen. Kapital ist mobil in Bezug auf Verwendungsarten, nach Wirtschaftssektoren und nach Regionen, Arbeit dagegen relativ immobil. Kapital ist ganz selbstverständlich bereit, schwankende Faktorerträge, Zinsen, Dividenden, Gewinne hinzunehmen. Arbeit wird dagegen meist durch kartellartig vereinbarte Tarife entlohnt. Luxusgüter und Luxusdienstleistungen werten die Arbeit jedoch gegenüber dem Kapital auf.

Es kommt darauf an, Bedingungen zu schaffen, die das Brachliegen von Produktionsfaktoren, von Kapital und eben vor allem von Arbeit verhindern. Es gilt, den spezifischen Eigenheiten von Kapital und Arbeit Rechnung zu tragen. Dass hier das sozialpolitisch Wünschenswerte mit dem ökonomisch Machbaren mitunter in Konflikt steht, wird sich nicht vermeiden lassen. Luxusprodukte haben jedoch die herausragende Eigenschaft, eine Herkunft und Tradition zu besitzen, die sie an einen Standort oder eine Region binden. Sie können in der Regel nicht einfach «überall» produziert werden. Das ist gut für viele europäische Standorte und für die Arbeitnehmer.

Dass das Rollenverständnis von Arbeitgebern und

Arbeitnehmern einem Wandel unterworfen ist, ist normal. Auch hier würde, wie fast überall, Stillstand Rückschritt bedeuten. Bemerkenswert ist hingegen die Geschwindigkeit, mit der sich dieser Wandel in jüngster Zeit vollzieht, sowohl in der öffentlichen Wahrnehmung wie auch unmittelbar in der Wirtschaft. Der Zeitwettbewerb selbst ist zu einem entscheidenden Erfolgsfaktor geworden. Schnelligkeit bei der Formulierung neuer Ideen und Konzepte zur Anpassung an sich ändernde Bedingungen und – noch wichtiger – bei der konkreten Umsetzung wird zu einer der wichtigsten unternehmerischen Aufgaben.

Grundlegende Neuerungen bilden sich in der Wirtschaft typischerweise zunächst vor allem in denjenigen Sektoren heraus, die einem besonderen Leistungsanspruch ausgesetzt sind, also bei den Premiumprodukten. Diese finden sich in jenen Branchen, die im internationalen Wettbewerb stehen, wie zum Beispiel die Automobilindustrie. Wer im internationalen Wettbewerb steht, ist in der Regel gezwungen, neue Methoden, Denkansätze, Strukturen und so weiter zu entwickeln, um die Konkurrenzfähigkeit zu sichern und auszubauen. Daher wird ein neues Rollenverständnis der Unternehmensführung im Bereich der Premiumprodukte am ehesten praktiziert und erkennbar werden.

Nationale Maßstäbe verlieren für Wirtschaft und Industrie immer mehr an Bedeutung. Der Weltmarkt und der internationale Wettbewerb geben den Takt vor. Andere Nationen, die einen wesentlich niedrigeren Lebensstandard haben, eignen sich in atemberaubendem Tempo das Wissenskapital der bisherigen Industrienationen an, das sie mit großem Engagement auch immer besser produktiv zu nutzen verstehen. Sie produzieren zu Kosten, die weit unter denen unserer westeuropäischen Volkswirtschaften liegen. Gleichzeitig erfüllen sie immer besser unsere Qualitätsansprüche und liefern marktgerechte Produkte für den Massenmarkt. Die Folge daraus: In seiner jetzigen Höhe ist unser Lebensstandard nicht mehr durch einen tatsächlichen Leistungsvorsprung abgesichert.

Zur Bewältigung des weltwirtschaftlichen Wandels muss jedes Land, jedes Unternehmen seine eigene Rolle im Markt definieren, seine eigene Strategie entwickeln. Die Übernahme anderer «Erfolgsmodelle», wie beispielsweise der japanische Ansatz oder das südostasiatische Modell eines «kollektivistischen Kapitalismus», ist kein Lösungsweg. Unser Wirtschafts- und Lebensstil ließe dies nicht zu. Das im Wesentlichen auf Selbstverantwortung des Individuums aufbauende westliche Gesellschafts- und Wirtschaftsmodell muss seinen eigenen Weg finden.

Im Zentrum steht dabei die Erneuerung unserer Innovationskraft. Diese bezieht sich auf die Entwicklung neuer Produkte, neuer Technologien, neuer Dienstleistungen und neuer Märkte. Nur wenn wir in der Lage sind, neue Industrien und Geschäftsfelder aufzubauen, können wir unseren Beschäftigungsstand sichern und weiter erhöhen. Zusätzliche Wertschöpfung kann zwar auch durch Marktwachstum in den heute existierenden Industrien entstehen. Dieses Wachstum wird aber kaum noch zu einem Mehr an Beschäftigung führen. Der globale Wettbewerbsdruck in alten Industrien erzwingt typischerweise Produktivitätssteigerungen, die sogar eher mit der Freisetzung von Beschäftigten einhergehen. Die Herstellung von Luxusgütern ist heute profitabler als die Herstellung von Massengütern. Wenn die Ideen der Luxusgüterproduktion in der Massengüterherstellung stärker berücksichtigt werden, wird es einen Wohlstandsschub geben.

Wir brauchen besonders Innovationen im Bereich neuer Prozesse, Abläufe, Strukturen und Beziehungen. Dies ist die eigentliche Herausforderung für die Unternehmen, denn Prozessinnovationen sind für die Unternehmen schwieriger umzusetzen, letztlich aber eher noch wichtiger als forcierte Produktinnovationen. Wichtiger deshalb, weil sie quasi das Grundgerüst, das Werkzeug, die Basis für Produktinnovationen darstellen. Schwieriger deshalb, weil sie direkt den Menschen betreffen und auf ihn einwirken. Und damit sind wir bei dem zentralen Punkt angelangt: der Rolle der Unternehmensführung.

Die meisten Leser werden die neuen Management-Methoden kennen, die in den letzten Jahren eine breite Basis gefunden haben, wie «Total Quality Management», «kontinuierlicher Verbesserungsprozess», «Lean-Management», «Funktionsintegration» und so weiter. Entkleidet man all diese Konzepte ihres modischen Beiwerks, so bleibt ein gemeinsamer Kern: Aufgegeben wird die Vorstellung von einer innerbetrieblichen Hierarchie, in dem ein zu allem befähigtes Management den «gewöhnlichen» Arbeitnehmern vorgibt, was wann wie zu tun sei.

Stattdessen werden der Geist, die Phantasie, die Kreativität und die Leistungsbereitschaft jedes Einzelnen gefordert, mobilisiert und im Wertschöpfungsprozess eingesetzt. «Top down» wird zunehmend ergänzt durch «bottom up». Das Potenzial in den Köpfen der Mitarbeiter wird konsequent genutzt. Wir brauchen Strukturen, die den Ideenhaushalt der Unternehmen vergrößern. Dieser Ideenreichtum wird natürlich umso stärker gefördert, je mehr der einzelne Arbeitnehmer sich ganzheitlich mit einem Produkt befassen kann, wie es bei der Fertigung von Premiumprodukten meist der Fall ist.

Bei diesem Ansatz bekommt die unternehmerische Aufgabe «Führung» einen völlig neuen Inhalt. Statt einer präzisen Verteilung von Aufgaben und Zuständigkeiten wie in der Massenherstellung muss Führung speziell im Premiumbereich das kreative Potenzial der Mitarbeiter mobilisieren und organisieren. Das bedeutet vor allem: Jeder Mitarbeiter muss sich mit den übergeordneten Zielen eines Unternehmens identifizieren können. Hierin liegt die eigentliche Managementaufgabe: ein verbindliches, akzeptiertes Zielsystem zu definieren, das den Mitarbeitern die Motivation, aber auch den notwendigen Handlungsspielraum gibt, zum Unternehmenserfolg bestmöglich beizutragen.

Lassen Sie mich etwas konkreter werden und Ihnen beispielhaft darstellen, wie wir neue Arbeits- und Unternehmensstrukturen entwickeln. Jede Strategie beginnt zunächst mit einer Standortbestimmung und der Erfassung des Ist-Zustandes, der eigenen Stärken und Schwächen. Wir bedienen uns hierzu des bekannten Konzeptes des «Benchmarking». Wir sehen im Benchmarking sowohl die Grundlage als auch die Chance, in einem kontinuierlichen Prozess das Unternehmen straff zu halten und strategisch neu auszurichten. Darüber hinaus kann Benchmarking, richtig eingesetzt, zum Motivationsinstrument werden, das den Ehrgeiz aller weckt, besser zu werden als die Konkurrenz. Es ist ein intensiver Prozess der Auseinandersetzung mit Methoden und der Suche nach dem für das eigene Unternehmen besten Ablauf, bei dem sich alle betroffenen Mitarbeiter einbezogen fühlen können.

Benchmarking erleichtert es unter anderem, die

Kernkompetenzfelder des Unternehmens zu definieren und diese spezifischen Stärken gezielt auszubauen. Eine Konsequenz ist freilich, dass diejenigen Leistungen, die andere besser zu erbringen vermögen, strikt nach außen vergeben werden. Dies muss im Endergebnis nicht zu Beschäftigungseinbußen führen, wenn sich über die gesamte Wertschöpfungskette, also bei Herstellern und Zulieferern gemeinsam, die Leistungsfähigkeit erhöht. Den Mitarbeitern bringt es schließlich eine höhere Motivation, wenn sie wissen, dass das, was sie tun und wie sie es tun, den Spitzenstandard definiert. Im Übrigen ist die Konzentration auf Kernkompetenzen ein ganz wesentlicher Faktor im Zeitwettbewerb.

Die bisher besprochenen Schritte vom Benchmarking bis zur Definition von Kernfeldern und Visionen stellen eine mehr oder weniger evolutionäre Neuausrichtung des Unternehmens dar. Man kann daneben aber auch einen radikaleren, «revolutionären» Ansatz zur drastischen Steigerung von Effektivität und Effizienz wählen. Es ist dies der Versuch, sich konsequent den Restriktionen des Status quo zu entziehen, ohne Rücksicht auf bestehende Strukturen des Unternehmens.

Am Anfang steht dabei die Formulierung des eigenen Unternehmensideals. In überschaubaren Projektgruppen, die auch betroffene Mitarbeiter einbeziehen, wird auf Basis der neuen Unternehmensvision ein kompletter Neuaufbau des gesamten Unternehmens oder

von Teilprozessen wie auf der grünen Wiese «durchge-
spielt». Im Detail werden dort alle wesentlichen Kern-
felder des Unternehmens erarbeitet. Dieses Unterneh-
mensideal wird mit dem tatsächlichen Ist-Zustand
verglichen; es handelt sich also um eine unternehmens-
strategische Soll-Ist-Analyse.

Aus diesem grundsätzlich erarbeiteten «theoreti-
schen» Verbesserungspotenzial muss nun ein realistisch
erreichbares Unternehmenspotenzial abgeleitet werden.
Dies erfolgt durch Relativierung der Aktivitäten auf ein
Basisszenario (zum Beispiel unveränderte Produktpalette) sowie Berücksichtigung von kurz- beziehungsweise mittelfristig nicht beeinflussbaren Parametern
(zum Beispiel Standortkonstanz, Mitarbeiterqualifika-
tion und so weiter).

Eine unabdingbare Voraussetzung für eine erfolgreiche, unternehmensweite Umsetzung der Vision ist eine
offene Kommunikation der Ziele und Wege. Sonst ist
keine konsensfähige, breite Basis zu erreichen. «Neues
Denken» hin zu mehr Selbstorganisation und Eigenverantwortung muss intensiv von allen Seiten und nach allen Seiten kommuniziert und vor allem vorgelebt werden. Hierin liegt die eigentliche Führungsaufgabe.

Im Zentrum steht der Mensch. Er muss gezielt einbezogen, gefördert und eingesetzt werden. Dazu ist ein
neues Managementverständnis nötig. Neue Fähigkeiten

und Anforderungen sind gefragt, die ich hier nur mit einigen Schlagworten umreißen möchte:
- Konzentration auf Prozesse und Mitarbeiter statt auf Strukturen und Hierarchien,
- Freiräume schaffen für Initiative und Selbstorganisation,
- offene Kommunikation,
- ganzheitliches Denken und mehr Eigenverantwortung der Mitarbeiter statt Machtausübung.

Zusammenfassend ist zu sagen: Für Veränderungen unserer zukünftigen Arbeitswelt ist der Mensch der Schlüsselfaktor schlechthin. Alle Einzelmaßnahmen zielen ganz klar in die Richtung, Entscheidungskompetenz in der Hierarchie nach unten zu verlagern. So werden Teamprozesse ermöglicht, die die Mitarbeiter zu ganzheitlichem Denken und Arbeiten anregen und ihnen die nötige Motivation zur Selbstorganisation geben.

Diese neuen Strukturen, Abläufe und Beziehungen – also wie zuvor definiert: diese Prozessinnovationen – werden sich natürlich auch auf das Beschäftigungsverhältnis auswirken. Beschäftigungsverhältnisse in neuen Arbeitsstrukturen zeichnen sich durch ein anderes Selbstverständnis der Mitarbeiter aus: Aus dem Arbeitnehmer im herkömmlichen Sinn, dem gesagt wird, «was er zu tun hat», wird im Idealfall ein Anbieter von Leistung im unternehmerischen Sinn, der kreativ, eigenverantwortlich und verantwortungsbewusst handelt und gleichzeitig genau weiß, was er leistet und anzubieten hat.

Ständige Weiterbildung, Offenheit für neue Entwicklungen auch außerhalb des eigenen Unternehmens beziehungsweise der eigenen Branche gehören dabei ebenso zum neuen Selbstverständnis. Die Marktbeziehung zwischen Arbeitgeber und Arbeitnehmer definiert sich nicht mehr allein aus der Höhe der Bezahlung und schon gar nicht aus der Kürze der Arbeitszeit, sondern zunehmend auch aus den Entfaltungsmöglichkeiten, Entwicklungsangeboten und dem Grad an Selbstverwirklichung und Flexibilität, die ein Beschäftigungsverhältnis ermöglicht.

Mit Blick auf den Arbeitsmarkt, auf die Zukunft der Arbeit hat dieses neue Verständnis von Führung auch problematische Konsequenzen:
- Die Produktivität nimmt erheblich zu, sodass das gleiche Produkt mit weniger Arbeit erstellt werden kann.
- Die Nachfrage nach einfacher Arbeit wird immer geringer.

Gesamtwirtschaftlich bedeutet dies jedoch nicht notwendigerweise weniger Beschäftigung. Eine Volkswirtschaft, die Innovationen schneller entwickeln und umsetzen kann, wird sich im weltweiten Wettbewerb behaupten und mehr Produkte absetzen können. Und eine starke Volkswirtschaft ist eher in der Lage, weniger leistungsfähigen Menschen die erforderliche Unterstützung zu gewähren.

Flexibilität wird in Zukunft für alle Seiten ein Schlüsselfaktor sein. Auch in einer Rezession gibt es genügend Engpassberufe. Warum sollen hoch qualifizierte Facharbeiter, Ingenieure oder Forscher nicht auch über längere Zeit 40, 50 oder auch 60 Stunden pro Woche arbeiten, wenn sie dazu bereit sind und ihre Aufgabe es erfordert? Soll es etwa zum Privileg einiger weniger Führungskräfte werden, länger arbeiten zu dürfen? Wird damit nicht eine neue Art von Klassengesellschaft geschaffen?

Eine sehr elegante Form der flexiblen Anpassung der Kosten der Arbeit an sich ändernde wirtschaftliche Rahmenbedingungen wäre eine stärkere Erfolgsabhängigkeit bei der Entlohnung. Es ist klar nachgewiesen worden, dass bei erfolgsabhängiger Entlohnung tendenziell mehr Beschäftigung entsteht als bei starr fixierten Löhnen. Zudem passen derartige Entlohnungssysteme sehr viel besser zu dem neuen, stärker unternehmerisch orientierten Leitbild vom Mitarbeiter, der sich mit seinem Unternehmen identifiziert.

Ein wichtiger Bestandteil der neuen Rolle des Managements besteht vor allem darin, unternehmerische

Funktionen zunehmend den Mitarbeitern zu überge-
ben. Dies ist verbunden und nur möglich mit einem
grundlegenden Wandel im Verständnis von Management. Erfolgreiche Unternehmen sind bereits heute dabei, diesen Wandel zu vollziehen. Der wichtigste Inhalt
von Führung ist nicht mehr das Formulieren von Aufgaben und die Kontrolle, also die klassische Machtausübung, sondern die Organisation selbststeuernder Prozesse. Deshalb können die Funktionen des mittleren
Managements zunehmend abgebaut werden.

In Zukunft werden nur diejenigen Unternehmen im
Wettbewerb bestehen, die den Schatz zu heben vermögen, der im Potenzial aller Mitarbeiter liegt. Dabei muss
jedes Unternehmen seinen eigenen Weg beschreiten.
Doch das Ziel dabei ist klar: Die Menschen im Unternehmen müssen zu einer Wertschöpfungsgemeinschaft
zusammenschmelzen und dies in ihrem Selbstverständnis verinnerlichen. Wenn uns dies gelingt, so wird der
industrielle Sektor auch als Ganzes in Zukunft in der
Lage sein, neue Arbeitsplätze zu schaffen – und nicht
nur die Unternehmen im Premiumbereich.

So wichtig der Dienstleistungssektor in Zukunft für
unsere Volkswirtschaft werden wird, so sehr bin ich davon überzeugt, dass er sich nur auf der Basis einer ge-
sunden Industriestruktur entwickeln kann. Ich erinnere
daran, dass die Amerikaner vor vielen Jahren konsequent den Weg fort von der Industriegesellschaft, hin

zur reinen Dienstleistungsgesellschaft beschreiten wollten und schmerzhaft erkennen mussten, dass sie damit
nicht in der Lage waren, als Volkswirtschaft wettbewerbsfähig zu sein. Schlussfolgerung für mich: Wir sollten die Idee aufgeben, dass wir möglichst schnell heraus-
müssten aus der Herstellung von Gütern und dass nur
die Dienstleistung die Zukunft garantiere. Das wird
nicht funktionieren. Premiumprodukte beweisen dies.

So wichtig die Förderung, die Weiterentwicklung
und der Ausbau der Dienstleistung insgesamt sind, insbesondere auch in Bezug auf die zusätzliche Schaffung
von Arbeitsplätzen, so sicher ist, dass das nicht ohne eine
gesunde Industriestruktur geht. Das heißt für uns, die
wir in diesem industriellen Sektor tätig sind, dass wir
dort, wo wir nicht mehr wettbewerbsfähig sind, diese
Wettbewerbsfähigkeit wiederherstellen müssen. Wir
haben die Möglichkeiten auf den Weltmärkten bei weitem noch nicht ausgeschöpft. Wenn wir die Internationalisierung konsequent vorantreiben, ergeben sich auch
für die klassische, die traditionelle Industrie zusätzliche
Chancen.

Im Übrigen werden Produkte wie das Automobil, die
manche als Produkte des letzten Jahrhunderts bezeichnen, eine große Zukunft haben, wenn man sie anders
definiert. Wir verstehen uns längst nicht mehr als Hersteller von Automobilen, sondern eher als Mobilitätsan-
bieter. Also fragen wir uns – dazu gehört natürlich auch

die Dienstleistung –: Wie können wir um das Auto herum Leistungen für Kunden anbieten, die uns dann interessanter machen als andere? Wir müssen gegen das Schwarzweißdenken angehen, diese simple Gegenüberstellung, hier Industrie und da Dienstleistung. Die Vernetzung ist so immens, dass wir einen großen Fehler machen, wenn wir unsere jungen Leute falsch ausrichten.

Die exponentiell ansteigende Komplexität von Prozessen in Technik, Wirtschaft und Gesellschaft, die zunehmende Vernetzung aller Tätigkeiten und damit die Abhängigkeiten, die geschaffen werden, erfordern ein neues Rollenverständnis und Rollenverhalten der Führung. Das Management komplexer Systeme ist die wahre Herausforderung. Zentralistische Vorgaben können den neuen Gegebenheiten vor Ort immer weniger Rechnung tragen. Das Festhalten an den Führungsstrukturen von gestern, der Kampf um die Aufrechterhaltung von Zuständigkeiten der Vergangenheit behindern eine positive Veränderung von Prozessen und Abläufen und lassen eine Effizienzsteigerung im vernetzten System nicht mehr zu.

Heute ist etwas ganz anderes gefragt, was in großem Tempo, um wettbewerbsfähig zu bleiben, umgesetzt werden muss, die Dezentralisierung von Entscheidungen. Das hört sich ganz simpel an, ist aber in großen Organisationen nicht so leicht umsetzbar. Zur Beherr-

schung der Komplexität müssen Selbstregulierungsprozesse aufgebaut werden. Dabei kommt es auf deren
Ausrichtung an, auf die positive Ausrichtung der sich
daraus ergebenden Verstärkungsmechanismen. Ent-
scheidungsfähigkeit und -kompetenz sind ganz eng mit
Können und Leistung verbunden.

Wenn sich Leistung nicht mehr lohnt und derjenige,
der mehr Leistung erbringt, sich zunehmend dafür ent-
schuldigen muss, brauchen wir uns nicht zu wundern,
wenn das Verhalten der Menschen sich ändert und Bequemlichkeit, gepaart mit Anspruchsverhalten, Platz
greift und damit das Gesamtsystem an Eigendynamik
verliert. Luxusprodukte haben auch in diesem Fall eine
positive Wirkung auf die Dynamik gesellschaftlicher
Prozesse. Sie sind der sichtbare Anreiz, um Leistungen
und Erfolge zu erbringen. Sie fördern die private Initiative, sie schaffen neue Ideen.

Wenn man den Menschen suggeriert, dass man mit
dauerhaft weniger Arbeit einen positiven Beitrag zur
Bewältigung einer Wirtschaftskrise liefert, dann trägt
das bei zu einem negativen Verstärkungsmechanismus.
Das Verhalten der Menschen wird über weiche Faktoren
beeinflusst, die häufig entscheidender sind als die härte-
ren. Das Leben war früher einfacher, weil die Systeme
nicht so vernetzt und klarer strukturiert waren. Da
konnte man auch mit rein technokratischen Ansätzen
und Methoden Erfolge erzielen. Das geht heute nur

noch in bestimmten Fällen. Heute hat das Prinzip der Selbstregulierung, wie wir es aus der Natur kennen und wo es gut funktioniert, auch in der Wirtschaft wieder Oberhand gewonnen. Deshalb spielt der Luxusaspekt als ein entscheidendes Element ebendieser Selbstregulierung eine wichtige Rolle in den wirtschaftlichen Abläufen – so wie es in der Vor- und Frühphase des Kapitalismus schon einmal der Fall war.

Grundsätzlich schenken wir der Bedeutung der Selbstregulierungsprozesse zu wenig Beachtung. Die meisten Menschen wollen selbständig denken und handeln. Wir glauben aber weiterhin, alles regulieren zu müssen. Das funktioniert vielleicht noch in einfachen Systemen, aber nicht in komplexen. Dennoch finden wir die alten Steuerungsinstrumente auch heute noch in vielen Unternehmen. Inzwischen ist das Ganze komplexer geworden, aber wir reagieren immer noch mit den alten Methoden und glauben, sie müssten immer noch greifen. Das ist falsch. Der Schlüssel für den Erfolg unserer Wirtschaft liegt in der Implementierung von neuen Selbstregulierungsprozessen.

Beachten wir doch eines, es kommen immer nur die einfachen Signale an. Zu diesen gehört zum Beispiel auch: Wenn man weniger arbeitet, leistet man eigentlich einen positiven Beitrag. Wenn sich das langfristig festsetzt, ist das Ergebnis eine Fehlorientierung der Gesellschaft, und dies muss zu fatalen Folgen führen.

Es geht darum, dass die Signalwirkung, die aus solchen zum Teil temporär richtigen Maßnahmen entsteht – weniger Arbeit kann in bestimmten Situationen die beste Lösung sein –, nicht zu langfristig falschen Verhaltensweisen führt. Das kann man verhindern, indem man gemeinsam mit den Medien ein Klima im Lande schafft, das den falschen Signalen, die die falschen Selbstregulierungsmechanismen unterstützen, entgegenwirkt. Von diesen falschen Weichenstellungen gibt es schon viel zu viele, auch im Zusammenhang mit dem Thema Luxus. Luxusprodukte fordern und fördern Kenntnisse, Können und Weiterbildung. Wenn wir ihnen von daher eine positive Beachtung schenken, wie es in den USA der Fall ist, und sie nicht als bloße Statussymbole abtun, sondern auch ihren inneren Wert beachten, werden wir auf subtile Weise in diese Selbstregulierungsmechanismen eingreifen können. Dazu müssen wir die Begriffe Luxus, Leistung und Funktion zusammenführen.

Wenn wir uns die Hierarchie der Produkte einmal anschauen, dann haben wir ganz unten an der Basis solche Produkte, die nur auf die einfache Funktionserfüllung abzielen. Diese Funktion wird genau oder zumindest gerade eben noch erfüllt. Solche Produkte gab es in Massen in den ehemals sozialistischen Ländern – wahrscheinlich gibt es sie dort auch heute noch – und in den armen Ländern der Welt.

Nehmen wir als Beispiel einen Fotoapparat aus der sozialistischen Produktion. Das Vorbild war eine deutsche Leica oder eine Voigtländer, deren Mechanik hervorragend war und deren Objektive jeweils den höchsten Stand der Technik ihrer Zeit widerspiegelten. Die russischen Kameras sahen äußerlich ihren Vorbildern ähnlich, hatten aber billigere Objektive, deren Abbildungsqualität zwar immer noch ausreichend war, aber eben nicht hervorragend. Und sie hatten billigere Verschlüsse mit größeren Toleranzen, die zwar auch zu brauchbaren Ergebnissen führten, denen aber die letzte Perfektion fehlte.

Im Zusammenhang mit einfacher Funktionserfüllung sollten wir über drei weitere Aspekte nachdenken. Der erste ist mindere Qualität, der zweite Pragmatismus und der dritte die Erfüllung der gestellten Aufgaben.

Eine mindere Qualität ist niemals geeignet, die erwarteten Funktionen zu erfüllen. Das erkennt man zum Beispiel bei Werkzeugen minderer Qualität. Sie erfüllen nicht den Zweck, den sie erfüllen sollen, und sie halten nicht so lange, wie sie mindestens halten müssen.

Anders wird es, wenn man die Qualität unter pragmatischen Gesichtspunkten betrachtet. So bauten die Amerikaner im Zweiten Weltkrieg ihren berühmten Willy's Jeep als so genanntes Hundert-Stunden-Auto. Man hatte einfach die Erfahrung gemacht, dass die Fahrzeuge nicht länger als einhundert Stunden im Einsatz sind, bevor sie im Rahmen der Kriegshandlungen zerstört wurden. Also brauchte man auch keine Technik einzusetzen, die für eine jahrelange Nutzung ausgelegt ist. Dennoch haben zahlreiche Exemplare der Originaljeeps überlebt und sind heute bereits 60 oder 65 Jahre alt.

Der nächste Aspekt ist die Erfüllung der gestellten Aufgaben. Eine aus hygienischen Gründen sinnvolle Einwegspritze braucht nur so konstruiert zu werden, dass sie wirklich ein einziges Mal exakt funktioniert. Allerdings lässt sich die Qualität gar nicht so weit nach unten schrauben, dass Einwegprodukte tatsächlich nur ein einziges Mal funktionieren. Funktionssicherheit fordert ein Mindestmaß an Qualität, und das reicht meist über das gesteckte Ziel hinaus, wie wir es auch beim Willy's Jeep gesehen haben.

Aber um ein Produkt und seine Funktionserfüllung genau beurteilen zu können, muss man sich jeweils über die gestellten Aufgaben im Klaren sein. Die russischen Kameras wurden unter dem Aspekt eines günstigen Preis-Leistungs-Verhältnisses konstruiert, und unser Land Rover Defender, der sich ja in direkter Linie vom Ur-Land-Rover ableiten lässt, ist auch ein hervorragendes Fahrzeug, nur ist er eben nicht gemacht, um damit zur Oper zu fahren, sondern um auf den Geröllpisten Afrikas eingesetzt zu werden. Der Defender ist so gebaut, dass er mit einfachen Werkzeugen möglichst an fast jedem Ort der Welt repariert und fahrtüchtig erhalten werden kann. Seine primäre Aufgabe ist, dort zu fahren, wo andere Fahrzeuge nicht mehr fahren können, und nicht auf der Düsseldorfer Königsallee den Kantstein zu erklimmen, um dann auf dem Fußweg abgestellt zu werden.

Machen wir hier gleich den Sprung zu den Luxusprodukten. Ein Luxusprodukt bietet immer mehr als reine Funktionserfüllung. Es ermöglicht dem Hersteller eine höhere Wertschöpfung – und es hat für den Käufer tatsächlich einen höheren Wert, sonst würde er dafür ja auch nicht einen höheren Preis zahlen. Der Preis von Luxusprodukten ist sogar überproportional höher. Das Erstaunliche ist, dass diese Produkte einen Anreiz zum Kauf schaffen. Dafür sind die Menschen bereit, auch mehr zu leisten.

Wir haben hier also zwei Aspekte: Luxusprodukte schaffen einen höheren Mehrwert – und Luxusprodukte sind Motivation, Anreiz und Ansporn. Aber es gibt noch einen dritten Aspekt: Weil man mit Luxusprodukten einen größeren Mehrwert erzielen kann, sind sie für den Produzenten auch ein Anreiz zur Weiterentwicklung und Differenzierung seiner Produkte und damit die Keimzelle für Innovationen. Ein Luxusprodukt, vor allem, wenn es sich um ein technisches Luxusprodukt handelt, ist ja nur dann ein solches, wenn es auch neue Eigenschaften und neue Möglichkeiten bietet und neueste Technik anwendet. Luxusprodukte sind also der Motor für Innovationen. Die Automobilindustrie bietet dafür die besten Beispiele. Jede bahnbrechende Weiterentwicklung bei Automobilen wurde zuerst in den teuren Luxuslimousinen eingeführt. Eine neue Technik ist relativ teuer, weil es noch keine Produktionsanlagen gibt und weil Entwicklungs-, Vorentwicklungs- und Forschungsaufwand sich zunächst auf den Erstprodukten niederschlagen. Denn man weiß ja häufig am Anfang nicht, ob es wirklich jemals zu einer Massenproduktion kommen wird. Alles, was neu und innovativ ist, ist also deshalb sehr teuer, weil es bisher nur Kosten verursacht hat.

Denken Sie nur an Antiblockiersysteme, die bei BMW und Mercedes zunächst nur in der obersten Klasse verfügbar waren und dann auch nur als teure Sonderausstattungen. Heute ist ein Antiblockiersystem selbst bei vielen Kleinwagen Standard und ein selbstverständliches Element der Sicherheit. In diesem Zusammenhang muss man sich eines vor Augen führen: Ein Antiblockiersystem hat im normalen Fahrbetrieb überhaupt keine Funktion, sondern entfaltet seine Wirkung erst in kritischen oder höchst kritischen Situationen, die nur äußerst selten, vielleicht nur einmal, wahrscheinlich aber nie auftreten. Ein ABS-System ist deshalb mit einem Airbag vergleichbar, auch wenn sich dies inzwischen im Bewusstsein der meisten Autofahrer anders darstellt.

Airbag und ABS-System, das sind hervorragende Beispiele für den so genannten Top-down-Approach. Zunächst als teure Sonderausstattung von Luxuslimousinen konstruiert, sind sie heute selbstverständlicher Bestandteil von Großserienfahrzeugen. Luxusautos sind also Beschleuniger des technischen Fortschritts, weil sie es ermöglichen, innovative Lösungen im Rahmen einer höheren Preisstellung einzuführen, sie weiterzuentwickeln und dann, wenn sie sich bewähren, in die Großserienproduktion übergehen zu lassen.

Luxusprodukte verfügen über einen weiteren Aspekt. Sie schaffen ein zusätzliches Absatzvolumen, weil sie ein Begehren wecken, das jenseits der Funktionserfüllung angesiedelt ist. Luxusprodukte werden nicht allein um ihrer Funktion willen, sondern auch um ihrer selbst willen gekauft. Niemand braucht eine zweite oder dritte Armbanduhr, um zu wissen, wie spät es ist. Luxusprodukte schaffen aus sich selbst heraus eine Nachfrage, die Produkte, die nur auf die Grundbedürfnisse zielen, nicht schaffen und auch nicht schaffen können. Das ist der Kernpunkt, warum Luxus Wohlstand schafft.

Vor allem in den Ländern, in denen führende Luxusunternehmen angesiedelt sind, entsteht somit auch ein höherer Wohlstand. Luxusprodukte schaffen Arbeitsplätze, speziell solche, die eine höhere Qualifikation erfordern. Wenn man die Wirtschaft rund um den Globus genau betrachtet, würde es ganze Branchen nicht geben, und viele Firmen würden gar nicht existieren, wenn es keinen Luxus gäbe. Weltweit bräuchte man Millionen von Arbeitskräften nicht, weltweit würde man auf Qualifikationen, Erfahrungen und Fähigkeiten verzichten, die wiederum ein wichtiger Faktor im Rahmen der menschlichen Entwicklung sind. Jedes Luxusprodukt hat, verglichen mit einem reinen Funktionserfüllungsprodukt, einen wesentlich höheren Anspruch an die Arbeitsinhalte.

Man geht in ein Luxusrestaurant nicht nur, weil man Hunger hat, sondern weil es Freude macht zu genießen. Und zum Genuss gehört nicht nur die Speise, die auf dem Teller liegt, sondern auch der Teller selbst, das Besteck, der eingedeckte Tisch, der Service, das Mobiliar, die Dekoration des Restaurants, das gesamte Ambiente bis hin – zumindest in einigen Fällen – zum Gebäude selbst. All dies musste nicht nur irgendwann einmal erdacht und produziert werden, sondern es muss auch gepflegt, gewartet und in gewisser Hinsicht immer wieder erneuert werden.

Das Gleiche gilt natürlich für Luxusreisen, bei denen auch der Gewinn für die Bevölkerung vor Ort größer ist als beim Massentourismus. Ich gönne jedem einen preiswerten Urlaub, aber viele der Argumente, die gegen Luxushotels, zum Beispiel in der Karibik oder im asiatischen Raum, vorgebracht werden, sind dennoch nicht haltbar. Es heißt immer, französische Weine oder Delikatessen rund um den Globus zu transportieren sei Verschwendung von Energie und Ressourcen. Aber was heißt Verschwendung? Wenn man in einem luxuriösen Hotel nur Leitungswasser zu trinken bekommt, ist es kein Luxushotel mehr. Die Gäste blieben weg und viele Menschen wären ohne Arbeit und ohne Entwicklungschancen. Wo es keine tollen Küchen gibt, braucht man keine Leute, die in diesen Küchen arbeiten, und keine qualifizierten Techniker, die die Geräte warten und instand halten. Es gibt keine Notwendigkeit, diese Orte mit elektrischer Energie zu versorgen, weil niemand die Kosten für die Energieversorgung aufbringen kann. Wenn aber an einen schönen Fleck ein Luxushotel gestellt wird, wird man auch Stromleitungen dorthin legen, und wenn diese Leitungen erst einmal liegen, werden auch andere mit Strom versorgt werden können.

Denken wir nur ein paar Jahrhunderte zurück. Durch den Wunsch nach Luxus sind viele Handwerke erst entstanden und sind viele technische Leistungen erst verbessert worden. Durch den Wunsch nach Luxusprodukten sind unglaubliche Anreize entstanden. Es wurden von den Menschen Fähigkeiten gefordert, die weit über das Normale hinausgingen. Das Uhrmacherhandwerk ist so entstanden, ebenso wie der Spezialberuf des Kfz-Mechanikers. Turmuhren wurden ja schon lange gebaut, aber Uhrmacher war zunächst kein spezielles Handwerk. Vielmehr waren es Universalgenies, Architekten und Naturwissenschaftler, die sich gemeinsam mit begabten Tischlern, Schlossern und Schmieden daranmachten, Uhren zu bauen, ebenso wie beim Automobil die verschiedenen Handwerke vom Stellmacher, Schlosser und Schmied zusammenflossen und neue, spezialisiertere Berufe kreierten. Weshalb sollte diese Entwicklung sich nicht auch heute und in Zukunft fortsetzen? Wir sind doch in keiner Sackgasse angelangt. Friedrich August von Hayek schrieb: «Wir müssen die Illusion zerstreuen, dass wir bewusst die Zukunft der Menschheit schaffen können.» Konzentrieren wir uns einfach auf die Gegenwart und die heute zu lösenden Probleme.

Globalisierung – Ungleichheit auf hohem Niveau

Gleichheit und Freiheit scheinen als politische Begriffe die beiden Seiten derselben Medaille zu sein und sich gegenseitig zu bedingen. In einem moralischen Wertekontext können sie aber auch schnell zu Gegensätzen werden. Die Freiheit in der Lebensgestaltung ist nämlich eher auf die Darstellung von Unterscheidungsmerkmalen ausgerichtet. Sie wendet sich also gegen die Gleichheit. Daher stehen auch alle modernen Gesellschaften mehr oder weniger bewusst in einem Spannungsfeld zwischen Konformität und Individualität.

Zwar wird die Entfaltung der persönlichen Fähigkeiten und Neigungen durchaus als Ideal gepriesen, die meisten gesellschaftlichen Institutionen sind jedoch nicht dafür ausgelegt. Die staatliche Förderung der Selbständigkeit in Deutschland ist dafür ein gutes Beispiel. Sie ist ja von der Idee her Individualität und Selbstverwirklichung pur. Doch weder die Steuer- noch die Sozialgesetze betrachten die Selbständigkeit als Normalfall. Sie ist eine Ausnahme, die durch viele weitere Gesetze und Auflagen im Einzelfall scharf reglementiert wird.

Nur wer in einem abhängigen Arbeitsverhältnis steht, genießt Schutz und ein hohes Maß an Rechtssicherheit. Der freien Entscheidung des Einzelnen stehen damit in erster Linie nur Freiräume im privaten Teil des Lebens offen, und das wird von vielen gleichgesetzt mit privatem Konsum. Doch auch hier herrscht durch Massenwaren ein Zwang zum Gleichen, der erst im Bereich der Premiumprodukte aufgebrochen wird.

Premiumprodukte fördern echte Individualität stärker als der uniforme Pseudoindividualismus der Massenwaren. Sie verfügen über ein größeres Spektrum materieller und immaterieller Werte als Massenprodukte und vermitteln daher ihrem Besitzer und Verwender auch eine größere Befriedigung seiner persönlichen Erwartungen. Das entspricht zwar einerseits der Idee der individuellen Entfaltung der Bedürfnisse, andererseits enthält es aber auch schon die Grundzüge der Ungleichheit. Moderne Premiumprodukte erzeugen dadurch Spannungen, doch sie geben der globalen Gesellschaft mehr neue Impulse und verändern sie stärker als Massenprodukte.

Ich sehe in der Ungleichheit sowohl eine unumgängliche Notwendigkeit als auch ein positives Potenzial. Die meisten Gegner der Globalisierung sind da gänzlich anderer Meinung. Ungleichheit ist für sie immer gleichbedeutend mit Ungerechtigkeit. Nur ist Ungerechtigkeit wieder ein unbestimmter und wahrscheinlich auch unbestimmbarer Begriff, der von vielen Faktoren, nicht zuletzt von dem Individuum, das ihn benutzt, beeinflusst wird. Dass die Globalisierung ebenso wie der Kapitalismus oder die Marktwirtschaft von vielen Interessengruppen nicht als gerecht angesehen wird, ist bekannt. Nur macht es wenig Sinn, sich auf der Basis unbestimmter Begriffe auf eine Auseinandersetzung einzulassen. Ungleichheit ist da von ganz anderer Qualität. Sie existiert nicht nur, sie lässt sich auch messen und benennen.

Es ist wahr, dass die Reichen immer reicher werden, aber die Armen werden nicht ärmer. Die Ungleichheit wächst, aber auf immer höherem Niveau. Das zeigt zum Beispiel der Begriff der relativen Armut. Relativ arm ist, wer über weniger als die Hälfte des Durchschnittseinkommens seines Landes verfügt. 1998 waren in Deutschland beispielsweise 9,1 Prozent der Bevölkerung relativ arm. Der Durchschnittsverdiener verfügte im Jahr 2000 über ein doppelt so hohes Realeinkommen wie dreißig Jahre zuvor. Heutige Sozialhilfeempfänger genießen einen höheren Lebensstandard als Durchschnittsverdiener in den sechziger Jahren. Meinhard Miegel vom Institut für Wirtschaft und Gesellschaft sagte: «Die Armen in Deutschland haben einen höheren Lebensstandard als fast jeder zweite Europäer.»

Zwischen 1980 und 1997 wuchs die Anzahl der Arbeitsplätze auf der Welt um fast 800 Millionen an. Zwischen 1965 und 1995 stieg das durchschnittliche Pro-Kopf-Einkommen in Südkorea jährlich um 7,2 Prozent, in Taiwan um 6,2 Prozent, in China um 5,6 Prozent, in Thailand um 4,8 Prozent und in Indonesien um 4,7 Prozent. Das hat der schwedische Ökonom Mauricio Rojas belegt.

Der peruanische Schriftsteller Mario Vargas Llosa schrieb: «Einer der verheerendsten Mythen unserer Zeit ist der Mythos, dass die armen Länder arm sind, weil die reichen Länder sich gegen sie verschworen haben und sie zum Zweck der Ausbeutung im Zustand der Unterentwicklung halten. Es gibt keine bessere Weltanschauung, um sich auf ewig in der Rückständigkeit einzurichten. Denn diese Theorie ist jetzt falsch. In der

Vergangenheit hing der Wohlstand fast ausschließlich von der Geographie und von der ökonomischen Stärke ab. Aber die Internationalisierung des modernen Lebens – der Märkte, der Technik, des Kapitals – erlaubt jedem Land, selbst dem kleinsten und mittellosesten, ein rasches Wachstum, wenn es sich der Welt öffnet und seine Wirtschaft wettbewerbsgerecht organisiert.»

Wenn in den alten Industriestaaten Europas Arbeitsplätze abgebaut wurden, dann sind die Hauptursachen dafür die Überregulierung, bürokratische Hemmnisse, hohe Sozialkosten und eine unternehmensfeindliche Grundstimmung. Die Regierungen dieser Länder unterstützen veraltete Industrien und eine Landwirtschaft, die an den Märkten vorbei produziert.

Allerdings sehe ich im Zusammenhang mit der Globalisierung auch Probleme, die nicht auf politische Fehler zurückzuführen, sondern strukturbedingt sind. Globalisierung schafft Wohlstand, aber nimmt an manchen Ecken auch Wohlstand weg. Ein Einzelhändler konnte vor der Globalisierung oft auch mit nicht wettbewerbsfähigen Produkten noch gut Geld verdienen. Heute nimmt ihm eine große Kette die Preis-Premiumprodukte weg. Sie ist allein wegen der großen Stückzahl in der Lage, Produkte anzubieten, die billiger und eher besser sind.

Das heißt also, unter dem Strich schafft Globalisierung Wohlstand, aber lokal kann es auch zunächst einmal schwieriger werden. Für manche ist Globalisierung zuallererst Verlust von Arbeitsplätzen. Globalisierung zwingt in der Tat zur Anpassung und führt zu der Herausforderung, sich schnell auf neue Bedingungen einzustellen.

Aber Globalisierung ist viel komplexer, als man immer auf den ersten Blick annimmt, denn die Welt wächst zusammen. Nur wer die verschiedenen Kulturen kennt und sich in ihren Eigenarten zurechtfindet, wird in der Welt von morgen bestehen. Die weltweite Verflechtung ist keine Vision mehr, sondern eine Entwicklung, die auf allen Ebenen – wirtschaftlich, politisch und sozial – stattfindet.

Wer hätte sich vor zehn Jahren vorstellen können, dass aktuelle Unternehmensdaten weltweit synchron empfangen werden oder dass Aktienkurse von allen Börsenplätzen dieser Erde via WAP und Handy aktuell abgerufen werden können? Die Wege zwischen New York, London, Frankfurt und Tokio sind schnell und kurz geworden.

Noch nie haben Topmanager so viel direkt und häufig mobil kommuniziert wie heute. Unternehmensprozesse sind transparenter und -entscheidungen schneller geworden. Dies führt zu einer neuen Wirtschaftsdynamik.

Unterstützt durch diese Entwicklungen, mit denen Privatmenschen und Unternehmen nur schwer Schritt halten können, führt der Internationalisierungsprozess fremde Kulturen und deren Gesellschaftssysteme immer näher zusammen.

Jacques Nasser hat innerhalb des Ford-Konzerns gezeigt, wie ein weltweit agierendes Unternehmen auf eine solche Herausforderung reagieren kann. Ford hat bereits frühzeitig damit begonnen, jedem Mitarbeiter einen eigenen PC mit Internetzugang zur Verfügung zu stellen, um dadurch eine global übergreifende Kommunikation zu gewährleisten.

Nassers Initiative ist bereits zahlreich adaptiert worden. Die neuen Kommunikationstechnologien bereiten gemeinsam mit dem Internationalisierungsprozess den Weg für Integration und Assimilation. Der ehemalige Bundespräsident Roman Herzog war sich dieser Herausforderung sicherlich bewusst, als er konstatierte, dass wir die Globalisierung als ein Projekt der Kommunikation der Kulturen betrachten müssen, wenn wir nicht mit allen anderen Menschheitsanliegen kläglich Schiffbruch erleiden wollen.

Die Globalisierung fordert sowohl im privaten als auch im wirtschaftlichen Alltag inter- und transstrukturelle Kompetenz. Nur wer imstande ist, die verschiedenen kulturellen Kontexte wahrzunehmen und sie in sein tägliches Handeln einzubeziehen, wird in einer Welt, die so dicht zusammengewachsen ist, bestehen können.

Globalisierung sollte als Herausforderung und als Potenzial unserer Zukunft gesehen werden und nicht als Bedrohung der nationalen Systeme. «Think global – act local» gilt als Kerngedanke unseres Jahrtausends. Dies muss sich auch bei den Führungseliten der neu entstehenden Global Players widerspiegeln. Seit meinem Wechsel zur Ford Motor Company ist mir bewusst geworden, was es bedeutet, für ein Weltunternehmen tätig zu sein. Sprachen, wissenschaftliche Zusatzqualifikationen sowie soziale und kulturelle Kompetenzen werden die Anforderungen an unsere zukünftige Führungselite sein.

Die Zeiten, in denen Führungspositionen ausschließlich mit Expatriates besetzt wurden, um den Stammhaus-Gedanken ins Ausland zu tragen, gehören längst der Vergangenheit an. Wir können den Herausforderungen einer Weltwirtschaft nur dann erfolgreich begegnen, wenn wir die Experten aller Kontinente in unsere Führungszentralen Einzug halten lassen. Dabei dürfen nationale oder gar chauvinistische Gesichtspunkte keine Rolle mehr spielen.

Die Ford Motor Company hat eine Unternehmenskultur, die in ganz besonderer Weise von Vielgestaltigkeit geprägt ist. Der dafür gebräuchliche Begriff Diversity wird in Deutschland bisher kaum verwendet und Diversity Management nur selten praktiziert. In den USA ist das anders. Dort wurde Diversity Management von Unternehmen zunächst gezielt als Instrument gegen die Diskriminierung einzelner Gruppen eingesetzt. Inzwischen arbeiten 75 Prozent der 500 umsatzstärksten US-Unternehmen mit Diversity-Programmen. Die durch diese Programme erzeugte Integrationswirkung fördert den Unternehmenserfolg nachweislich durch mehr Innovation und Kreativität der Mitarbeiter. Diversity heißt, Menschen in ihrer Unterschiedlichkeit zu akzeptieren. Das betrifft den Arbeitsstil, die Studienrichtung, aber natürlich auch Geschlecht, Herkunft und Religion. Es sollte besonders in einem globalen Unternehmen möglichst vielen Mitarbeitern klar werden, dass jeder auf seine Art besonders ist und dass es bei auftretenden internen Problemen nicht um einzelne Gruppen wie Ausländer oder Frauen geht, sondern immer um das Unternehmen als Ganzes. Wer keine Kraft dafür aufbringen muss, sich für seine Arbeit in besonderer Weise an ihm fremde und vielleicht auch widerstrebende Umgangsformen, Vorgehensweisen und Gepflogenheiten anzupassen, kann mehr leisten. Wollen Unternehmen gute Leute halten, müssen sie sich mehr und mehr auf unterschiedliche Lebensentwürfe einstellen.

Auch die Ford Motor Company hat die Erfahrung gemacht, dass man mehr erreicht, wenn Mitarbeiter mit unterschiedlichen Blickwinkeln kooperieren, als wenn zum Beispiel drei deutsche Ingenieure, die auch noch von derselben Hochschule stammen, an einer Lösung arbeiten. Deshalb hat Ford auch in Deutschland schon vor rund vier Jahren ein «Diversity Council» eingerichtet, und wir sind überzeugt, dass unsere Aktivitäten dadurch effektiver geworden sind.

Wir sind nicht nur ein international tätiges Unternehmen, wir sind ein globales Unternehmen. Das wird an der Größe der Märkte, die wir bedienen, und an der Zahl der Produktionsstätten, die wir in über 20 Ländern rund um den Globus betreiben, deutlich. Dadurch, dass wir mit so vielen unterschiedlichen Kulturen konfrontiert werden, wächst unser globales Toleranzniveau für Unterschiedlichkeiten. Wir leben und arbeiten Tag für Tag Seite an Seite mit Menschen, von denen jeder für sich eine Vielzahl von Unterschieden repräsentiert, zwischen Nationen, zwischen armen und reichen Ländern, als lokale Besonderheiten oder im Rahmen religiöser Überzeugungen. Wir tun dies nicht, weil wir Political Correctness anstreben, sondern weil es ein ganz normaler Teil der Wirklichkeit in einem globalen Unternehmen ist.

Wir werten Unterschiede als eine Quelle der Weiterentwicklung. Wir wissen, dass dies der einzige Weg ist, erfolgreich in globalen Märkten zu sein, da diese selbst unterschiedlich sind. Wir respektieren Unterschiede, weil wir verstanden haben, dass sich die grundsätzlichen Einstellungen gegenüber der Arbeit und gegenüber organisatorischen Verantwortlichkeiten in den jeweiligen nationalen Kulturen entwickelt haben. Wir wissen auch, dass Unternehmen, die nicht in der Lage und gewillt sind, solche Lektionen zu lernen und anzunehmen, großen Schwierigkeiten gegenüberstehen.

Es gibt drei Beispiele, die aktuell beweisen, wie die globale Diversity-Kultur der Ford Motor Company sehr gute Ergebnisse gebracht hat. Die Integration von Jaguar hat zwölf Jahre gedauert. Ford hat die Marke mit einem außerordentlichen Maß an Geduld und Sensibilität gehegt und gepflegt. Jetzt beginnen wir, die Erfolge am Markt zu sehen. Es ist schön zu sehen, wie stolz heute die Mitarbeiter bei Ford auf Jaguar sind. Und noch wichtiger ist, wie stolz das Jaguar-Team auf seine Verbindung zu Ford ist. Dieselbe Integration geschah mit Volvo. Und nun läuft die Integration von Land Rover auf der Basis der mit Jaguar und Volvo gemachten Erfahrungen ebenfalls sehr gut. Alle drei Unternehmen haben sehr unterschiedliche Unternehmenskulturen und unterscheiden sich auch darin, was sie von der Muttergesellschaft benötigen.

Wir haben gelernt und sind der lebendige Beweis dafür, dass jeder, der am globalen Markt erfolgreich sein will, die Tatsache beachten muss, dass auf längere Sicht eine moderne Unternehmensführung in erster Linie immer nur eines bedeutet, unterschiedliche nationale und lokale Firmenkulturen unter dem Aspekt der Verschiedenheit zu managen. Diversity ist also kein Selbstzweck, sondern ein Erfolgsinstrument.

Auch als ein kundengesteuertes Unternehmen, eine «Customer driven Company», wird Ford von der Diversity profitieren. Je unterschiedlicher unsere Mitarbeiter sind, desto mehr Kontaktflächen kann man dem Kunden bieten. Wenn Ford Anregungen von außen in Marketingüberlegungen und Produktentscheidungen einfließen lässt, dann deshalb, weil es normal sein sollte, alle Zielgruppen einzubeziehen und anzusprechen. Die Idee der Diversity spiegelt sich natürlich in der Produktpalette wider, die vom preiswerten Kleinwagen über die Volumenmodelle der Mittelklasse bis in die Luxusklasse reicht. Die Kunden entscheiden, wohin die Entwicklung geht.

Vielfalt im Unternehmen wird dann gelebt, wenn sie nicht mehr auffällt, wenn die Begeisterung für die Tätigkeit wichtiger ist als die Unterschiede zwischen den Einzelnen. Dazu trägt in einem globalen Unternehmen auch eine weltweite Kommunikation der Mitarbeiter untereinander bei. Querkontakte, die über die notwendige Arbeit hinausgehen, sind nicht nur erlaubt, sondern sogar ausdrücklich erwünscht. Spezielle Chaträume bieten dazu Gelegenheit.

Das Internet in seiner Komplexität überbrückt nicht nur räumliche Distanz, sondern eröffnet zudem der Gesellschaft und damit den Unternehmen völlig neue Möglichkeiten. Das Konsumverhalten und somit der Verbraucher selbst wird starken Veränderungen unterworfen sein. 24 Stunden, rund um die Uhr, weltweit ordern zu können wird die Gesellschaft verändern. Die Unternehmensprozesse müssen sich nach diesen neuen Gegebenheiten und Anforderungen für die kommenden Jahre ausrichten.

Globale Präsenz heißt globale Markenbildung. Schon heute bewahrheitet sich die Brand-Awareness einer internationalen E-Commerce-Society, und dieser Prozess wird sich noch verstärken. Die Marke wird fortan eine Schlüsselposition in der internationalen Markterschließung darstellen.

Beispiel Automobil: Studien haben ergeben, dass das Außendesign in den Augen der Kunden der Repräsentation dient, die Innenausstattung dagegen dem Ausdruck der eigenen Individualität. Man wählt die Marke und das Modell, die das verkörpern, was man ist und fühlt. Die gewählte Marke wird zum Ausdruck der eigenen Persönlichkeit und Lebensweise – und des Fortschritts.

Das Automobil wird in naher Zukunft integrativer Bestandteil der kommunikativen Vernetzung werden. Es wird nicht nur seinem Fahrer neue kommunikative Möglichkeiten bieten, sondern selbst kommunizieren.

Das können wir ganz wörtlich nehmen, denn das Auto der Zukunft wird mit anderen Autos «reden». Nehmen wir an, ein Rad Ihres Fahrzeugs kommt auf Glatteis und dreht für den Bruchteil einer Sekunde durch. Diese Information kann sofort an nachfolgende

Fahrzeuge weitergegeben werden. Dann können sich nicht nur deren elektronische Systeme schon im Voraus darauf einstellen, sondern das Auto kann den Fahrer sofort über die Gefahrensituation informieren. Dagegen haben die oft mit viel zu langer Verzögerung gesendeten Glatteis-Warnungen übers Radio die Qualität einer Flaschenpost, die die Betroffenen erstens viel zu spät und zweitens nur zufällig erreicht. Kommunikation im Auto ist also viel mehr als der Zugriff aufs Internet oder das Lesen von E-Mails. Kommunikation im Auto bedeutet vor allem einen immensen Zuwachs an Sicherheit.

Durch den Einsatz von Internet-Technologien können wir im Busines-to-Business-Ansatz unsere Produkte ständig optimieren. Um beim Beispiel Auto zu bleiben: Der Logistikverbund von General Motors, Daimler-Chrysler und Ford sowie neuerdings von Renault und Nissan sind ein Schritt in die Zukunft.

Entwicklungen haben eine dramatische Rasanz bekommen, die unsere Welt bisher nicht kannte. Von der ersten Dampflok bis zum ICE sind mehr als einhundert Jahre vergangen. Vergleichbare Prozesse – man denke nur an die ersten Großrechner, die heute durch Handheldcomputer in der Größe einer Zigarettenschachtel ersetzt werden – geschehen jetzt innerhalb weniger Jahre. Diesem Prozess müssen wir uns anpassen und ihn zugleich bestimmen. Wir müssen auch die Risiken im Auge behalten und der Anfälligkeit des globalen Systems Rechnung tragen. Wie anfällig das «Nervensystem» der globalen Welt ist, zeigt der jüngste Hacker-Angriff à la «I love you».

Mobilität – der globale Luxus der Gegenwart

So genannte Dotcom-Companies waren in den vergangenen Jahren die Lieblinge der Finanzunternehmen auf der ganzen Welt. Ich habe den Eindruck, dass viele Menschen heutzutage glauben, die Automobilindustrie gehöre zur Old Economy, zur alten Industrie der Fabrikschlote. Die Branche sei zu schwerfällig für das neue Zeitalter: Zigtausende Beschäftigte, hohe Vermögenswerte, die in riesigen Fertigungsanlagen gebunden sind, große Verwaltungsapparate – kurzum: Die Automobilindustrie verkörpere eher die industrielle Vergangenheit des 19. als die dynamische Zukunft des 21. Jahrhunderts.

Unsere Produkte werden oftmals auch als alt und nicht mehr zeitgemäß angesehen. Die Menschen können keinen Fortschritt mehr erkennen. Das Wachstum der Branche ist eher moderat und nicht so stürmisch, wie es bei Internetfirmen zumindest in der jüngsten Vergangenheit der Fall war. Daraus ziehen Finanzanalysten dann die Schlussfolgerung, dass es sich bei der Automobilindustrie um etwas handelt, in das man besser nicht investieren sollte. Die Folge davon ist, dass den

Aktien von Autoherstellern lächerlich wenig Entwicklungsmöglichkeiten zugebilligt werden. Glaubt man der Börse, wird sich das Wirtschaftswachstum künftig auf die Industriezweige Biotechnologie, Telekommunikation, Informationstechnologie, Internet und Solartechnik konzentrieren.

Vor einigen Wochen kam der Vorstandsvorsitzende eines der größten Zuliefererunternehmen von einem Treffen mit Finanzanalysten aus New York zurück. Er war am Boden zerstört und sagte: «Ich habe einen ganzen Tag damit verbracht, mit Analysten zu reden, aber sie glauben einfach nicht mehr daran, dass unsere Branche noch eine rosige Zukunft hat.» Ich bin der Ansicht, wir sollten etwas unternehmen, um diese Situation zu ändern.

Seit ich denken kann, bin ich ein Automann, Autos sind meine Leidenschaft. Für mich sind sie die großartigsten und emotional stärksten Produkte der Welt: Ich bin der Meinung, dass unsere Branche eine phantastische Zukunft vor sich hat, denn sie basiert auf einem der größten Träume und grundlegendsten Bedürfnisse des Menschen, der persönlichen und individuellen Mobilität.

Trotz aller neuen Formen der Telekommunikation – Videokonferenzen, Mobiltelefone und Internet –, von denen man glaubte, sie würden das Reisen einschränken, ist das genaue Gegenteil eingetreten. Die Menschen reisen mehr als je zuvor. Sie reisen mit dem Flugzeug, mit dem Zug und natürlich mit dem Auto. Und die Vorteile des Autos sind einfach unschlagbar. Es ist die einzige Transportmöglichkeit, die vielen Menschen die Möglichkeit bietet, auch entlegenste Winkel der Erde im Rahmen erschwinglicher Kosten zu erreichen. Auf Schienen ist das nicht möglich. Und mit allem anderen auch nicht. Hubschrauber sind zwar höchst mobil, aber sie werden aus den unterschiedlichsten Gründen niemals zu Massenverkehrsmitteln.

Egal, wie sich das Auto in Zukunft verändern wird, und es wird sich verändern, da es sich an neue Bedingungen anpassen muss, das Auto wird es immer geben. Und meine Vorhersage für die Zukunft lautet, dass die Automobilindustrie, auch wenn sie in tausend Jahren völlig anders aussehen wird, sie dennoch immer einer der führenden Industriezweige der Welt sein wird. Unsere Branche basiert auf einem sehr soliden und stabilen grundlegenden Grundbedürfnis des Menschen und bleibt das Geschäft der Zukunft.

Es gibt keinen Ersatz für das Auto, also wird die Branche stetig weiterwachsen. Es darf auch nicht übersehen werden, was das Auto dem Einzelnen gibt: Spaß, Leidenschaft und Befriedigung eines vielleicht lange unerfüllten Traums. Wir alle wissen, das Auto ist weder einfach nur eine gewöhnliche Maschine noch ausschließlich ein Luxusgut. Das Auto eröffnet uns allen neue Möglichkeiten. Aus diesen Gründen bin ich ein durch und durch überzeugter Befürworter der Automobilindustrie. Natürlich kann der Markt von Zeit zu Zeit auch einmal eine Flaute erleben. Doch die grundlegenden Geschäftsstrukturen unserer Branche sind robust und stark, und daher wird sie auch wieder wachsen. Für ein gutes Unternehmen bedeutet das sogar die Möglichkeit, wieder aufs Neue beweisen zu können, dass es besser ist als andere.

Vielleicht wird in einer ferneren Zukunft, wenn die meisten der Dotcom-Companies wieder verschwunden sind, auch der eine oder andere Automobilhersteller von der Bildfläche verschwunden sein. Aber diejenigen, die die Trends erkennen, die eine Leidenschaft für ihr Produkt haben und sich nicht länger als bloße Blechkistenhersteller verstehen, sondern als Mobilitätsunternehmen, haben meiner Ansicht nach eine rosige Zukunft vor sich. Wenn ich an dieser Stelle von Mobilitätsunternehmen spreche, denke ich eben nicht nur an die reine Herstellung von Autos. Denn es geht um Mobilität im Allgemeinen und um die individuelle Mobilität.

Was die meisten Menschen bei der Beurteilung der heutigen Automobilindustrie ebenfalls vergessen, ist die Tatsache, dass das Auto das komplexeste Konsumgut der Welt ist. Kein anderes Konsumgut integriert so viele verschiedene Technologien und Materialien. Welches andere Produkt besteht aus Walzblech, Stahl, Edelmetallen, Glas, Textilien, Schaum – um nur einige aufzuzählen? Nahezu jedes Material wird verwendet, sogar Holz, denken Sie nur an den Jaguar. Bei jeder neuen Technologie, bei jeder neuen Erfindung, jedes Mal, wenn wir neue Materialien oder Prozesse aus anderen Industriezweigen übernehmen, machen wir einen weiteren Schritt in die Zukunft.

Das Produkt «Automobil» ist eng mit dem technologischen Umfeld verwoben. Autos sind High-Tech-Produkte und Ausdruck des technologischen Fortschritts. Neue Technologien für die Automobilindustrie entstehen nicht nur in unseren eigenen Forschungs- und Entwicklungslaboren. Die Automobilindustrie profitiert mehr als jeder andere Industriezweig von neuen Erfindungen, die irgendwo auf der Welt gemacht werden, oder von neuen Forschungsergebnissen. Und das bedeutet eine kontinuierliche, fortwährende Verbesserung in der Automobilindustrie.

Wenn Sie glauben, irgendeine Technologie oder irgendein Material habe jetzt den absoluten Höhepunkt der Entwicklung erreicht, vergessen Sie es am besten gleich wieder. In zehn, fünfzig oder hundert Jahren wird es wieder neue Erfindungen geben. Und genau deshalb, weil sie in so hohem Maße verschiedene Technologien integriert und miteinander verbindet, hat die Automobilindustrie eine Schlüsselfunktion innerhalb der gesamten produzierenden Wirtschaft.

Dazu gehört auch, dass Jacques Nasser die Ford Motor Company zu einem führenden E-Business-Unternehmen in der Automobilbranche entwickeln wird. Ford ist das Unternehmen, das E-Business früher und konsequenter eingesetzt hat als andere. Die Internet-Einkaufsplattform Covisint wurde von Ford entwickelt und bildet mittlerweile die Beschaffungsbasis für die Ford Motor Company, General Motors, DaimlerChrysler und andere. Wir benutzen alle dieses Einkaufssystem. Es funktioniert so, dass alle Einkäufe zwischen den Zulieferern und den Automobilherstellern über dieses eine System abgewickelt werden. Es ist ein Art Industriestandard. Das gesamte Einkaufsvolumen, das für die Automobilhersteller zusammen hochgerechnet mehr als 200 Milliarden US-Dollar jährlich beträgt, wird also mit Hilfe des Internet bearbeitet. Verglichen damit sind, was die meisten neu gegründeten und hoch bejubelten Dotcom-Companies betreiben, nicht einmal Peanuts.

Wer hätte je gedacht, dass Wettbewerber wie DaimlerChrysler, Ford und General Motors ein und dasselbe System benutzen? Heutzutage ist das ohne weiteres möglich. Wir können die Einkaufspreise so nicht nur durch Preisverhandlungen reduzieren, sondern auch durch Rationalisierung der Prozesse. Rechnet man mit nur einem Prozent Effizienzgewinn, dann sind das schon 2 Milliarden US-Dollar. Daran erkennt man, dass die Automobilbranche mehr Vorteile aus dem E-Business für sich verbuchen kann als jede andere. Aber ich denke, die Möglichkeiten sind noch keineswegs ausgeschöpft.

Unternehmen wie Amazon.com, das ich für eine der besten Dotcom-Companies halte, müssen sich täglich ein Bein ausreißen, um ihre Umsätze zu erzielen. An Gewinne ist noch gar nicht zu denken. Unternehmen, die aber durch Amazon.com schon Gewinne machen, sind UPS und Federal Express, denn die befördern die Bücher zu den Kunden. Amazon.com hat also die Grundlage für Wachstum und Gewinn für UPS und FEDEX gelegt, und genau das passiert durch die Internetwirtschaft auch in anderen Industriezweigen. Deshalb sollte es letztlich die Differenzierung zwischen alter und neuer Wirtschaft überhaupt nicht geben.

Gleichgültig, was es an neuen Erfindungen geben wird, es wird immer die traditionelle, auf der soliden Grundlage der Fertigung von Produkten basierende Industrie sein, die die größten Vorteile daraus zieht. Im vergangenen Jahr hat die Premier Automotive Group mehr als 1000 Aston Martin verkauft. Und ein paar Hundert davon sind garantiert an die neuen Dotcom-Millionäre gegangen. Wir haben also auch auf diese Weise einen Nutzen von neuen Entwicklungen.

Um in der Automobilbranche erfolgreicher zu sein als andere, ist es jedoch nicht damit getan, nur schnell neue Technologien zu übernehmen. Man muss auch of-

fen sein für neue Trends in der Gesellschaft, man muss
aufmerksam sein und Veränderungen im Kaufverhalten
der Kunden sofort erkennen. Und auch dort, wo die
Automobilindustrie bisher noch nicht präsent war, stehen große Möglichkeiten offen.

Bei näherem Hinsehen kann man in Kalifornien einen sehr starken globalen Trend erkennen: die Individualisierung. Die Menschen legen immer mehr Wert
auf individuelle Produkte und persönlich gestaltete Dinge. Die Kinder und Jugendlichen waren noch nie so mar-
kenorientiert und -bewusst wie heute. Sie tragen zwar
alle weite Hosen, aber es ist außerordentlich wichtig,
von welcher Marke.

Denken Sie an Levi's. Im Levi's-Laden in San Francisco bekommen Sie innerhalb von zehn bis fünfzehn
Minuten Ihre ganz persönliche Jeans, egal in welcher
Größe. Sie wird nach Ihren Schnittwünschen individuell vor Ort im Laden hergestellt. Daran lässt sich ablesen, dass bei den Kindern und Jugendlichen eine Veränderung stattfindet.

Die Individualisierung von Lebensformen hat bereits
starke Auswirkungen auf das Konsumverhalten und
wird sich in Zukunft verstärken. Die Vorstellung von
dem, was man selbst darstellen möchte, äußert sich nicht
zuletzt in der Wahl von Kleidung, Möbeln, Handys oder
eben Autos. Der allgemeine Trend zur Individualisierung ist sehr stabil, und wir, die Automobilbranche,

müssen solchen Dingen noch viel aufmerksamer gegenüberstehen. Das bedeutet, dass wir zukünftig viel mehr
Modellvariationen haben werden.

Es ist bereits heute möglich, aus Hunderten von Aus-
stattungsdetails zu wählen, die jeden der ohnehin zahlreichen Autotypen nochmals variieren. Ziel wird es sein,
die individuelle Gestaltung des Produkts mit den Mitteln der Massenfertigung zu verbinden: Der Kunde wird
über das Internet die Möglichkeit erhalten, aus verschiedenen Modulen sein eigenes Auto zusammenzustellen
und online anzuschauen.

Sich mit dieser Komplexität in den Produktionsstätten auseinander zu setzen ist nicht einfach, aber es wird
darauf hinauslaufen, dass die allerletzte Phase der Individualisierung bei den großen Händlern stattfindet. Zukünftig werden diese in ihren Niederlassungen also
nicht mehr nur Wartung und Reparaturen anbieten. Sie
werden auch Individualisierung anbieten, das Design
der Autos wird jeweils nach den Wünschen der Kunden
ohne Qualitätseinbußen gestaltet: Teile werden ausgetauscht, die Innenausstattung wird ganz individuell gestaltet, Farben werden geändert. Die Möglichkeiten, unsere Autos zu individualisieren und dadurch einen
Wettbewerbsvorteil zu erlangen, sind sehr vielfältig.

Ein weiterer Aspekt, den ich im Zusammenhang mit
den Kindern und Jugendlichen auch schon erwähnt
habe, ist die Markendifferenzierung. Diese beiden

Aspekte, Individualisierung und das Spiel mit den Marken, gehen Hand in Hand. Die Technik als Hauptunterscheidungsmerkmal einzusetzen wird immer schwieriger, da alle Automobilhersteller heutzutage mit denselben großen Zuliefererunternehmen arbeiten. Dadurch entsteht automatisch ein Prozess, der die Technologie gleichstellt. Vor ein paar Jahren konnte man durch den Einsatz einer neuen Technologie einen Wettbewerbsvorteil von etwa zwei Jahren erzielen. Heute sind es nur noch höchstens sechs Monate, dann ist der Vorteil weg, weil der Wettbewerber auf dieselben Lösungen des Zulieferers zugreifen kann. Das soll nicht heißen, dass die Technologie für uns nicht mehr wichtig ist. Ganz im Gegenteil. Aber es bedeutet, dass es nicht mehr ausreicht, die Produkte nur durch Technologie voneinander zu unterscheiden.

Das wichtige Differenzierungskriterium ist daher die Marke. Sie bietet dem Kunden eine Orientierungshilfe im immer unübersichtlicheren Angebot. In der Marke verbinden sich objektive mit subjektiven Merkmalen: «Diese Marke verspricht Qualität, und sie passt zu mir.» Eine gute Markenführung verlangt, dass man in allem, was man macht, konsequent ist. Das Markenprofil muss exakt zu dem Produkt passen, und das Produkt muss zur Marke passen, es bedarf der Kontinuität und Stabilität, bloß keiner schnellen Wechsel. Sonst verletzt man seine Marktposition, denn der Kunde reagiert empfindlich auf jede Veränderung. Markenführen ist vielschichtig und in meinen Augen eine einzigartige Gelegenheit für die Unternehmen, die das Wechselspiel zwischen Marketing, Markenidentität, Marktposition, Produkt und Ausstattung begriffen haben, sodass das Ganze zu einem allumfassenden, fein aufeinander abgestimmten System wird.

Im Prinzip gibt es dabei für die Unternehmen zwei Formen: Die eine Form ist die von Mercedes-Benz. Mercedes-Benz stellt die wohl stärkste Marke in der Autoindustrie dar, sodass das Unternehmen sowohl eine A-Klasse als auch eine S-Klasse anbieten kann. Es ist möglich, einen Mini-Van ins Programm zu nehmen und auch ein Sports Utility Vehicle. Unter der Marke lassen sich Lastkraftwagen produzieren und noch vieles andere mehr, wie der Unimog. Stets liegen die Produkte im Premiumbereich. Aber es gibt nur eine Marke auf der ganzen Welt, die so stark ist, dass man mit ihr alle Bereiche mit Premiumprodukten abdecken kann, ohne die Marke an sich zu verwässern.

Einen anderen Ansatz haben wir bei der Premier Automotive Group gewählt. Unsere Marken sind im Prinzip viel empfindlicher. Denken Sie zum Beispiel an den Jaguar. Das natürliche Potenzial dieser Marke ist bei weitem nicht so umfangreich. Allerdings steckt darin auch ein sehr reizvoller Aspekt, da wir nun ganz spezielle Dinge tun können, die man nur mit einer genau fokussierten Marke mit einem klaren Profil machen kann. Und das ist genau das, was wir wollen.

Wenn Sie jetzt noch einen genaueren Blick auf unsere Premier-Automotive-Group-Marken werfen, werden Sie feststellen, dass sie so aufgebaut sind, dass sie sich gegenseitig ergänzen. Es gibt fast keine Überschneidungen. Dieser reizvolle und einzigartige Aspekt, den sonst kein anderer Anbieter auf der Welt hat, bedeutet, dass unsere Marken auf sehr überzeugende und zielgerichtete Art und Weise unterschiedliche Marktbereiche ansprechen können. Wir brauchen keine Marke zu dehnen, um uns zu vergrößern und in Bereiche vorzudringen, die eigentlich nicht zu dieser Marke passen. Das ist unser Ansatz.

Dieser Ansatz geht wiederum Hand in Hand mit unserer Vertriebsstrategie, nach der wir, wo immer die lokale Situation es erlaubt, auf so genannte Multimarkenhändler setzen. Das bedeutet, dass der jeweilige Einzelhändler im Idealfall fünf gesonderte Ausstellungsräume für unsere fünf speziellen Marken hat, mit speziell geschultem Verkaufspersonal, sodass sich eine durchgängige Markenpräsentation ergibt. Hinter den Kulissen laufen die Prozesse für alle fünf Marken jedoch gemeinsam ab, und es ergibt sich dieselbe Kosteneffizienz wie bei Mercedes, wo im Endeffekt ein ähnliches Volumen mit nur einer einzigen Marke erzielt wird.

Daraus ergeben sich wiederum neue Chancen für

den Händler, da er jetzt mit den neuen Methoden des Customer-Relationship-Marketing eine sehr enge Beziehung zu seinem Kunden aufbauen kann. Und warum sollte dann dieser Kunde einen Kombi von einem anderen Unternehmen kaufen, wenn wir ihm ein attraktives Sortiment bieten können, das für jeden Kundenwunsch genau das richtige Produkt enthält?

Doch es gibt noch einen weiteren, sehr reizvollen Aspekt, denn, wie ich bereits erwähnte, definieren wir uns als Mobilitätsunternehmen. Von allen Automobilherstellern der Welt hat die Ford Motor Company die besten Grundvoraussetzungen dafür, weil sie mit Ford Credit nicht nur den größten Autofinanzierer besitzt, sondern mit Hertz auch die größte Autovermietung der Welt. Niemand verfügt also über mehr Servicestellen und Standorte, an denen Dienstleistungen für den Kunden angeboten werden können.

Angenommen, Sie sind Vertreter oder Journalist, der ständig unterwegs ist, dann brauchen Sie immer und überall ein Auto. Dann könnten Sie bei uns zukünftig zum Beispiel ein Mobilitätspaket für 50 000 US-Dollar kaufen. Was Sie dafür von uns bekommen, ist Folgendes: 24 Stunden nach Anfrage stellen wir Ihnen, wo immer Sie auch sind, aus einer bestimmten Palette ein Auto Ihrer Wahl zur Verfügung. So etwas ist nur möglich, wenn man über eine weltweite Infrastruktur mit Tausenden von Einzelhändlern und Zehntausenden von

Servicestandorten verfügt. Es wird keinen Flughafen geben, an dem wir Ihnen kein Auto zur Verfügung stellen können. Und wir gehen sogar noch weiter. Wir wollen zukünftig auch Urlaubsreisen anbieten. Wir könnten beispielsweise Land-Rover-Abenteuertouren veranstalten. Sie sehen also die neuen Geschäftsfelder und interessanten Servicemöglichkeiten, die weit über bloßes Autoverkaufen und gelegentliche Inspektionsdienstleistungen hinausgehen.

So sieht die Wirklichkeit aus. Denn wie bereits erwähnt, basiert keine andere Branche auf einem so grundsätzlichen Bedürfnis der Menschen, der individuellen Mobilität, wie die Automobilbranche.

Je stärker der Trend zur Individualisierung wird, desto mehr Möglichkeiten haben wir, dem Kunden eine intelligente Kombination aus Produkten und Dienstleistungen anbieten zu können. Und genau darin liegt für uns ein großes Potenzial.

Es macht Spaß, in eine Modeboutique zu gehen und das tolle, perfekte Marken- und Lifestyle-Angebot zu sehen. Wir, die Automobilindustrie, sind noch keine echten, professionellen Einzelhändler und Verkäufer. Wir konzentrieren uns traditionsgemäß darauf, Blechkisten herzustellen, und dann verkaufen wir sie über selbständige Händler.

Unsere Möglichkeiten, das Konzept des Einzelhandels zu verändern, es zu entwirren, näher an den Kunden heranzutreten und unsere Marke gut zu präsentieren, sind enorm. PAG wird einige interessante und neue Dinge initiieren, denn wir wollen den Status quo revolutionieren. Die heutige Form des Autohandels kann wohl kaum die der Zukunft sein. Es gibt so viele Möglichkeiten, und es gibt so viel, was wir von der Modebranche oder von Wal-Mart oder von Menschen, die wirklich professionelle Einzelhändler und Verkäufer sind, lernen können. Denn das sind wir bis jetzt noch nicht, aber auch darin sehe ich eine große Chance für uns. Letztlich läuft jedoch alles auf das Produkt hinaus.

Das Automobil wird es immer geben, und für zukünftige Erfolge wird es immer ein Produkt ohne Kompromisse sein. Wir wollen so viele Kultprodukte schaffen wie möglich. Und wenn ich von Kultprodukten rede, meine ich nicht Durchschnittsware, die sich nur durch Preisnachlässe verkaufen lässt. Wenn man in den USA einen Regionalsender anschaut oder eine Regionalzeitung liest, bekommt man den Eindruck, dass es in der Automobilbranche nicht um den Wettbewerb von Produkten, sondern um den von Preisnachlässen geht. Das ist eine Krankheit unserer Branche. Der Grund dafür sind Überkapazitäten und unattraktive Produkte, die nur sehr schwer verkäuflich sind.

Wenn ich von Kultprodukten spreche, meine ich attraktive Produkte, die für den Massenmarkt gemacht sind. Das beste Beispiel ist der Käfer von Volkswagen. Er war am Ende ein echtes Kultfahrzeug. In ganz Europa wurden davon mehr als 30 Millionen Stück verkauft. Er wurde im Grunde nie zu Dumpingpreisen verkauft, sondern war stets stark nachgefragt und hatte als Produkt einen sehr langen Lebenszyklus. Das ist der große Vorteil eines Kultprodukts, dass es nach einem rasanten Aufstieg nicht genauso schnell wieder abstürzt und man dann seine Investitionen verloren hat. Ein Kultprodukt ist ein attraktives Produkt, das einen Marktbereich anführt oder manchmal auch erst schafft und ihn in der Regel dominiert.

Um ein Kultprodukt zu entwickeln, muss man ein Gefühl dafür haben, was die Menschen wünschen. Es hat mit den richtigen Proportionen zu tun, mit einer guten Ausführung, es muss beständig und in gewisser Weise zeitlos sein. Außerdem darf es nicht zu teuer sein. Der Ford Explorer oder die Trucks der F-Serie sind in gewisser Weise Kultfahrzeuge, der Jaguar E-Typ war immer schon ein absolutes Kultmodell. Das sind die Autos, wie ich sie mir für die Zukunft vorstelle. Aber es ist schwierig zu sagen, man will ein Kultfahrzeug schaffen, denn meistens zeigt sich der Erfolg erst in der Rückschau.

Aber man muss es versuchen, und man muss beobachten und sorgfältig analysieren, worin der Unterschied zwischen einem Kultauto und einem normalen Massenauto liegt, das wieder vom Markt verschwinden und an das sich in ein paar Jahren niemand mehr erinnern kann. Ein Kultwagen ist ein Auto, das man in ein paar Jahren im Museum ausstellen kann.

Rund um Kultautomobile lassen sich im Rahmen des Merchandising weitere Produkte gruppieren. Wir werden deshalb in London neue Design-Studios schaffen, in denen wir diese gestalten. Merchandising ist wichtig, um eine Marke zu unterstützen, aber man muss darauf achten, den Markennamen nicht durch minderwertige Produkte zu beschädigen.

Der Jaguar F-Typ, der in einigen Jahren in die Serienproduktion geht, hat alle Eigenschaften, die ein Kultautomobil braucht. Er wird der Auftakt zu einer völlig neuen Ära des Jaguar sein, geprägt von emotionaler Technik und Fahrzeugen, die Aufmerksamkeit erwecken. Das hat nichts mit Retro-Design zu tun. Es wird etwas Brandneues sein, unser Ziel ist ein Automobil ohne Kompromisse, attraktiv, ein einzigartiges Produkt mit einem starken emotionalen Appeal.

Die Entwicklung von Jaguar ist beispielhaft: Aus ursprünglich zwei Modellreihen werden dann fünf.

Wir werden diese Marke wohl behütet wachsen lassen, um sie nicht zu verbrauchen. Aber es gibt viel Platz, und Jaguar ist zurzeit der am schnellsten wachsende Automobilhersteller der Welt. 1998, ein Jahr bevor PAG gegründet wurde, haben wir 50 000 Autos verkauft, im Jahr 2000 waren es 90 000. Dieses Jahr werden es mehr als 100 000 sein. Jaguar befindet sich also im Aufwind, und das neue Auto wird einen großen Teil dazu beitragen, das Gesamtdesign von Jaguar zu verändern. Design wird eine neue Sprache sprechen, die schließlich auch die Designelemente zukünftiger Fahrzeuge prägen wird.

Einige der aufgezeigten Ideen mögen noch in das Reich der Phantasie gehören, doch vielleicht ist es genau das, was viele Börsenanalysten verlangen und in unserer Branche zu selten zu finden glauben: Ideen, was in der Automobilbranche alles bewegt werden kann und wie eine glänzende Zukunft dieser «alten» Industrie aussehen kann.

Die Landschaft der Luxuskonzerne verändert sich

In den zurückliegenden Jahren hat sich die ganze Luxusbranche stark verändert. Zahlreiche Unternehmen sind von den großen Konzernen gekauft worden, andere sind an die Börse gegangen, und wieder andere haben Kooperationen geschlossen. Unverändert blieb aber die Marktführerschaft. Mit einem Weltmarktanteil von zusammen 55 Prozent dominieren nach wie vor die italienischen und französischen Luxuskonzerne. US-Konzerne haben einen Umsatzanteil von zwölf Prozent und kanadische Unternehmen von neun Prozent. In Frankreich macht Louis-Vuitton Moët-Hennessy (LVMH) allein die Hälfte des Luxusumsatzes aus, während in Italien fünf Konzerne 56 Prozent des Umsatzes bringen. An der Spitze stehen dabei Gucci und Prada.

Bei den Luxuskonzernen ist ein eindeutiger Trend zur Konzentration festzustellen. Steht eine Luxusmarke zum Verkauf, bieten sich die Großen der Branche heiße Übernahmekämpfe und treiben damit die Preise in die Höhe. Der Ausbau zu Luxushäusern mit mehreren Marken nach dem Vorbild des weltweit Größten der Branche LVMH gilt heute als die Schlüsselstrategie. Und die kleineren Unternehmen, die bei den Übernahmekämpfen nicht zum Zuge kommen, kaufen sich dann eben als Notlösung auch in Branchen ein, die mit ihrem Kerngeschäft eigentlich nichts mehr zu tun haben.

Auf der anderen Seite geht der Trend dahin, eine Marke auf neue Produktfelder auszuweiten. Eine Marke, die jahrzehntelang oder schon über hundert Jahre für einen bestimmten engen Bereich bekannt war, stellt plötzlich Parfums her und macht ganze Lifestyle-Konzepte daraus. Es wird dann nicht nur ihr Produkt verkauft, sondern eine Lebenswelt und Lebensphilosophie. Die Luxuskonzerne richten neuerdings ganze Wohnungen ein. Plötzlich macht ein Modedesigner Interieur-Design und Parfum. Und dann geht es noch weiter mit

Brillengestellen, Lederwaren etc. Irgendwann besitzt er
ein Komplettangebot.

Außerdem ist zu beobachten, dass immer mehr Luxuskonzerne ihre Lizenzen zurückkaufen. Sie haben
festgestellt, dass sie in der Vergangenheit durch unbe-
dachte Lizenzvergabe dem Image ihrer Marke Schaden
zugefügt haben, und versuchen nun, durch aufwendige
Werbekampagnen das Markenimage wiederherzustellen.

Luxuskonzerne kaufen edle Marken für fast jeden Preis

Das beste Beispiel für Übernahmekämpfe und Preistrei-
berei hat die Luxusuhren-Branche geboten. Die Uhren-
welt war bis Anfang des Jahres 2000 ziemlich sauber
aufgeteilt. Zu dem französischen Konzern LVMH gehören die Marken Ebel, Zenith und Tag Heuer, zur Riche-
mont/Vendôme-Gruppe Cartier, Piaget, Vacheron Con-
stantin sowie Baume & Mercier. Rolex gehört der
Fondation Wilsdorf, zur Swatch-Gruppe gehören die
Edelmarken Blancpain und Breguet. Und Mannesmann
besaß drei Luxusmarken.

Nach dem Kauf von Mannesmann wollte Vodafone-
Chef Chris Gent die Sparte Luxusuhren unbedingt
losschlagen, die unter dem Dach der schweizerischen
Holding LMH (Les Manufactures Horlogères) drei der
renommiertesten Uhren-Manufakturen vereinigt, die

Manufaktur Jaeger-LeCoultre SA in Le Sentier/ Schweiz, die IWC in Schaffhausen/Schweiz und die Lange Uhren GmbH im sächsischen Glashütte. Alle drei Marken gehören zu den 15 umsatzstärksten Luxusuhren weltweit. Der Wert der LMH-Gruppe wurde im Jahr 2000 auf weit über eine Milliarde D-Mark geschätzt. Davon entfällt die Hälfte auf Jaeger-LeCoultre, zwei Sechstel bringt IWC und ein Sechstel die Marke Lange. Die Traditionsuhrenmarke A. Lange & Söhne war nach der Enteignung in der DDR ein Staatsbetrieb. Seit dem Ende der DDR entwickelte sich Lange wieder zu einer erfolgreichen Weltmarke. Die Geschichte der Marke Lange begann im Jahre 1845. Ferdinand Adolph Lange gründete, nachdem er einige Jahre in Paris und in der Schweiz gearbeitet hatte, im sächsischen Glashütte eine Uhrenmanufaktur, um in der strukturschwachen Region die Wirtschaft anzukurbeln. Dafür erhielt er vom sächsischen König ein Existenzgründerdarlehen in Höhe von 7820 Talern, die er innerhalb von acht Jahren zurückzuzahlen hatte.

Im Jahre 1868 trat Adolph Langes Sohn Richard als Teilhaber in die Firma ein, die daraufhin den bis heute geltenden Namen A. Lange & Söhne erhielt. 1875 kam auch der Sohn Emil zum Unternehmen. Er war das Genie in der Familie. Seine Gehäuse und Uhrwerke verschafften der Marke Weltruhm. 1898 nahm Kaiser Wilhelm II. eine Lange-Taschenuhr als Gastgeschenk mit nach Konstantinopel. Auch er musste sie rechtzeitig bestellen, denn die Fertigung dauerte ein ganzes Jahr.

Während der beiden Weltkriege sank der Bedarf an Luxusuhren, und die inzwischen zahlreich gegründeten Glashütter Uhrenfabriken mussten sich mit Fliegeruhren und Chronometern für die Wehrmacht über Wasser halten. 1945, kurz vor Kriegsende, wurde der Ort Glashütte durch einen Fliegerangriff zerstört und wichtige Betriebsteile der Lange-Uhrenfabrik. 1948 beschlagnahmte die sowjetische Verwaltung auch den Betrieb von Lange. 1951 löste die DDR-Führung alle Glashütter Markenunternehmen auf und führte die Manufakturen im Kombinat VEB Uhrenwerke Glashütte zusammen. Walter Lange, der Urenkel des Gründers Ferdinand Adolph Lange, war bereits in den Westen geflohen. Die VEB Uhrenwerke Glashütte bauten sozialistische Einheitsware und später auch Quarzuhren für westliche Märkte.

Nach der Wiedervereinigung Deutschlands gründete Walter Lange 1990 die Lange Uhren GmbH und ließ zum 7. Dezember des Jahres den Firmennamen A. Lange & Söhne wieder ins Handelsregister eintragen. Es war der 145. Geburtstag dieser Uhrmacherdynastie. Aber erst vier Jahre später kamen die ersten Uhren auf den Markt. 1994 wurden knapp 2 Millionen DM umgesetzt, 1999 waren es schon knapp 63 Millionen. Lange hätte ohne finanzkräftige Partner den Weg an die Spitze des Luxusuhrenweltmarktes nicht geschafft, verfügt er doch heute nur noch über einen Firmenanteil von zehn Prozent. Lange baut die Uhren mit den höchsten Durchschnittspreisen weltweit. Trotzdem hält das Unternehmen sechs Prozent des Luxusuhrenweltmarktes. Das Luxusuhrensegment beginnt bei Uhren über 5000 Euro. Die billigsten Modelle von Lange kosten über 6800 Euro. Und der Durchschnittspreis liegt sogar bei über 14 000 Euro. Trotzdem gehören die Lange-Uhren zu den gesuchtesten weltweit. Das Modell «Pour le Mérite» mit einem Tourbillon-Werk (Antrieb über Schnecke und Kette) kostete 78 000 Euro. Trotzdem verkauften sich die 50 Platinuhren fast schlagartig. Heute ist ihr Wert schon auf 100 000 Euro pro Stück gestiegen. Das ist noch wenig im Vergleich zu den Klassikern von Lange. Eine Tourbillon-Taschenuhr mit der Bavaria vor der Ansicht Dresdens wurde 1981 in der Schweiz für 905 000 DM versteigert. 1990 war diese Uhr bereits 1,5 Millionen DM wert.

Verschiedenste Luxuskonzerne waren an dem Erwerb der LMH-Gruppe äußerst interessiert, darunter die französische LVMH, die Schweizer Richemont-Gruppe, die italienische Gucci, der Schweizer Swatch-Konzern und schließlich auch Waterford Wedgewood. Denn da der Markt seit Ende der Asienkrise wieder boomte, waren lukrative Marken kaum noch zu haben. Der Kauf der LMH-Uhren galt deshalb als einmalige

Chance. Den Zuschlag erhielt schließlich im Juli 2000 Richemont, und zwar zu einem Preis, der zwischen 2,8 Milliarden und drei Milliarden Schweizer Franken lag. Für Richemont-Chef Johann Rupert ist der LMH-Coup ein Riesenschritt beim Umbau seines Schmuck- und Uhrenkonzerns. Mit IWC, Jaeger-LeCoultre und Lange & Söhne wurde Richemont nun vor der Swatch-Gruppe der größte Anbieter von Luxusuhren. Zu den Richemont-Marken zählen auch Montblanc, Alfred Dunhill und Chloé. 1999 wurde der Schmuck-Hersteller Van Cleef & Arpels erworben.

Die Compagnie Financière Richemont gehört zu den profitabelsten Unternehmen der Branche. Neben den Gewinnen aus dem eigenen Geschäft fließen ihr Gelder aus einer 21-prozentigen Beteiligung an British American Tobacco (BAT) zu, dem zweitgrößten Tabak-Konzern der Welt. Und der Gewinn daraus ist höher als der aus dem Kerngeschäft Schmuck und Uhren. Die Tabak-Beteiligung wird laut Rupert für die Gruppe noch eine ganze Zeit ein wichtiger Gewinnbringer sein. So kann er, wenn er wieder einmal ein Unternehmen kaufen will, zur Finanzierung auch ein paar BAT-Anteile verkaufen. Im Zusammenhang mit dem LMH-Deal soll er sich von knapp zwei Prozent der BAT-Aktien für etwa 720 Millionen Euro getrennt haben.

Auch Bernard Arnault, Präsident des weltweit größten Luxusgüter-Konzerns Louis-Vuitton Moët-Hennessy (LVMH), hätte gern die Mannesmann-Luxusuhren erworben. Er hatte in seinem Multi-Markenkonzern erst ein Jahr zuvor seine Uhren-Division aufgebaut. Arnault soll Gent ein wesentlich höheres Angebot als Richemont gemacht haben. Und genügend Geld hatte er zur Verfügung, da er kurz vorher für rund 1,1 Milliarden US-Dollar Anteile an Diageo, dem weltweit größten Spirituosen-Konzern, verkauft hatte.

Zu den Bewerbern um die LMH-Uhren stieß, wenn auch zu spät, der weltweit führende Kristall-Hersteller Waterford Wedgewood. Das Ziel des Waterford-Chefs Tony O'Reilly ist es, ein Luxusunternehmen aufzubauen, das nicht nur in seinen klassischen Geschäftsfeldern tätig ist. Er will auch im Uhrengeschäft und im Textilbereich investieren, um auch dort das Beste vom Besten zu bieten.

Gucci auf dem Weg zum Mehr-Marken-Konzern

Domenico De Sole, Vorstandschef des italienischen Luxuskonzerns Gucci, soll bis zuletzt um die Luxusuhren von Mannesmann gekämpft haben. Sein Angebot soll 2,8 Milliarden Schweizer Franken betragen haben, und es heißt, er habe bis zuletzt bereitgestanden, falls die Gespräche zwischen dem Richemont-Mehrheitseigner Johann Rupert und Vodafone-Chef Chris Gent scheiterten.

De Sole hat sich vorgenommen, Gucci zu einem

Mehr-Marken-Konzern mit verschiedenen Sparten nach dem Vorbild von LVMH umzubauen. Er will mehrere Marken mit eigenständigem Profil führen, statt auf eine einzelne Marke zu vertrauen. Und wenn er sich für eine neue Marke interessiert, fragt er nicht, wie er das meiste Geld aus ihr herauspressen könnte, sondern wie er ihren Wert steigern kann.

Das Fusionsfieber in der Luxusbranche hat De Sole in einem Gespräch mit dem «Spiegel» folgendermaßen erklärt: «Wer an die Börse geht, verspricht den Anlegern anhaltendes Wachstum. Eine Luxusmarke wie unsere lebt aber von ihrer Exklusivität. Ab einem bestimmten Punkt erreicht das Wachstum der Marke also Grenzen, die man nur dadurch weiterstecken kann, dass man neue, exklusive Marken kauft.»

Gucci ist aus einer Sattlerei in Florenz entstanden. In den fünfziger Jahren entdeckte die internationale Prominenz die Lederwaren der Marke Gucci. Im Zuge der Expansion kaufte Gucci den Schuhhersteller Sergio Rossi, die Uhren- und Schmuckwarenfirma Boucheron International sowie die Kosmetik- und Bekleidungssparte von Yves Saint Laurent. Inzwischen hat die Gucci-Gruppe den Erwerb von 85 Prozent des erst 1996 gegründeten Schweizer Luxusuhren-Herstellers Bedat & Cie mit einem Umsatz von rund 25 Millionen DM gemeldet. Über die Höhe des Kaufpreises schwieg Gucci sich aus.

Im Februar 2001 hat Gucci den Erwerb von 67 Prozent der Anteile von Bottega Veneta bekannt gegeben, einem italienischen Luxuslederwarenhersteller. Branchenkenner sehen diese Akquisition als sehr positiv an, weil die Marke Bottega Veneta klassischer und im höherpreisigen Segment als Gucci und Yves Saint Laurent angesiedelt ist.

In den achtziger Jahren des vorigen Jahrhunderts wirtschafteten die zerstrittenen Nachfahren des Firmengründers Guccio Gucci das Unternehmen herunter bis nahe an den Ruin. 1994 übernahm Domenico De Sole die Führung des Unternehmens und baute seitdem die damals entwertete Marke Gucci wieder neu auf. Er kaufte die Lizenzen zurück, die Gucci überall auf der Welt ziemlich wahllos vergeben hatte. Selbst Whisky und Schlüsselanhänger trugen den Namen. Danach gelang es De Sole mit Hilfe einer massiven Werbekampagne, das Markenimage zu revitalisieren. Der Erfolg war eine Umsatzverdoppelung von 1995 bis 1998 auf rund eine Milliarde US-Dollar. Heute gilt Gucci neben Prada als der wachstumsstärkste Modekonzern Italiens.

De Sole wendet dieses Erfolgsrezept auch bei der im Dezember 1999 für eine Milliarde US-Dollar erworbenen Marke Yves Saint Laurent an. Er reduziert seither die Zahl der Lizenzen von damals 167 drastisch. Es reicht seiner Ansicht nach, wenn nicht viel mehr als zehn übrig bleiben. Auch andere Modekonzerne wie Armani und Valentino verfolgen dieselbe Strategie: Sie kaufen ihre Lizenzen zurück, um ihre verblassten Marken wieder zu neuem Leben zu erwecken.

Swatch sichert sich Glashütte Uhrenbetrieb

Die Schweizer Swatch-Gruppe kam zwar bei den Mannesmann-Uhren nicht zum Zuge, erhielt aber im November 2000 den Zuschlag bei der Glashütte Uhrenbetrieb GmbH (GUB). Der Preis wurde von den beteiligten Unternehmen nicht genannt, soll aber knapp unter 100 Millionen DM gelegen haben. Mehrheitsgesellschafter der Glashütter Uhrenbetrieb GmbH war seit 1998 die Investmentgesellschaft Aureus Private Equity mit Sitz in Zug/Schweiz, die der ehemalige Metro-Finanzchef Peter Titz leitet. Das Unternehmen soll unter dem Swatch-Dach eigenständig wirtschaften. Geführt wird GUB seit 1994 von Heinz Pfeifer. Der Umsatz soll sich von 1998 bis Ende 2000 nahezu verdreifacht haben. Absolute Zahlen werden nicht veröffentlicht. Jedoch soll das Unternehmen Produktionsengpässe haben, weil viele der Komponenten unter hohem Aufwand selbst gefertigt werden. Auch lässt wohl die Produktivität zu wünschen übrig.

Der Uhrenhersteller Swatch verstärkt mit dem Kauf des Glashütte Uhrenbetriebs sein Luxus-Segment. Das ostdeutsche Unternehmen produziert hauptsächlich die Marke Glashütte Original, deren Uhren zwischen 5000 und 300 000 DM kosten. Mit Glashütte hat Swatch-Vorstand Nicolas G. Hayek jetzt drei größere Luxus-Marken und gewinnt damit gegenüber seinen Konkurrenten wie Richemont oder LVMH an Boden. Blancpain gehört schon länger zu Swatch, Breguet seit 1999. Hinzu kommt die kleine Marke Montres Jaquet-Droz, die auf Luxusuhren im Hochpreissegment spezialisiert ist.

LVMH – der Branchenerste

Bernard Arnault hat innerhalb von zwölf Jahren den LVMH-Konzern zur Nummer 1 am Weltmarkt aufgebaut, der Umsatz wuchs in dieser Zeit von knapp 4 Milliarden DM auf knapp 23 Milliarden DM. Zum Konzern gehören mehr als hundert Marken und Aktivitäten, die Arnault unter dem Motto «Nur das Feinste» zusammengekauft hat. Aufgeteilt sind die Aktivitäten in fünf Hauptbereiche, das sind Uhren und Schmuck, Mode und Lederwaren, Parfums und Kosmetik, Champagner und Wein sowie Handel. Weiter gehören zu LVMH Auktionshäuser, verschiedene Medien wie die Multimediagruppe Desfossès, die Tageszeitung «La Tribune» sowie verschiedene Wochenzeitungen und Monatszeitungen, und schließlich hält Arnaults Holding Europe@Web Anteile an mehreren Internetfirmen, darunter E-Luxury, Wine & Co und Ze Bank.

Zu dem Bereich Lederwaren und Mode zählen so bekannte Marken wie Louis Vuitton, Christian Dior, Kenzo, Givenchy, Christian Lacroix und Donna Karan. Im Bereich Parfum und Kosmetik gibt es unter anderem die Marken Christian Dior, Guerlain, Givenchy, Kenzo, Céline und Bliss. Die bekanntesten Marken im Bereich Weine und Spirituosen sind die Champagner Moët & Chandon, Pommery, Veuve Clicquot, Krug und Dom Pérignon, das berühmte Weingut Château d'Yquem sowie die Cognacs Hennessy und Hine. Hinzu kommen im Bereich Handel eine Dutyfreeshop-Kette, die Parfümeriekette Sephoran, La Samaritaine und andere Kaufhäuser.

Arnaults Strategie ist es, die Autonomie der einzelnen Marken zu erhalten und ihre Identität zu respektieren. Jede hat ihren eigenen Chef, eine eigene Marketingstrategie und eigene Werbekampagnen. Jedes einzelne Unternehmen der Gruppe soll auch immer eine überschaubare Größe behalten, sodass die Angestellten und Führungskräfte sich mit ihrer Marke identifizieren können. Nur so können sie ihre Marke weiterentwickeln und ihr eigenes Terrain schaffen, ohne sich gegenseitig zu kannibalisieren.

Bernard Arnault hat sich vorgenommen, den Umsatz des Konzerns innerhalb von fünf Jahren zu verdoppeln. Ein Unternehmen, das nicht mehr wächst, befindet sich im Niedergang, meint er. Arnault hat viele attraktive Firmen zusammengekauft, doch ein Wunschcoup ist ihm bisher nicht gelungen: der Erwerb von Gucci. Heimlich hatte Arnault Anfang 1999 an der Börse Gucci-Aktien gekauft und seine bisher fünfprozentige Beteiligung auf 34 Prozent erhöht.

Das Unternehmen wehrte sich gegen eine Übernahme und holte den Mischkonzern Pinault-Printemps-Redoute (PPR) zur Hilfe. Der Vorstand von Gucci führte eine Kapitalerhöhung durch, ohne vorher die Zustimmung der Hauptversammlung einzuholen. Dabei schloss er das Bezugsrecht von Altaktionären aus und bot die neuen Aktien ausschließlich PPR zum Kauf an. Dadurch schmolzen die Anteile von LVMH auf 21 Prozent und PPR wurde Hauptaktionär mit 42 Prozent des Kapitals. Seither liefern sich Bernard Arnault und der PPR-Chef François Pinault vor Gericht mit verschiedensten Klagen einen Kampf um Gucci.

Mit Donna Karan Einstieg in den US-Modemarkt

Mit der Akquisition von Donna Karan gelang LVMH der Einstieg in den amerikanischen Modemarkt. Im Dezember 2000 vereinbarte der Konzern mit der Gründerin Donna Karan und für 450 Millionen US-Dollar die vollständige Übernahme der nicht börsennotierten Gabrielle Studio Inc., in der die Markenrechte von Donna Karan zusammengefasst sind. Parallel machte er den Aktionären der börsennotierten Donna Karan International Inc. (DKI) ein Barabfindungsangebot von 8,50 US-Dollar je Aktie. An DKI waren Donna Karan und ihre Familie mit 23 Prozent beteiligt.

Der DKI-Aufsichtsrat ließ das Übernahmeangebot von LVMH prüfen, und man einigte sich Anfang April 2001 darauf, dass LVMH Donna Karan für 243 Millionen US-Dollar übernimmt, das sind 26,5 Prozent mehr als ursprünglich angeboten. Dies war der 16. Kauf von LVMH seit 1999. LVMH will die Markenholding Gabrielle mit DKI zu einer neuen Gesellschaft verschmelzen. Die Gründerin soll kreativer Kopf der Gesellschaft bleiben. Donna Karan erwartet für 2001 einen Umsatz von 720 Millionen US-Dollar.

Prada macht Jil Sander wieder fit

Auch Patrizio Bertelli, Chef des italienischen Modeunternehmens Prada, ist auf Einkaufstour gegangen, mit dem Ziel des Ausbaus zu einem Mehr-Marken-Haus. Er kaufte sich gemeinsam mit seiner Frau Miuccia Prada zunächst das Designer-Label Helmut Lang und im Sommer 1999 die Mehrheit an der Jil Sander AG, dann erwarb er gemeinsam mit LVMH 51 Prozent am italienischen Modehaus Fendi. So gelang es ihm, zu den Branchen-Größten aufzurücken.

Bertellis Strategie ist ähnlich wie die seiner Wettbewerber auch: Die Kreativen, die Designer, sollen sich nur noch um die Kollektionen kümmern, für das Finanzielle ist die Holding zuständig. Denn dazu ist diese aufgrund ihrer Größe besser in der Lage. Die Hamburger Designerin Jil Sander konnte Bertelli jedoch nicht halten. Sie soll Streit mit dem neuen Management gehabt haben. Bertelli regierte ihr zu stark hinein. Deshalb hat sie das Unternehmen inzwischen verlassen. Zwar arbeitet ihr Designteam auch unter Bertelli weiter, der kreative Kopf aber fehlt.

Auf jeden Fall hat Bertelli das Unternehmen Jil Sander bereits wieder auf Wachstumskurs zurückgebracht. Das erste Geschäftsjahr von Jil Sander unter dem Dach von Prada hat die Erwartungen der neuen Eigner übertroffen, der Umsatz des Jil-Sander-Konzerns stieg 2000 um 16,4 Prozent auf 263,7 Millionen DM, und der Gewinn wuchs um 16,5 Prozent von 8,1 auf 9,5 Millionen DM.

Um die Marke Jil Sander wieder komplett unter Kontrolle zu bekommen, kündigt Bertelli verschiedene Verträge mit Franchise-Partnern und wählt zukünftige Lizenznehmer sorgfältig aus. Dabei beschränkt er sich auf Modeartikel, eine Ausdehnung der Marke etwa auf Schuhe oder Accessoires ist nicht geplant. Im Rahmen der neuen Geschäftsstrategie setzt er verstärkt auf eigene Läden. Einerseits werden neue Shops eröffnet, zum Beispiel in London, New York und Los Angeles, andererseits ehemalige Franchise-Läden umgewandelt, wie bisher in Chicago, San Francisco und Costa Mesa. Dasselbe Vorgehen ist für Japan und Korea geplant.

Tod's Schuhe an der Börse

Italiens Luxus-Schuhmarke Tod's SpA ist am 6. November 2000 an die Mailänder Börse gegangen. Der Erlös soll dem Ausbau des Filialnetzes um weltweit 50 Verkaufsstellen dienen. Vor allem in Asien besteht noch Nachholbedarf, dort werden bisher nur sechs Prozent des Gesamtumsatzes erzielt. Zum Familienunternehmen gehören die Marken Tod's SpA, Hogan und Fay. 81 Prozent der Umsätze kommen aus dem Schuhgeschäft, der Rest entfällt auf Luxuskleidung und Taschen. Der Gesamtumsatz lag im ersten Halbjahr 2000 bei umgerechnet 223,5 Millionen DM.

Insgesamt hat das Unternehmen rund 7,56 Millionen Stammaktien im Nominalwert von 2 Euro ausgegeben, das sind 25 Prozent des Kapitals. 1,945 Millionen davon wurden bei Privatanlegern breit gestreut. Die Anteile der Familie des Firmenchefs Diego Della Valle wurden in eine Holding eingebracht. Man will auf diesem Wege vermeiden, dass sich eventuelle familiäre Streitigkeiten negativ auf die Gesellschaft auswirken könnten.

Trend zur Ausweitung der Geschäftsfelder

Nachdem nicht nur die Branchen-Größten LVMH und Richemont, sondern auch die anderen Luxuskonzerne wie Gucci und Prada sich eifrig kleinere Luxusmarken gekauft haben, sind die Preise selbst für kleinere Uhren-, Schmuck- oder Mode-Hersteller in die Höhe geschnellt. Inzwischen ist auch kaum noch eine Designer-Marke zu finden, die zum Verkauf steht. Viele der kleineren Luxusproduzenten, die angesichts der hohen Preise nicht mithalten können, engagieren sich deshalb in anderen Bereichen, die mit ihrem Stammgeschäft kaum oder gar nichts mehr zu tun haben.

Die Pariser Hermès-Gruppe hat zum Beispiel Ende 2000 im Rahmen eines öffentlichen Übernahmeangebots für 17,7 Millionen Euro 31,5 Prozent des Kapitals des Fotoapparate-Herstellers Leica Camera AG erworben. Hermès und Leica wollten in gemeinsamen Gesprächen festlegen, welche Projekte gemeinsam in Angriff genommen werden könnten, hieß es. Man betonte, dass beide Unternehmen aufgrund ihrer Markenkompetenz zueinander passen. Das möchte ich aber bezweifeln.

Der Hotelbereich erfreut sich vor allem bei italienischen Luxushäusern wachsender Beliebtheit. Das italienische Modehaus Salvatore Ferragamo investiert einen Teil seines Geldes aus dem Mode-Geschäft in Hotels.

Drei Top-Hotels in Italien gehören inzwischen zu Ferragamo. Auch Gianni Versace ist in das Hotelgeschäft eingestiegen, zunächst im Herbst 2000 mit einem Hotel in der Nähe von Sydney. Der Edeljuwelier Bulgari hat jüngst ein Joint Venture mit der Marriot International's Luxus Group angekündigt. Beide Partner wollen innerhalb von sieben Jahren 140 Millionen US-Dollar investieren und sieben Fünf-Sterne-Hotels an ausgewählten Spitzenplätzen errichten. Um das finanzielle Risiko für Bulgari in Grenzen zu halten, sollen die Liegenschaften von Dritten finanziert werden.

Leonardo Ferragamo, einer der drei Brüder des Familienunternehmens, hat sich auch die finnische Nautor-Werft gekauft. Sie war für einen symbolischen US-Dollar zu haben, weil sie rote Zahlen schrieb. Kein Vergleich mit den üblichen Preisen für Designermarken. Die Nautor-Werft baut pro Jahr etwa 40 Luxus-Swan-Yachten. Das Engagement im Schiffbau sehe er eindeutig als Geschäft und nicht als Hobby, sagt Leonardo Ferragamo.

Die Marke Davidoff steht für Lebensqualität und Genuss. Berühmt wurde Davidoff durch seine Zigarren, dann folgten edle Düfte und Accessoires. Inzwischen gibt es auch eine Davidoff-Herrenkollektion, die den Qualitätsansprüchen der Davidoff-Produkte genügt. Das sind hier feine Stoffe, superfeine Wollqualitäten, Cashmere und Cashmere-Seide-Mischungen, exzellente Verarbeitung und hoher Tragekomfort.

Von der Mode zur Wohnungseinrichtung

Modemarken sind besonders gut geeignet, um auch auf andere Lifestyle-Produkte übertragen zu werden. Allmählich wachsen die Bereiche Kleidung, Möbel und Accessoires zusammen. Zwar hat die Möbelbranche, speziell in Deutschland, schon seit Jahren mit niedrigen Gewinnmargen zu kämpfen, doch ist die Vermutung sicher nicht ganz falsch, dass man mit hochwertigen Marken auch Möbel zu höheren Preisen verkaufen kann. Während die durchschnittliche Möbelbranche nur zwei Prozent Umsatzzuwachs im Jahre 2000 schon als Trendwende feiert, können Unternehmen wie Hermès mit weltweiten Zuwächsen von 40 Prozent an die Öffentlichkeit gehen.

Marken wie Fendi lassen bereits seit über fünf Jahren Möbel in Lizenz produzieren und erzielen immer noch überproportionale Steigerungsraten. Die Deutschen geben zwar innerhalb Europas am meisten für Möbel aus, im Durchschnitt 810 DM pro Jahr. Die Preise zum Beispiel für Fendi-Sofas belaufen sich pro Stück auf 5000 bis 15 000 DM. Und das zeigt, dass Möbel sich einerseits deutlich zu Luxusprodukten entwickeln, während sie andererseits in den Bereich der Billigverbrauchsgüter abrutschen.

Ohne Partner schaffen es die meisten Modehäuser nicht, in den Bereich der Einrichtungsprodukte vorzustoßen. Ihr Know-how ist zu textilbezogen. Für die Fertigung von Möbeln, Bestecken oder Glaswaren in hoher Qualität bedarf es jedoch weiterer professioneller Kenntnisse. Entweder kooperiert man, oder man vergibt Lizenzen. Wer für das Design zuständig ist, ist von Fall zu Fall unterschiedlich. Wolfgang Joop arbeitet jedenfalls persönlich an seiner Living-Kollektion mit. Und auch der Vertrieb der Kleinmöbel und Accessoires läuft über die eigenen Joop-Shops. Sein Motto für die Einrichtung lautet: Bauhaus meets Rokoko. Zweimal jährlich ergänzt er seine Kollektion, die inzwischen vom Sessel über den Stuhl bis zum Bademantel und zum Schachbrett reicht.

Auch Hugo Boss macht mit seinen Marken Boss, Baldessarini und Hugo erste tastende Versuche in den Bereich der Wohnaccessoires. Zunächst gibt es Tassen und Kerzen, aber noch keine Wohnlinie. In allen Branchen wird registriert, dass der Verbraucher immer weniger rein markengläubig handelt. Er erwartet auch eindeutige Produktleistungen. Schwächen würden der Marke insgesamt angelastet werden, deshalb kann sie sich kein Markenhersteller mehr leisten.

LVMH ist im Möbelbereich mit der 1999 erworbenen Marke Fendi aktiv. Auch Donna Karan macht Heimaccessoires. Bei Gucci entwirft man exklusive Stücke für den Heimbedarf. Polo Ralph Lauren ist seit 1983 bereits mit einer Wohnlinie im Markt, die in den

USA selbst Wandfarben umfasst. Der Amerikaner war der Erste, der Wohnwelten einrichtete. Inzwischen reicht die Bandbreite seiner Produkte von Möbeln über Bettwäsche bis hin zu Badartikeln und Dekorationsmaterialien, wie zum Beispiel auch Tapeten. Ralph Lauren ist auf einen typisch modernen, ländlichen Stil festgelegt, und seine Wohnwelten korrespondieren mit seinen Modeentwürfen.

Benetton hat nach wie vor weltweit 6000 Shops sowie seit September 2000 Megastores in Italien, Belgien und Holland. Das Programm für den Wohnbereich umfasst Heimtextilien und Porzellan, das von Rosenthal in Lizenz hergestellt wird, sowie Frottierware. Und wie bei Ralph Lauren gibt es auch Wandfarben. Entsprechend der Idee: United Colours of Benetton.

Esprit ist ein verhältnismäßig junges Label, verfügt jedoch auch über Bett- und Badtextilien sowie Accessoires. Farblich orientiert man sich an aktuellen Modelinien.

Auch das Porzellan für Versaces Palazzo wird von Rosenthal produziert und vertrieben. Der Modehersteller Hermès ist inzwischen in 15 verschiedenen Metiers aktiv. Dazu gehören auch Kristallglas-Serien, Tischdecken und Tafeltextilien sowie Bestecke, des Weiteren Plaids, Holzmöbel, Kissen und Decken. Alles ist in den exklusiven Hermès-Boutiquen erhältlich.

Giorgio Armani, ursprünglich bekannt für seine puristische Mode, möchte mit seiner Casa-Kollektion eine vollständige Wohnwelt kreieren. Alle Stücke, von Bett und Sofa über Tisch und Stühle bis hin zu Decken und Quilts, entwirft er selbst. Strenge Formen und edle Materialien sollen die Wohnwelten ebenso zeitlos modern machen wie seine Mode. Außerdem bedient Armani neuerdings die Segmente Bücher, Computer, Blumen und Lifestyle allgemein. Ende 2000 hat er das größte Luxuskaufhaus Mailands eröffnet.

Kooperationen als Alternative zur Fusion

Im Januar 2001 kündigten LVMH und der südafrikanische Diamanten-Konzern De Beers die Gründung eines Gemeinschaftsunternehmens an, an dem beide Partner zu gleichen Teilen beteiligt sind. Sie wollen eine Kette von exklusiven Boutiquen gründen, in der unter der Marke De Beers zahlungskräftigen Kunden Diamanten und Diamantschmuck angeboten werden. Für De Beers ist dies der erste Schritt vom Handel mit Rohdiamanten hin zum Einzelhandel. De Beers kontrolliert zwei Drittel des Weltmarktes mit Rohdiamanten und setzte 2000 rund 5,7 Milliarden US-Dollar um.

In 2001 investiert De Beers 180 Millionen US-Dollar in eine Werbekampagne, um den Firmennamen als Marke in dem stark zersplitterten Schmuckmarkt zu etablieren. Für LVMH bedeutet das Diamantengeschäft eine interessante Erweiterung seines Luxusangebots und eine Verstärkung seiner Position im Schmuckmarkt, wo der Konzern bisher noch stark unterrepräsentiert ist. Analysten schätzen das Volumen dieses Marktes auf 60 Milliarden US-Dollar.

Ist ein Ende des Luxusbooms in Sicht?

In der Luxus-Branche herrschte lange Zeit Goldgräberstimmung. Beflügelt von der anziehenden Weltkonjunktur und den günstigen Wechselkursen für Japaner und US-Amerikaner, meldeten nahezu alle Unternehmen steigende Umsätze und Gewinne.

Ende November 2000 hat Richemont als erstes Unternehmen der Branche ein Ende des jahrelangen Luxus-Booms angedeutet. Die sehr günstige Kombination von Wirtschaftsaufschwung und hohen Wechselkursen wird sich nicht unbegrenzt fortsetzen, sagte Vorstandschef Johann Rupert. Und der Finanzvorstand Jan du Plessis soll davon gesprochen haben, dass man die Spitze im Luxus-Zyklus gesehen habe.

Auch andere Luxuskonzerne sehen die Zukunft nicht mehr so rosig. So hat Tiffany & Co Anfang 2001 eine Gewinnwarnung herausgegeben, von dem sich abschwächenden Umsatzwachstum in den USA und insgesamt von einem Wachstum von nur zwei Prozent berichtet. Bulgari hat im April 2001 seine Prognosen für das laufende Jahr reduziert. Man wolle erwartete Einbrüche im Kerngeschäft mit dem Einstieg in das Hotelgeschäft auffangen, hieß es.

Die Konsumenten der USA machen rund zwanzig Prozent der gesamten Nachfrage nach den Produkten der europäischen Luxushersteller aus. Ein weiterer wichtiger Markt ist Japan. Es ist die Frage, inwieweit Luxusprodukte unter der Abschwächung der US-Konjunktur und unter der Yen-Schwäche leiden. Verzichtet der Verbraucher zuerst auf Luxusgüter? Man muss das differenzieren.

Es hat sich in der Vergangenheit immer wieder gezeigt, dass nur das untere Luxussegment empfindlich gegenüber Konjunkturschwankungen ist. Produkte aus dem oberen Luxussegment laufen auch bei Konjunkturabschwächungen gut, weil sehr reiche Kunden auch kaum empfindlich gegenüber Konjunkturschwankungen sind. Und die Zahl der sehr reichen Leute wächst schneller als die restliche Wirtschaft. Auch wenn es kurzfristig konjunkturell bedingte Abschwächungen gibt, langfristig wird sich das Wachstum der Luxuskonzerne unvermindert fortsetzen. Betrachtet man die Konzerne insgesamt, so kann man sagen, dass die Großen der Branche global so gut positioniert sind, dass sie kaum von Konjunkturrückgängen beeinflusst werden.

Luxusprodukte sind anderen Rhythmen unterworfen als Massenprodukte. Das wird oft übersehen. Noch

1995 schrieb der Trendforscher Matthias Horx in seinem gemeinsam mit Peter Wippermann verfassten
Buch «Markenkult»: «Wir beobachten in den westlichen Industrienationen – und besonders in Deutschland
– seit einigen Jahren einen Trend zur Abkehr von den
alten Status- und Luxuswerten, deren Eindringen in die
Mittelschichten die achtziger Jahre prägte. Die ‹Luxuri-
sierung› der Gesellschaft, ein noch vor wenigen Jahren
schier unaufhaltbarer Prozess – alles wird teurer, besser,
edler –, ist an den meisten Fronten zum Stillstand gekommen. Luxusrestaurants, deren amöbenhafte Aus-
breitung ausgemachte Sache schien, wurden reihen-
weise geschlossen, der Champagnerumsatz fiel, teure
Parfums liegen wie Blei in den Regalen. Nicht nur dass
inzwischen praktisch alle hochpreisigen Luxus-Brands,
von Dior über Armani bis zu Bulgari, zu Billiglinien gezwungen wurden, dass Parfum in eine Preiskrise gera-
ten ist. Auch im Handel, in den Reisetrends, im Food-
sektor kann man den allgemeinen Trend zum Billigen
beobachten. Die Wiederkehr des Flohmarkts, die
‹Verhippiesierung› der Jugendkulturen, die Rückkehr
zur rustikalen Küche, die Einführung des Billigfliegens
bei der Lufthansa, die Krise der großen Hotels – all dies
ist Teil eines großen Downtrading-Trends, der alle
Schichten erfasst hat. Heute kauft eben auch der Mittel-
schichtler bei Aldi und bucht einen Billigflug in die Karibik.»

Aber schon fünf Jahre später korrigierte Horx seine Beobachtungen. In «Die acht Sphären der Zukunft» kommt er zu dem Schluss, dass «die Alltagsökonomie der Zukunft nichts mehr mit der alten Einkommenswelt zu tun hat». Er prognostiziert eine Wohlstandsgesellschaft, die eine 60:20:20-Gesellschaft sein wird. Das heißt: 60 Prozent leben aus verschiedenen Einkommensquellen wie Erwerbseinkommen, Gewinnen aus Aktiengeschäften, Kapitalrenditen, Mieteinnahmen oder Erbschaften. Wichtig ist nicht mehr, woher das reichlich vorhandene Geld stammt, sondern dass es überhaupt da ist. 20 Prozent können ihr Einkommen nicht anders organisieren und sind weiterhin ausschließlich von Arbeit abhängig. Die restlichen 20 Prozent leben auch nicht schlecht, aber sie nutzen das soziale Netz. Wenn also der Wohlstand nicht nur bleibt, sondern wächst, wird nicht nur die Wirtschaft, sondern werden alle davon profitieren.

So macht man Premiummarken erfolgreich

Die wertvollsten Marken der Welt

Dass Marken oft das Wertvollste an einem Unternehmen sind, zeigen Rolls-Royce und Bentley. Außer den Marken hatten diese beiden Unternehmen kaum noch etwas zu bieten, es sei denn die hervorragenden handwerklichen Fähigkeiten und das Know-how ihrer Mitarbeiter. Mit einem Wert von mehr als 36 Milliarden Euro ist DaimlerChrysler laut einer Studie der Unternehmensberatung BBDO Consulting das wertvollste deutsche Unternehmen des Jahres 2000. Trotz der Turbulenzen überholte der Autobauer den Vorjahres-Spitzenreiter Deutsche Telekom, der mit einem Marktwert von rund 22,5 Milliarden Euro knapp hinter die Allianz auf Platz 3 zurückfiel. Dies geht aus einer Untersuchung hervor, in der BBDO Consulting zusammen mit der Universität Witten-Herdecke den Marktwert der dreißig DAX-Werte an der Frankfurter Börse ermittelte.

Sowohl bei DaimlerChrysler mit der Marke Mercedes als auch bei VW macht der Markenwert zwei Drittel des Börsenwertes der Unternehmen aus. Bei Siemens liegt er nur bei einem Zehntel und bei Infineon bei einem Hundertstel. Diese neu gegründete Siemens-Tochter ist also

noch ein absoluter No-Name auf dem Markt. Im Gegensatz zu Unternehmen in anderen Ländern dürfen Unternehmen in Deutschland den Wert von selbst entwickelten Marken nicht in ihrer Bilanz ausweisen, was nicht
dem aktuellen Stand der Weltwirtschaft entspricht.
Die oben genannte Untersuchung von BBDO Consulting bezog sich jedoch nur auf deutsche Markenunternehmen, die im DAX enthalten sind. Schaut man sich
die wertvollsten Marken der Welt an, dann liegt Coca-
Cola unangefochten auf Platz 1. Aber bereits auf Platz 7
folgt Ford, und DaimlerChrysler landet erst auf Platz 12.
Natürlich ist es sehr schwierig, den Wert von Marken
überhaupt zu quantifizieren, da es die unterschiedlichsten Maßstäbe und Vorgehensweisen gibt. Ein wichtiger
Aspekt ist jedoch die internationale Ausrichtung, weil
sie maßgebend ist für das weltweit erzielbare Umsatz-
und Gewinnpotenzial. Aus der PAG-Gruppe haben danach Jaguar, Land Rover und Aston Martin die besten
Chancen, und auch für Volvo sieht es nicht schlecht aus,
denn jede dieser Marken hat eine international bekannte, ganz klar umrissene Identität.
Natürlich hat auch das Werbebudget, das man einsetzen kann, einen Einfluss. Für Deutschland galt 1998 die
Faustregel, dass man für die Grundbekanntheit eines
Automobils mindestens zwanzig Millionen DM einsetzen musste. Die Zahl ist allerdings inzwischen überholt.
Durchschnittlich wurden damals je Marke, also nicht je

Automodell, in Deutschland 86 Millionen DM aufgewendet. In den USA war es viermal so viel.

Ein wesentlicher Aspekt für den Wert einer Marke ist auch deren Stärke innerhalb der Branche beziehungsweise innerhalb des jeweiligen Produktsegments. Auch da liegen Jaguar, Land Rover, Volvo und Aston Martin mit auf den Spitzenplätzen. Wichtig für den Markenwert ist außerdem noch die Marktqualität, und das heißt in erster Linie die Entwicklungsperspektiven. Auch die sind bei uns hervorragend.

Der am wenigsten zu berechnende, aber am stärksten zu beeinflussende Faktor ist das Image. Obgleich bei Jaguar und Land Rover in der Vergangenheit immer wieder einzelne technische Details bemängelt wurden, haben diese Marken selbst in schlechten Zeiten nichts oder nur sehr wenig von ihrer Ausstrahlung verloren. In Verbindung mit den heute bei uns eingesetzten technischen Standards werden sich die Fehler der Vergangenheit nicht wiederholen. Wir können also mit einer zusätzlichen Stärkung des ohnehin hohen Images rechnen. Natürlich werden wir mit diesen Premiummarken niemals in die Spitzenpositionen der großen Consumermarken wie Coca-Cola oder der großen Verwendermarken wie IBM und Ford aufsteigen können. Aber schließlich geht es im Geschäft der Premiummarken auch nicht um globale Ranglisten, sondern um konkrete Marktpositionen bei genau definierten Zielgruppen.

Bekanntheit ist nicht gleich Beliebtheit

In diesem Zusammenhang ist interessant, dass zwischen dem Wert der Marken und ihrer Beliebtheit ein deutlicher Unterschied besteht. Deutschlands beliebteste Marke ist schon seit langem Aldi. So genannte statusbildende Marken wie Joop oder Louis Vuitton haben seit Anfang der neunziger Jahre im wieder vereinigten Deutschland an Bedeutung verloren, was auch auf eine geringere Wertschätzung in den neuen Bundesländern zurückzuführen ist.

Erstaunlicherweise haben gerade Marken aus dem Automobilbereich seit 1993 einen steilen Aufstieg in der Beliebtheitsskala durchgemacht. VW klettert von Rang 18 auf Platz 4. Aber das eigentlich Erstaunliche ist, dass Porsche von Platz 75 auf Platz 16 kletterte. Das zeigt, dass Beliebtheit nicht unbedingt etwas mit der tatsächlichen Möglichkeit zu tun hat, ein Produkt, und hier speziell ein Auto, auch erwerben zu können. Denn sowohl von den Produktions- als auch von den Zulassungszahlen liegt Porsche naturgemäß weit hinter den großen Massenmarken.

Aber natürlich verbinden wir damit die ganz realistische Hoffnung, dass auch für unsere Marken ein Aufstieg in der Beliebtheitsskala möglich ist. Dabei ist zu berücksichtigen, dass diese Untersuchungen zur Beliebtheit immer alle Marken umfassen, sie reichen also vom Premiumauto über Kekse bis hin zu Softdrinks. Und sie umfassen alle Bevölkerungsgruppen. Schaut man hingegen auf jene Marken, die von den Meinungsführern bevorzugt werden, so findet man dort solche, die von den Meinungsforschern als «stilvoll, originell und selbstbewusst» gekennzeichnet werden. Und dazu gehört im Automobilbereich auch Volvo.

Das Auf und Ab der Marken

Wenn man lernen will, wie man aus einer edlen Nischenmarke ein Premium-Massenprodukt macht, muss man sich Bulgari anschauen. Bulgari war einmal eine ganz edle, feine Firma, die nur für sehr reiche Leute Schmuck und andere hochwertige Dinge angefertigt hat. Dann wurde die Marke für alle möglichen Produkte an Franchisenehmer abgegeben, aber inzwischen hat die Führung von Bulgari alle Markenrechte wieder zurückgekauft. Jetzt sieht man plötzlich in Städten an den Einfahrtsstraßen Werbung für Bulgari-Produkte, wo normalerweise für Coca-Cola oder Zigaretten geworben wird. Bulgari wird als Marke so aufgeblasen, dass die Frage auftaucht, wie lange so etwas gut geht. Aber es zeigt, wie gut Premiummarken in der Lage sind, weniger profilierten Produkten Aufmerksamkeit und Marktanteile wegzunehmen.

Harley Davidson ist keine Vorbildmarke mehr. In

letzter Zeit machen die Harley Davidson Manager Dinge, mit denen sie ihre Marke zugrunde richten werden. Sie haben jetzt Harley Davidson Shops, wo derart minderwertige Merchandising-Artikel verkauft werden, dass es entsetzt. Ich sehe Harley nicht mehr als Vorbildmarke, was sie einmal war, weil sie eine Lebenswelt geschaffen hat. Durch Filme wie «Easy Rider», wo Peter Fonda seine Harley fuhr, durch die Harley Owners Group, HOG, mit ihren großen Treffen und mit den Harley-Cafés in New York. Es wurde mit relativ alter Motorradtechnik eine Kultmarke geschaffen. Harley hat sich nicht über technische Raffinesse unterschieden, sondern nur über das Design des Motorrads bis hin zum Kultartikel.

Die Japaner hingegen versuchten, das Hightech-Spiel zu gewinnen, alle sechs Monate eine neue Maschine, die noch mehr Leistung hatte. In einem bestimmten Segment ist das auch in Ordnung, aber Harley Davidson war unschlagbar und unantastbar. Man konnte sie auch mit einer neuen Sechsventiltechnik nicht in Bedrängnis bringen.

Marken, die neu an den Markt gehen und Namen von Personen tragen, besonders wenn die Personen schon ein bestimmtes Bekanntheitskapital einbringen, sind gegenüber Fantasienamen unschlagbar. Allerdings auch nicht immer. Monica Lewinsky nutzt ihre Bekanntheit aus der Affäre mit dem US-Präsidenten und verkauft selbst entworfene Luxustaschen und -geldbörsen. Es gab auch schon Zigarren mit ihrem Konterfei. Man fragt sich, woher die Markenkompetenz für Lederwaren stammt, aber die Firma «real Monica Inc» hat bereits vier Mitarbeiter. Monicas Produkte werden sowohl in Luxusgeschäften in New York und Los Angeles als auch über das Internet vertrieben. Auch der ehemalige deutsche Tennisstar Steffi Graf macht in Handtaschen. «Stefanie Graf» heißt das Label der neuen Kollektion. Ob jemand weiß, wer Stefanie ist?

Im Gegensatz zu diesen beiden Marken gehen Premiummarken fast immer auf eine große Tradition zurück, die etwas mit der Kunstfertigkeit von Handwerk zu tun hat. Zum einen gibt es die erfolgreichen Traditionsmarken, die heute noch selbständig sind. Dann haben wir weniger erfolgreiche, die irgendwann aufgegeben haben, deren Marke aber noch existent ist und von anderen aufgekauft wird, wie Bugatti zum Beispiel. Es werden heute viele alte Marken, die oft schon lange nicht mehr gelebt haben, wieder zum Leben erweckt. Das ist ein richtiger Trend, dass große Konzerne aufgegebene, aber noch existente Marken kaufen.

Aston Martin besitzt zum Beispiel noch die Marke Lagonda. Zumindest unter Autoliebhabern ist sie immer noch eine Legende. Vor dem Zweiten Weltkrieg baute man schwere Tourenwagen und Sportmodelle und gewann 1935 sogar das 24-Stunden-Rennen von Le Mans. Später wurde die Marke von David Brown gekauft und mit Aston Martin zusammengeführt. 1958 stellte man dann die Lagonda-Produktion ein, schickte zwischen 1961 und 1964 noch einmal ein technisch anspruchsvolles viertüriges Modell auf den Markt, doch es wurde nicht richtig angenommen. Zwischen 1976 und 1991 gab es den Aston Martin Lagonda, ein sehr futuristisches Auto, das die Verbindung zur Tradition leider vollkommen verloren hatte. Seitdem ruht die Marke, aber vergessen ist sie nicht.

Auch die Uhrenfirmen in Glashütte hatten eine große Tradition. Und als die innerdeutsche Grenze gefallen war, konnte man die Marken sofort revitalisieren. Der Erfolg war durchschlagend. Glashütte ist ein wunderbares Beispiel dafür, dass Luxus beständig ist. Selbst wenn eine Marke vorübergehend stirbt, kann man sie revitalisieren, wenn es eine tolle Marke war.

Das Beispiel Glashütte zeigt auch ganz deutlich, dass Luxus etwas mit der jeweiligen Gesellschaft zu tun hat. Solange Glashütte zum real existierenden Sozialismus der DDR gehörte, wo der Wartburg das einzige Luxusgut unter den Autos war, während es bei uns in der westlichen Gesellschaft Rolls-Royce, Mercedes und Porsche gab, bestand auch kein offizieller Bedarf an handgefertigten Präzisionsuhren. Eine funktionierende Quarzuhr hatte dem Bürger im Sozialismus zu genügen. Die Funktionärsriege hatte ja Möglichkeiten, sich aus dem Westen zu versorgen.

Bis zu einem Drittel des Volkseinkommens wurde in kommunistischen Staaten in Form von Privilegien für Parteifunktionäre verbraucht. Daran erkennt man, dass zwischen dem Bedürfnis nach Luxus und der Ideologie, die die Gesellschaft, das politische System und damit auch die Volkswirtschaft bestimmt, ein großer Unterschied besteht. Es gibt keine dauerhaft wirtschaftlich erfolgreichen Diktaturen.

Die Marktwirtschaft schafft Symbolprodukte, Wettbewerb, Individualität und Lebensqualität prinzipiell durch Entscheidungsfreiheit. Aber irgendwo gibt es auch hier ein Diktat. Nicht im politischen Sinne, doch wenn ich in unserer Gesellschaft dazugehören will, dann muss ich mich vielen ungeschriebenen Gesetzen unterwerfen: «was tut man – und was nicht», Moden, Trends, Statussymbolen, die alle wieder von der gesellschaftlichen Gruppierung diktiert werden, zu der man gehört oder gehören möchte.

Ein kritischer Punkt ist dabei, dass man oft schon von Kindheit an in diesen Wettlauf eingebaut ist und sich gezwungen sieht mitzuhalten. Man muss sich anstrengen, muss etwas Bestimmtes können und muss vielleicht noch erfolgreicher sein als andere. Der Zwang zur Leistung ist von Anfang an obligatorisch. Solange er ein positiver ist, ist es in Ordnung, aber es gibt auch einen Punkt, dass der Luxus zum Diktat wird und es manchen Leuten Probleme bereitet, mithalten zu können. Denn auch wenn der Lebensstandard generell für Arme und Reiche steigt, bedeutet das nicht, dass die Mitte nicht unter Druck gerät. Entweder man schafft den Aufstieg, oder man rutscht nach unten. Das ist ein Trend, der auch bei den Zukunftsplanungen der Automobile berücksichtigt wird.

Plötzlich wollen alle Premium sein

Der Trend zu immer wertvolleren Ausstattungen sogar bei den Micro-Cars zeigt vor allem eines: Luxus hat Zukunft. Immer mehr Menschen wollen ihr automobiles Leben möglichst komfortabel und möglichst anspruchsvoll gestalten – und sie sind bereit, dafür zu zahlen. Denn auch wenn er insgesamt gesehen preiswerter wird: Natürlich hat Luxus nach wie vor seinen Preis.

Man denke nur an die Klimaanlagen. 1994 zum Beispiel hatten nicht einmal zwei von hundert Kleinwagen eine Klimaanlage. Heute hingegen fährt rund ein Drittel klimatisiert. Im C-Segment (Golf- und Focus-Klasse) ist der Anteil in neun Jahren sogar von drei Prozent auf knapp 70 Prozent gestiegen. Insgesamt hatten in Europa 1988 nur fünf Prozent aller Neuwagen eine Klimaanlage. In diesem Jahr sind es schon 65 Prozent. Und bis zum Jahre 2004 werden es rund 80 Prozent sein.

Die Meinung einiger Marktbeobachter, wonach sich

an solchen Entwicklungen ein Trend ablesen lasse, der gewissermaßen auf Kosten der etablierten Premiumanbieter gehe, trifft nicht den Kern, sie übersieht die Tatsache, dass Premiumprodukte immer ihren festen Platz auf dem Markt haben werden.

Historisch gesehen ist es natürlich so, dass einstmals sehr exklusive Güter mit der Zeit für einen immer größeren Personenkreis erschwinglich und auch immer häufiger angeboten wurden. Das gilt nicht nur für Automobile. Im Tourismus, in der Gastronomie, im Sport, in der Kosmetik beobachten wir ja ähnliche Tendenzen.

Ein Essen im Restaurant und nicht etwa im Gasthaus war vor nicht allzu langer Zeit ein Luxus, den sich die Mehrheit der mitteleuropäischen Menschen nur in bestimmten Fällen gönnte. Die Kinder der entsprechenden Elterngeneration aber bevölkern heute fast allabendlich die Genuss-Tempel unserer Großstädte.

Trotzdem würde es wohl niemandem einfallen, das Ende der gehobenen Küche einzuläuten. Denn diese existiert weiter – unabhängig von der historisch wechselnden Menge der Kunden oder der steigenden Qualität des Wettbewerbs. Luxus existiert eben «an sich», und er definierte sich eben zu allen Zeiten als die Kunst der besonderen Verfeinerung. Man könnte auch sagen: die Kunst der Verdichtung.

Wo immer ein Produkt auf dem jeweils zeitgenössischen Niveau des Machbaren mit besonderer Sorgfalt und besonderer Konsequenz hergestellt wird, handelt es sich am Ende höchstwahrscheinlich um ein Luxusprodukt. Das ist bei einer Stradivari nicht anders als bei einem Anzug von Brioni – oder eben einem Aston Martin. Wer Luxusgüter entwickelt und herstellt, macht zunächst einmal das, was auch alle anderen machen – aber er tut es mit einem besonderen Sinn für Perfektion und Konsequenz. Sein Ziel ist sozusagen der Archetyp. Es ist die Idee des «Sportwagens an sich», die für den Entwickler bei einer Premiummarke entscheidend ist. Gleiches gilt für die «Limousine an sich». Luxus ist durchaus nicht an ein bestimmtes Segment gebunden. Entscheidend ist vielmehr, ob alle materiellen Zutaten so ausgewählt und zueinander gefügt sind, dass sie sich am Ende zu einem Ergebnis verdichten, in dem möglichst viel vom jeweiligen Archetyp sichtbar und vor allem emotional erlebbar wird.

Das jedenfalls ist unser Verständnis von Luxus bei der Premier Automotive Group. Es ist markenübergreifend und gilt für alle Fahrzeugklassen innerhalb unseres Portfolios. Denn dazu zählt schließlich ein Volvo S 40 für 40 000 DM ebenso wie ein Aston Martin für eine halbe Million. Premiumfahrzeuge in unserem Sinne aber sind beide, weil wir sie im selben Geiste entwickeln und fertigen. Für alle unsere Mitarbeiter gilt die Devise: Eine Luxusmarke muss man leben, essen, schlafen und trinken. Das ist entscheidend – und nicht die Frage, ob ein Modell dieses oder jenes Ausstattungsdetail enthält oder nicht.

Für außerordentlich wichtig halte ich natürlich den Avantgardismus, der einem Premiumprodukt nach unserem Verständnis immer innewohnen muss. Wer ein Top-Auto fährt – auch wenn es zu einer Traditionsmarke gehört –, erwartet ganz einfach einen technischen Vorsprung, ein Höchstmaß an Innovation. Und auf diesem Gebiet werden Luxusmarken wie Jaguar oder erst recht Aston Martin stets einen wichtigen Vorsprung vor den Massenprodukten haben. Das hängt nicht zuletzt auch mit den besonderen Bedingungen für einen entsprechenden Return on Investment zusammen. Den Premiumkosten für die Exklusivlösung steht eben auch ein Premiumpreis gegenüber, der für Luxusprodukte am Markt erzielbar ist.

Nehmen Sie das Beispiel Aston Martin. Innerhalb unserer Gesamtstrategie ist diese Marke als «rollendes Zukunftslabor», als eine Art «Formel 1 für die Straße» positioniert. Zukunftsweisende Lösungen, beispielsweise zum Thema Aluminium, Kohlefaser und Leichtbau oder Elektronik, werden bei Aston Martin zuerst zu sehen sein. Schon allein deshalb wird es auch künftig keinen Zweifel darüber geben, wo die Grenzen zwischen Luxus und Massengeschmack verlaufen. Denn eines ist klar: Vieles von dem, was den Luxus von morgen ausmacht, wird für die Massenproduktion erst im zweiten und dritten Schritt erschwinglich.

Im Moment erleben wir das zum Beispiel bei den Navigationssystemen. Nach dem Start am oberen Ende der automobilen Serienproduktion ist die Technik jetzt in der Mittelklasse angekommen. Noch ein paar Jahre, und wir werden in den Volumensegmenten eine ähnliche Entwicklung erleben wie heute bei den Klimaanlagen.

In der Zwischenzeit aber fahren die Premiumprodukte weiter voraus. Ich bin sicher, dass für die Definition eines gehobenen Automobils morgen wichtig sein wird, ob es Internet an Bord hat. Oder wie komfortabel und zuverlässig die mobile Kommunikation aus dem Auto heraus zu bewerkstelligen ist. Die sprachgesteuerte Bedienung wichtiger Funktionselemente wird ein weiteres Kriterium sein.

Und nicht zuletzt wird sich «Premium» dadurch definieren, inwiefern das jeweilige Fahrzeug die physikalischen Grenzen des Automobils erschließt oder ob es einen nennenswerten Beitrag zur Reduzierung des Energieverbrauchs leistet. Diese Gesichtspunkte werden künftig mindestens so premiumtypisch sein, wie es einst die Lederausstattung war.

Was nun die Nachfrageentwicklung betrifft, mache ich mir um die Zukunft der Premiumprodukte keine Sorgen. Allgemein sehe ich die Premiummarken weltweit im Aufwind. Insgesamt konnten die Luxusherstel-

ler ihren US-Absatz im Jahr 2000 um 12,6 Prozent steigern, obwohl der Gesamtmarkt nur um 3,9 Prozent ge-
wachsen ist. Während Volkswagen, Opel, Ford, Renault,
Fiat, Peugeot und andere in Deutschland 15,5 Prozent
ihres Geschäftes einbüßten, verloren die Premiummarken zusammen nur 3,2 Prozent. Mercedes-Benz, Audi,
BMW und Porsche lagen sogar im Plus.

Luxus läuft immer, auch wenn der Massenmarkt
Probleme hat. Deshalb wollen auch plötzlich alle zum
Premiumbereich gehören. Der Versuch, in die oberste
Liga des Automobilgeschäfts aufzusteigen, ist einer der
Mega-Trends der Branche. Weg mit dem Mittelklasse-
wagen für die Masse, hinein in die Premium- und Lu-
xusklasse – so lautet die Devise. «Die kleinen Feinen und
Teuren sind von konjunkturellen Schwankungen offen-
bar weniger stark betroffen als die Großen der Branche»,
sagt die Zeitschrift «Auto, Motor und Sport». Aus der
Sicht des Käufers ist Premium das, was er zu bezahlen
hat, damit er das bekommt, was er will.

Im Massenmarkt wird es ungemütlich. Der klassische Automarkt wird in viele kleine Nischen zerfallen,
wobei die Massensegmente ständig an Marktanteil verlieren, während die Nischen ständig wachsen und neue
hinzukommen. Hatten 1985 noch 24 Automodelle den
Automarkt zu 75 Prozent dominiert, werden es 2005
schon 50 sein. Noch 1970 waren die Hälfte aller zuge-
lassenen Pkw Mittelklassewagen und jeweils ein Viertel

Oberklasse und ein Viertel niedrigpreisig. Bis zum Jahr 2010 wird sich das völlig umgekehrt haben. Jeweils 45 Prozent der Fahrzeuge werden aus der oberen oder der unteren Preisklasse stammen. Die mittlere Preisklasse macht dann nur noch 10 Prozent aus. Aber auch im Premium-Segment wird es eng werden. Die durchschnittlich erzielbaren Margen schrumpfen auch hier durch den massiven Wettbewerb.

Konsistenz – nur Sieger verkaufen Premiummarken

Premiumprodukte werden ihre Besonderheit immer ganzheitlich vermitteln. Nicht nur über Design und Ausführungsqualität, nicht nur über den Preis und die Produktsubstanz, nicht nur über die Marke und deren Positionierung, sondern auch durch viele einzelne Details, die sämtliche Sinne ansprechen, sei es der Duft der ledernen Innenausstattung, die Haptik, sei es auch nur die Anordnung der Instrumente und Schalter.

Alles, was ein Premiumunternehmen tut, muss zusammenpassen. Dazu gehören die Werbung, die Öffentlichkeitsarbeit und die Events, die von dem Unternehmen veranstaltet werden. Was die Unternehmen vermitteln müssen, ist eine vollkommen schlüssige Corporate Identity. Im Idealfall werden die Firmenzentrale, die Gebäude, das Interieur, in dem die Menschen im Büro und in den Werkhallen arbeiten, und die Geschäfte, in denen die Produkte verkauft werden, in einem in sich schlüssigen ganzheitlichen System zusammenpassen. Alles muss dem gleichen Stil, dem gleichen Niveau entsprechen, das von der Marke selbst vorgegeben wird. Selbst die Kunst, die so ein Unternehmen sammelt, die Bilder, die an den Wänden hängen, sind im Idealfall Teil dieses Ganzen.

Die Zentrale der PAG-Gruppe am Berkeley Square in London spiegelt diesen Ansatz wider. PAG selbst ist ja keine Marke, sondern nur eine Unternehmenseinheit, die führt, steuert und koordiniert. Viele Besucher sind irritiert, weil sie unter der angegebenen Hausnummer ein klassisches englisches Stadthaus vorfinden, an dem nicht einmal ein Firmenschild prangt. Unsere Idee war, die Elemente einer klassischen englischen Architektur zu erhalten und gleichzeitig das Innenleben so modern und funktional wie möglich zu gestalten.

Im Erdgeschoss wurde aus der ehemaligen Bibliothek mit alten holzgetäfelten Wänden ein Besprechungsraum. Die anderen Gebäudeteile haben wir mit modernster Architektur verbunden. Der frühere Innenhof hat ein Glasdach erhalten, und im früheren Souterrain liegt ein eleganter, fast schon avantgardistischer Raum, der sowohl von den Mitarbeitern für die gemeinsame Mittagspause als auch für größere Konferenzen genutzt

werden kann. Das Gebäude drückt genau das aus, was
wir erreichen wollen: die Traditionen nicht vergessen,
moderne Technik nutzen, beides miteinander verbinden
und dies in höchster Perfektion und Stilsicherheit ausführen.

Luxusfirmen brauchen eine eigene Kultur

Erfolgreiche Luxusfirmen brauchen eine eigene Kultur,
die sich von der eines Massenherstellers ganz erheblich
unterscheidet. In der Kultur eines Massenherstellers dominieren Kosten und Produktionsvolumen die Kultur
des Unternehmens, denn aus günstigen Produkten und
großen Mengen erwächst die Marktmacht. VW war in
der Vergangenheit das Musterbeispiel eines erfolgreichen Massenherstellers. Allerdings unternimmt VW
seit etlichen Jahren erhebliche Anstrengungen, um
nicht nur in der Oberklasse, sondern auch in der Luxusklasse Fuß fassen zu können. Die Aufwertung des
Standortes Wolfsburg durch die VW-Autostadt ist eine
davon. Es ist aber wahrscheinlich nicht das originäre Bedürfnis des Kunden, nach Wolfsburg zu fahren, sondern
das Bedürfnis der Firma, sich darzustellen, was dieses
Projekt am Leben erhält.

Um den Standort weiter aufzuwerten, hat VW-Chef
Ferdinand Piëch unmittelbar neben dem Wolfsburger
VW-Hafen ein Hotel der internationalen Spitzenklasse

bauen lassen, das die Ritz-Carlton-Gruppe übernommen hat. Die 174 Zimmer sind alle nach Plänen der französischen Designerin Andrée Putman gestaltet und verfügen über ISDN-Telefone, Fax- und Computer-Anschlüsse sowie einen Internet-Zugang. Ein «Technology Butler» steht zur Verfügung, falls man technische Probleme hat. Und in zwei Restaurants kümmern sich Köche der internationalen Spitzenklasse um das leibliche Wohl der Gäste. Der Luxus hat seinen Preis: 520 DM für ein normales Zimmer, ab 660 DM für die Clubzimmer und jeweils 2500 DM für die beiden Präsidentensuiten.

Konsistenz kann man nicht herbeizaubern

Luxusprodukte leben von einer konsistenten, in sich schlüssigen Welt, in der sie geschaffen und hergestellt werden, und sie transportieren in ihren Ideen diese konsistente Welt weiter zu den Kunden. Aber diese Konsistenz ist mit den klassischen Managementmethoden zumindest nur schwer herbeizuzaubern. Hier spielen Emotionen eine ganz besondere Rolle, denn die Strahlkraft einer Marke schafft ein Klima, das Menschen einer bestimmten Art anzieht, während es andere überhaupt nicht interessiert.

Natürlich gib es immer wieder Versuche, Luxusartikel nachzuahmen oder gar den Stil eines Luxusunter-

nehmens zu kopieren. Manche Unternehmen schaffen
es sogar temporär, dem Vorbild zu folgen, aber langfristig
zeigt sich dann doch, dass es bei den Nachahmern un-
überwindliche Brüche in der Unternehmenskultur gibt.
In einem großen Unternehmen, das Massenware
herstellt, muss man den Mitarbeitern Leitlinien zur
Orientierung geben. In einem Unternehmen für Luxusprodukte ist es nicht nötig, mit Kaizen-Methoden die
Mitarbeiter darüber aufzuklären, welches ihre Aufgaben sind und was die Unternehmensmission darstellt.
Plakate, Schilder und Banner, die zu ständiger Qualitäts-
verbesserung aufrufen, zu weniger Fehlern ermahnen
oder der Verschwendung den Kampf ansagen, sind in einem Unternehmen mit starker Kultur nicht notwendig.
Die Kultur ist so stark, dass sie alle Arten von Unterneh-
mensleitsätzen ersetzt, weil jeder automatisch weiß, was
richtig ist, und jeder spürt, was sich in der Firma bewegt.
Jeder, der eine gewisse Zeit Teil dieser Kultur ist, weiß,
worum es geht, ohne dass man es ihm erklären muss.

Eine Premiummarke zentriert sich selbst. Das bedeutet unter anderem auch, dass sie durch ihre Grundwerte
und Leitbilder ein Motivationsklima für die Mitarbeiter
schafft, da diese sich mit dem Produkt ebenfalls total
identifizieren können. Daraus entsteht ein Erfolgssys-
tem. Mitarbeiter, die sich mit der Marke, dem Produkt
und letztendlich mit dem Unternehmen identifizieren
können, tragen das Erfolgspotenzial in sich, und nichts

macht erfolgreicher als der Erfolg selbst. Wenn ein Luxusunternehmen erst einmal läuft, dann ist es in der
Lage, dauerhafte Gewinne zu erwirtschaften und die
Menschen in diesem Unternehmen zu motivieren, sodass es vom eigenen Erfolg an die Spitze der Branche
getragen wird. Menschen, die einen Sinn für Luxusprodukte haben, werden in einem solchen Unternehmen
gern arbeiten und die Faszination auch auf ihre Arbeit
übertragen. All das bildet auch für qualifizierte Absol-
venten von Hochschulen einen besonderen Anreiz, sich
für ein solches Unternehmen zu entscheiden.

Natürlich müssen auch die Personen, die eine Firma
repräsentieren, Botschafter ihrer Marke sein. Es ist
schwer vorstellbar, dass der Chef eines Sportartikelher-
stellers ein dicker, Zigarre rauchender, behäbiger Mann
ist. Zur totalen Konsistenz gehört auch so etwas wie
eine Selbstähnlichkeit zwischen Produkt und Mensch.

Ich bin der Überzeugung, dass sich die Führungskräfte und die Erfolgsstrategien in der Luxusindustrie
sehr stark ähneln. Wer ein Luxusunternehmen führen
will, braucht einen eigenständigen Charakter und muss
ein starkes Individuum sein, das die entsprechenden
Grundlagen mitbringt, um Luxus zum Erfolg zu machen. Zwei Drittel dieser Erfolgsmuster sind gleich, unabhängig davon, ob es sich um Cartier, Rolex, um Jaguar
oder BMW handelt. Nur ein Drittel ist markenspezifisch. Dazu zählt auch das jeweilige Vorgehen am Markt.

Zu diesem Erfolgsmuster gehört nicht zuletzt ein gewisser Stolz auf den Markenkern. Und insofern ist ein
Premiumprodukt auch immer der Ausdruck der Füh-
rungskultur, die in einem Unternehmen gepflegt wird.
Sie ist in der Regel abhängig von wenigen Individuen.
Es sind immer Einzelpersonen, die mit Gefühl einem bestehenden starken Markenkern entsprechende moderne
Produkte zuordnen, die sich konsistent mit diesem Markenkern entwickeln und im Markt wachsen.

Die Unternehmenskultur ist deshalb so wichtig, weil
sie auch jedem neuen Mitarbeiter die Kernwerte der
Marke vermittelt. Diese Kernwerte, die unverletzt bleiben müssen, sind oft über Jahrzehnte oder Jahrhunderte
hinweg entstanden und symbolisieren für jeden einzelnen Mitarbeiter, wofür er zu stehen hat und was die
Stärken sind, die er vertritt. Die Stärken sind das, worin
die Kunden in aller Welt die Kompetenz der Marke sehen. Ein Unternehmen darf sich im Rahmen der Unternehmenskultur aber nicht nur auf Kernwerte und Tradition beziehen, sondern es muss auf dieser Basis ein
Klima der Offenheit für Innovationen schaffen.

Die drei Komponenten des Erfolgs

Damit haben wir drei Komponenten: die Offenheit für
Neues, das Bewusstsein für traditionelle Werte und
Führungspersönlichkeiten, die instinktsicher wissen,

wie man die beiden Komponenten markenkonsistent weiterentwickelt.

Zu glauben, dass man durch das Bewahren des ewig Gestrigen einer Marke den Erfolg für die Zukunft sichern kann, ist eine rückständige Annahme und ein großer Fehler. Bei Rolls-Royce hat man es immer versucht, und auch bei Jaguar ging die Tendenz lange Zeit dahin. Gerade die englischen Traditionsmarken sind zum Teil Gefangene ihres Traditionsdenkens, weil sie glauben, nur so den Markenkern bewahren zu können. Im Versuch, diesen zu bewahren, bewahren sie in Wirklichkeit nur das Althergebrachte. Der Blick ist nach hinten gerichtet, und damit drehen sie sich um sich selbst und kommen nicht zu innovativen Produkten, die weiterführen und auch die Marke weiterentwickeln. Dunhill ist dafür ein markantes Beispiel. Die Marke steht immer noch für den britischen Gentleman mit Pfeife, Bowler und Stockschirm, der sich bis heute nicht an das Dezimalsystem der Währung gewöhnen mag. Aber es läuft bereits ein innovatives Programm zur Neuorientierung. Dass dies erfolgreich sein kann, hat der Erfolg von Burberry gezeigt.

Eine Luxusmarke muss, um erfolgreich zu sein, eigentlich permanent neu erfunden werden und kann nicht stillstehen. Erst wirkt sie angestaubt, dann wird sie nur noch von einem kleinen Kennerkreis gekauft, der selbst ebenfalls rückwärts orientiert ist und in der Ver-

gangenheit schwelgt. Und danach ist sie eines Tages tot.
In der heutigen schnelllebigen Welt, wo sich Trends in
Windeseile ablösen, kann auch ein Luxusprodukt nur
global erfolgreich sein, wenn es sich selbst permanent
weiter entwickelt, revolutioniert und eigene Trends setzt.
Dabei muss es sich aber immer seiner Herkunft bewusst
sein, ohne Gefangener der Vergangenheit zu werden.
Die Erkennbarkeit der Herkunft ist für Luxusprodukte auch in der Vergangenheit von höchster Bedeutung gewesen. In Japan wurden zum Beispiel nicht nur
billige Kleinwagen hergestellt, mit denen der europäische Markt angegriffen und nach und nach aufgerollt
wurde, sondern es gab auch vor dreißig Jahren schon japanische Luxusautos. In Form und Aussehen glichen sie
ihren Vorbildern, den amerikanischen Straßenkreuzern.
Sie waren üppig und barock, ausladend geformt.

Heute sind japanische Luxuswagen eher die Kopien
europäischer Vorbilder, weil es sich nicht nur für die Japaner gezeigt hat, dass die Europäer die höchste Kompetenz für den Autobau besitzen, und vor allem für den
Bau von Luxusautos. Schließlich sind die Automobile
hier erfunden worden. Aber nicht nur die Japaner, auch
die Amerikaner versuchen jetzt, europäischen Luxus zu
kopieren. Dabei sind zurzeit die Japaner noch erfolgreicher. Sie haben ihre eigene Geschmacksrichtung aufgegeben und sich der internationalen, von Europa bestimmten Linie angeglichen.

In den dreißiger Jahren gab es auch in den Vereinigten Staaten Luxusfahrzeuge, die einen eigenständigen Stil hatten und in der Qualität neben den großen Marken wie Rolls-Royce, Bentley, Mercedes, Horch und Bugatti bestehen konnten. Dann allerdings verloren die Amerikaner den Anschluss. Amerikas Verständnis von Luxus bewegte sich eigentlich immer in den Dimensionen von Größe und Komfort. In Europa suchte man den Luxus dagegen stets in der Wertigkeit des Details. Diese Denkweise hat sich inzwischen weltweit durchgesetzt, denn sie war, bezogen auf technische Produkte, immer effizienter und innovativer als schiere Größe.

Europa ist mit der unnachahmlichen Vielschichtigkeit der unterschiedlichen Kulturen prädestiniert als Hersteller von Luxusprodukten. Und eigentlich haben fast alle Luxusprodukte ihren Ursprung in Europa gehabt. Interessanterweise haben sich in bestimmten Regionen Europas bestimmte Cluster herausgebildet, in denen spezifische handwerkliche Fähigkeiten beheimatet sind. Die Schweiz steht für Uhren, Solingen in Deutschland steht für Bestecke, Selb für Luxusporzellan, Haute Couture hat ihre Heimat in Paris und Mailand, ebenso wie Lederwaren und Parfüm. Autos haben ihre Heimat traditionell in Deutschland und England. Und nachdem man in England viele Marken heruntergewirtschaftet hatte, blieb eigentlich nur noch Deutschland als Auto-Land übrig.

Premiummarken und Globalisierung sind nicht zu trennen

Es gibt, wie gesagt, Massenmarken für die Ge- und Verbrauchsgüter des täglichen Lebens und Premiummarken, die in den jeweiligen Marktsegmenten für besondere Produktleistungen und technischen Fortschritt stehen. Nur mit der Produktion von solchen Luxusgütern und durch technische Innovationen wird in den hoch entwickelten Wirtschaftsregionen der Welt auch weiterhin der Wohlstand geschaffen und erhalten. Premiummarken brauchen globale Märkte, und globale Märkte brauchen Premiummarken. Markenprodukte, Markenqualität, Markenkonsistenz und Markenkommunikation werden in einer globalisierten Wirtschaft zum Erfolgsfaktor Nr. 1. Wem es nicht gelingt, in seinem Marktsegment global einen Spitzenplatz zu besetzen, der wird auch national oder regional auf Dauer keine Spitzenposition halten können.

Vieles, was gestern noch Luxus war, ist heute Weltstandard. War zum Beispiel die Fernbedienung der Türverriegelung am Auto vor wenigen Jahren nur den teuersten Spitzenmodellen vorbehalten, findet man sie heute bereits in Kleinwagen.

Am Anfang jeden Fortschritts standen Produkte, die völlig überflüssig zu sein schienen, weil sie zum Zeitpunkt ihrer Erfindung von niemandem wirklich gebraucht wurden. Auto, Telefon, Flugzeug, Küchenmaschinen und Personal Computer sind der Luxus von gestern und die Gebrauchsgüter von heute. Die Informationstechnologie entscheidet heute über die Funktionen und den Gebrauch der meisten Produkte. Wir können noch nicht vorhersagen, welche Bedeutung zum Beispiel UMTS in zehn Jahren haben wird. Wir müssen deshalb möglichst viele Ideen erproben.

Premiummarken setzen Maßstäbe

Premiummarken setzen Maßstäbe. Für jeden; denn jeder, ob Hersteller oder Verwender, misst die Leistungen seiner Produkte an den Spitzenreitern des Marktes. Komfort, Sicherheit und Bedienungsfreundlichkeit bleiben nie auf nur ein Produkt oder auf einen Anwendungsbereich beschränkt, wie das Beispiel Fernbedienungen zeigt. Premiummarken erfüllen alle Anforderungen, die an Marken gestellt werden, zu mehr als 100 Prozent. Deshalb sind sie die Meilensteine auf dem Weg in die Zukunft. Premiummarken müssen den Wertmaßstäben der internationalen Leistungselite entsprechen, so wie es Gabriele Strehle mit ihrer Marke Strenesse geschafft hat. In wenigen Jahren entwickelte sie mit ihrem Mann das mittelständische Familienunternehmen zu einem höchst erfolgreichen Luxuskonzern.

Premiummarken brauchen gesellschaftliche Akzep-

tanz und schaffen gleichzeitig gesellschaftliche Akzep-
tanz. Nehmen wir als Beispiel ein Kostüm von Jil Sander. Es wird weltweit als Symbol des guten Geschmacks
erkannt und verleiht seiner Trägerin bestimmte positive
Attribute. Premiummarken stehen im Zentrum eines
globalen Netzwerks, das aus Produktion, Design, Management, Vertrieb und Marketing einerseits und aus
sehr vielen spezifischen Kundenwünschen, Märkten, sozialen, ökonomischen und ökologischen Aspekten ande-
rerseits gewoben wird. An den Kostümen von Jil Sander arbeiten und verdienen unzählige Menschen. Vom Schafhirten im Norden
Indiens bis zu den Webern Norditaliens, von den Färbern
am Niederrhein über die Spediteure bis hin zu dem
Händler in Rio de Janeiro, der es verkauft. Und sogar der
Fensterputzer des Ladens profitiert noch davon, dass sich
Frauen in der ganzen Welt an einer guten Designidee und
einer hervorragenden Produktqualität begeistern können. Genauso ist es mit Autos. An ihnen verdient auch
nicht nur derjenige, der sein Markenzeichen darauf setzt,
sondern auch Zehntausende anderer, denn das Auto ist
eines der komplexesten Produkte überhaupt mit einer
riesigen Wertschöpfungskette.

Branded kontra unbranded Products

Es findet ein Kampf statt, ein Wettbewerb zwischen «branded» und «unbranded». Unbranded Products haben zwar auch eine Marke, die jedoch nicht durch besondere Werte definiert ist, sondern durch den Preis. Nach dem Motto: Wir bieten viel für wenig Geld. Die Produkte sind attraktiv, weil sie günstig sind. Zu den unbranded Products zähle ich zum Beispiel Opel. Branded Products wie Jaguar, BMW, Mercedes, Ferrari oder jetzt auch Audi verkaufen nicht vorrangig über den Preis. Hersteller von branded Products positionieren ihre Marke in erster Linie mit einer bestimmten Wertigkeit.

Der Preis an sich ist kein Verkaufsargument, aber ein Positionierungselement von Luxusprodukten. Wenn man dasselbe hochwertige Luxusprodukt zu billig anbietet, dann wird diese Wertigkeit plötzlich nicht mehr empfunden. Das heißt, ohne angemessenen Preis zieht man das Produkt sogar herunter. Wenn der Preis zu weit oben liegt, dann schrumpft allerdings das Volumenpotenzial. Doch auch ein geringeres Volumen kann für den Anbieter von Luxusprodukten durchaus Vorteile bringen. Wie sich durch hohe Preise und eine relativ exklusive Distribution die Gewinne steigern lassen, hat Domenico De Sole von Gucci auch mit der 1999 erworbenen Marke Yves Saint Laurent – YSL – der Branche demonstriert. Wenn De Sole das Gefühl hatte, ein Franchisenehmer würde mit dem Stil seines Ladengeschäfts der Marke schaden, ließ er es schließen, auch wenn die Geschäftsbeziehungen zum Teil schon seit 30 Jahren bestanden und die Umsätze im Millionen-Dollar-Bereich lagen. Von den 20 000 YSL-Outlets sind bereits 1300 vom Markt genommen worden, weitere 3000 sollen folgen. Trotz der damit verbundenen Umsatzrückgänge stieg die Gewinnspanne von YSL innerhalb eines Jahres von 5,6 Prozent auf 8 Prozent. Exklusivität zahlt sich aus, befand De Sole.

Im November erfolgte der Relaunch des YSL-Parfums Opium. «Die Marke war überdistribuiert», so die zuständige Managerin Chantal Roos, «deshalb haben wir es etwas schwieriger gemacht, das Parfum kaufen zu können.» Schlagartig stieg die Nachfrage. «Mache ein Produkt rar, und du kannst dafür Spitzenpreise verlangen», lautet bei Gucci die Devise. Immerhin liegt der durchschnittliche Verkaufspreis der Gucci-Produkte beim Vierfachen des Herstellungspreises.

Natürlich versucht auch ein Luxushersteller, die Kosten niedrig zu halten und Verschwendung zu vermeiden, doch ist die Frage nach den Kosten generell zweitrangig. Eine Luxusfirma, die ihr Metier beherrscht und gute Erträge erwirtschaftet, muss sich immer die Frage stellen: Was ist das kompromisslos Beste, was ich für dieses Produkt einsetzen kann? Beim Massenhersteller lautet die Frage: Was ist das Beste, das ich in einem vor-

gegebenen Kostenrahmen bekommen kann? Wenn jetzt
ein Massenhersteller versucht, in den Luxusbereich vorzudringen, stößt er auf einen Konflikt, der im Rahmen
der Entscheidungsdynamik des Unternehmens fest programmiert ist, nämlich von Cost-to-Design zu denken
und nicht von Design-to-Success.

Selbst wenn man über die Kostenstruktur in der Lage
wäre, ein bestimmtes Produkt billiger anzubieten, wäre
es von der Positionierung her falsch. Manche Leute in
der Autoindustrie halten diese Ansicht für verrückt. Sie
sagen: Das ist doch wunderbar, da können wir mehr verkaufen. Aber ich bin der Ansicht: Nein, damit schaffe ich
nicht dieselbe Attraktivität.

Man wird sehen, dass die unbranded Products verlieren. Die Marktanteile der Massenhersteller gehen
zurück, während die der Premiumhersteller wachsen.
Das sieht man zum Beispiel bei Bulgari, Cartier und
auch bei Mercedes. Luxusprodukte haben ein höheres
Wachstumspotenzial: einerseits, weil es einen Trend
zum Luxus gibt, und andererseits, weil sie eben auch
noch ihre Varianten ausdehnen und immer neue Produkte mit ihrem Markennamen in der Preisposition
von oben nach unten schieben können. Allerdings muss
jede Luxusmarke genau ermitteln, was das Preisniveau
darstellt, unter dem die Produkte nicht angeboten werden sollten, um die Verwässerung der Marke zu verhindern.

Man kann nicht nur ein Schiebedach, einen Monitor, ein Navigationssystem und eine Klimaanlage oder Ledersitze bestellen, sondern auch eine ganz bestimmte Farbe für die Ledersitze aussuchen, die Außenfarbe, einen Internetzugang und so weiter. Das Konzept der Individualprogramme bedeutet, dass man sich sein eigenes Auto komponieren kann.

In Amerika sind die Gegebenheiten andere. Der Amerikaner, auch wenn er ein Luxusauto kauft, will, wenn er in den Laden hineingeht, gleich mit dem Auto herauskommen. Das heißt, man muss den Luxus auf Lager haben. Der Amerikaner ist nur in den seltensten Fällen willens zu warten. In Europa sind Kunden jedoch bereit, auf ein Auto einige Zeit zu warten, sodass das Fahrzeug exakt nach Spezifikation gebaut werden kann. In Amerika ist es schwieriger, da müsste man eigentlich einzeln angefertigte Produkte auf Lager stellen, was nicht unkritisch ist, oder, was eben meiner Meinung nach die richtige Antwort ist, die Autos in Zukunft so konstruieren, dass man die Endstufe der Individualisierung beim Händlerbetrieb im Rahmen des Kaufvorgangs durchführt. Man klipst eben dieses Verkleidungsteil weg und macht ein anderes rein. Und je mehr der Händler individualisieren kann, umso weniger Autos braucht er davon auf Lager zu halten. Die schon hochwertige Standardausführung wird beim Händler individualisiert, wenn der Kunde kommt. Das ist der Trend.

Wenn man nicht beim Händlerbetrieb individualisieren kann, wird es zu teuer werden. Jede Variante müsste komplett durch die ganze Fertigung gesteuert werden, was ein riesiger Logistikaufwand wäre. Durch die getrennte Handhabung steigen die Kosten. Man sollte im Fertigungsprozess immer so spät wie möglich individualisieren und die Variante erst so spät wie möglich im Produktionsprozess generieren. Wenn erst einmal alle Autos in der Rohkarosserie gleich sind und man am Schluss individualisiert, dann wird der Mehrwert durch minimale Kosten generiert.

Trend zur Offenheit

Neben der Individualisierung ist zurzeit noch ein weiterer Trend deutlich erkennbar, der Trend zur Offenheit. Betrachtet man die verschiedenen Entwicklungsphasen der Architektur, dann wird man feststellen, dass die Tragstruktur und die Konstruktion eines Gebäudes früher innen und außen sichtbar waren, weil es keine anderen Lösungsmöglichkeiten gab. Später, als man über moderne Statikmethoden verfügte, bemühte man sich, alles, was ein Gebäude trägt, zu verkleiden.

Heute zeigt die moderne Architektur die Innereien wieder und kehrt sie sogar besonders hervor. Nicht nur bei modernen Industriebauten sieht man die Lüftungsanlagen. Alles ist sichtbarer Teil der Architektur. Und wenn ich jetzt Uhren anschaue: Während ein Uhrwerk früher versteckt wurde, wird es heute durch einen Glasboden gezeigt. Das heißt, bei exklusiven Uhren wird die Hochwertigkeit dadurch bewiesen, dass man das Innere sichtbar macht. Das Gleiche entwickelt sich jetzt beim Auto. BMW war vor etlichen Jahren der Erfinder des Motorraumdesigns. Ganz früher machte man die Motorhaube auf, und darunter war ein Prunkstück der Ingenieurkunst zu sehen, ein 12-Zylinder-Motor. Es war eine Freude für Ingenieure, ihnen schlug das Herz höher. Dann jedoch, als das Auto im Rahmen der Massenmotorisierung in seinen Komponenten immer komplexer wurde, fand man beim Öffnen des Motorraums nur noch einen Wirrwarr, ein ungeordnetes Gestrüpp von Kabeln, Schläuchen und Verbindungsteilen vor. Dieses Chaos sah furchtbar aus. Damals haben wir bei BMW angefangen, aufzuräumen, Ordnung in den Motorraum zu bringen und auch Abdeckungen einzuführen, sodass es wieder eine Freude wurde, die Motorhaube aufzumachen. Heute ist dieses Gestaltungsprinzip von nahezu allen Automobilherstellern übernommen worden. Oft ist der Motorraum allerdings so perfekt mit Plastik abgedeckt, dass man nichts mehr von der Technik sieht.

Ich glaube, der neue Trend ist, dass man die Technik im Detail so konstruiert, dass sie an sich schon wieder als Kunstwerk zur Schau gestellt werden kann. Dann kann man die Verkleidung wieder wegfallen lassen. Es besteht ein Trend, das Echte zu zeigen, anstatt es zu kaschieren und zuzudecken. Auch Füllfederhalter sind heute durchsichtig. Man sieht, wie die Tinte fließt. Der Apple Computer zum Beispiel hat auch ein transparentes Gehäuse. Ich sehe auch eine gewisse Verbindung zur Kleidung. Das Anliegen der Mode ist heute eigentlich gar nicht mehr so sehr, dass sie einen Körper bekleidet, sondern vielmehr den Körper attraktiv zur Schau stellt.

Die Werbung für Luxusprodukte findet heute auf einem hohen Ästhetikniveau statt, geht aber immer in die gleiche Richtung: mehr Gefühl, Erotik, Körper, Emotion. Auch Autos werden mit Emotion verkauft, zum Beispiel über Claudia Schiffer bei Citroën.

Ich glaube, dass diese Transparenz und das Sichtbarmachen selbst beim Essen anzutreffen sind. Heute möchten die Menschen clean food, japanisches Essen ist in. Da liegt einfach ganz feiner Fisch auf dem Teller, nicht mehr paniert und mit Garnierungen. Minimalismus ist angesagt. Vorrangig sind frische Luft, frisches Wasser und dass die Nahrungsmittel clean sind und nicht verseucht. Der Luxus der Zukunft ist Cleanness: Transparenz, Wertigkeit sichtbar machen und nicht Effekthascherei.

Push and pull – das Geheimnis
der richtigen Absatzmenge

Luxusartikel dürfen nicht gepusht werden wie Massenware. Es muss eigentlich immer eine Pull-Situation herr-
schen, das heißt, dass im Grunde der Kunde mit seiner
Nachfrage die Produktion ziehen soll. Das Push-Marke-
ting basiert darauf, dass durch die Massenfertigung und
durch eine große Menge gleichartiger Produkte die Herstellungskosten gesenkt werden. Die großen Produkt-
mengen werden dann meist über einen niedrigeren Preis
oder zumindest mit gewissen Preisreduzierungen weitergegeben. Man braucht sich nur an die Mengen von Vi-
deorecordern zu erinnern, die sich auf Paletten türmen
und bei denen das einzige Verkaufsargument der Elektro-
nikdiscounter der Preis ist. Hier gilt tatsächlich der Satz,
den Bernd Michael von Grey einmal geprägt hat: «Wer
zu früh kauft, den bestraft das Sonderangebot.»

Das ist bei Luxusprodukten ganz anders. Oft genug
müssen die Kunden bereit sein, zu warten, bis sie belie-
fert werden. Das ist ganz selbstverständlich, wenn man
zum Beispiel an handgemachte Armbanduhren denkt,
bei denen allein die Herstellung über ein Jahr dauert.
Denn diese werden nicht von irgendeinem angelernten
Arbeiter am Fließband im Sekundentakt zusammenge-
nietet, sondern Stück für Stück von einem einzelnen
Fachmann von Hand nicht nur zusammengesetzt, son-

dern auch Bauteil für Bauteil, Zahnrad für Zahnrad gefertigt. Solche Uhren werden nicht auf Vorrat und auf
Halde produziert. Diese Produkte sind nicht nur durch
ihre Qualität eine Rarität, sondern eben auch durch den
Fertigungsprozess selbst.

Im Rahmen des Push-Marketings lohnt es sich ja
auch überhaupt nicht, Werbung für Sonderangebote zu
machen, wenn nicht die vorhandene Warenmenge der
erzeugten Nachfrage entspricht. Dass dieser Preiskampf
keineswegs immer besonders logisch ist, fällt einem spä-
testens dann auf, wenn man weiß, dass die verschiedenen Discountanbieter, die gegeneinander antreten, alle
zum gleichen Konzern gehören. Hier findet im Prinzip
nur ein Schaukampf für die breite Masse statt. Würde
man Luxusprodukte auf die gleiche Weise verkaufen,
würde das zum Verlust des Glanzes führen, der ein Produkt umgibt, denn Luxus bedeutet auch immer Exklusivität. Deshalb lautet die Kernfrage: Wo liegt die Grenze
des Volumens, das ich verkaufen kann, ohne die Marke
zu verwässern?

Jede Marke hat dabei ein eigenes Grenzpotenzial, das
man auch sehr gut erkennt, wenn man einmal anschaut,
wie weit der Markenwert über dem Wert liegt, der durch
die Produktionseinrichtungen des Unternehmens dargestellt wird. Gerade mit Blick auf Mercedes hat sich die
gesamte Branche immer wieder die Frage gestellt: Wie
viele Fahrzeuge können mit einem Stern herumfahren,

bevor das Volumen beginnt, das Image zu verwässern? Sicherlich ist Mercedes unter allen Automarken die robusteste, die am wenigsten leicht zu verletzen ist. Für andere Autohersteller wäre es unmöglich, gleichzeitig Präsidentenkarossen und Taxis zu bauen. Oder wie früher langsame und schwerfällige Dieselfahrzeuge für Landwirte, die mit dem gleichen Treibstoff betankt werden wie die Traktoren, und gleichzeitig einen außergewöhnlichen Supersportwagen mit Flügeltüren. Diese Parallelität hätte bei anderen Autofirmen schon längst zum Verlust der Exklusivität geführt, nicht aber bei Mercedes. Diese Marke übersteht vieles und ist deshalb volumenmäßig viel dehnbarer als andere. Im Vergleich dazu ist BMW eine viel fragilere Marke. Deshalb wäre es für BMW auch verkehrt gewesen, zu früheren Zeiten, als Diesel noch ein nagelndes Antriebsaggregat mit schwacher Leistung war, einen Diesel anzubieten. Und für BMW war es auch nicht ratsam, sich zu stark im Taxigeschäft zu engagieren, weil ein Taxi im Innenraum, nach einer gewissen Zeit zumindest, immer abgewetzt und abgenutzt aussieht. Taxis sind eben ein öffentliches Verkehrsmittel und daher nicht als ideale Botschafter einer Luxusmarke geeignet, auch wenn es pflegeleichte und abwaschbare Stoffe gibt. Es besteht immer die Gefahr, dass das Image der Exklusivität und des Individuellen verloren geht. Wenn das geschieht, ist das Grenzpotenzial erreicht.

Die Marke Mercedes ist genau deshalb so wertvoll, weil sie ein großes Volumen bei gleichzeitig hohen Preisen zulässt. Im Vergleich dazu ist Jaguar eine sehr fragile und sensible Marke, weil Jaguar vorrangig von der Exklusivität lebt, und dieses Image lässt sich nur auf bestimmte Fahrzeugsegmente sinnvoll übertragen. Ein Mini-Van von Jaguar oder auch ein Kleinwagen würde das Image der Marke zerstören, während Mercedes sich eine A-Klasse leisten kann, ohne dass der Ruf des Unternehmens darunter leidet. Weil Jaguar das nicht kann, ist dies ein Indiz dafür, dass die Marke sensibler ist und deshalb anders behandelt werden muss.

Jaguar ist hervorragend für bestimmte Nischenprodukte geeignet und bleibt dabei dann auch glaubhaft. Sportliche Coupés, Cabrios, überhaupt sportliche Produkte waren und sind typisch für die Marke Jaguar, auch wenn dies in der jüngeren Vergangenheit etwas in Vergessenheit geriet. Das Durchschnittsalter des heutigen Jaguarkunden ist relativ hoch, weil lange Zeit nicht so sehr progressive Technik forciert wurde, sondern sich alles auf Design, auf Holz und auf Leder konzentrierte. Auch mit der Zuverlässigkeit stand es lange nicht zum Besten, weshalb man schon ein Liebhaber sein musste, wenn man sich zum Beispiel vor zwanzig Jahren einen Jaguar gekauft hat. Man nahm immer in Kauf, dass er auch einmal streiken würde. Dennoch übte er eine Faszination aus, wie man sie auch von manchen Menschen kennt, die zwar ihre Macken haben und trotzdem dafür geliebt werden. Auf einer solchen Ausgangsbasis konnte man natürlich nie große Volumenziele aufbauen.

Wir haben nun das, was ich Hygienefaktor nennen möchte, in Ordnung gebracht, also Qualität, Zuverlässigkeit und Service, was die Voraussetzung dafür ist, auch das Volumen der Marke weiter ausdehnen zu können.

Um eine Marke erfolgreich zu führen, braucht man ein Gefühl dafür, wie weit die Marke dehnbar ist und wann die natürlichen Grenzen erreicht sind. Sicher ist es manchmal sehr verführerisch, wenn man sich in einem Aufschwung befindet, Dinge zu tun, die noch einmal etwas mehr Umsatz und etwas mehr Gewinn bringen, die aber langfristig die Reputation der Marke untergraben, weil sie nicht mehr markenkonsistent sind.

Neue Herausforderungen für Marketing und Vertrieb

Der Begriff Customer Relationship Marketing besagt, dass man über seinen Kunden so viel wie möglich in Erfahrung bringt, diese Informationen systematisch sammelt und sie weltweit im Zugriff hat. Dass, wenn der

Kunde im Urlaub in Italien ein Problem mit seinem Auto hat, er zum Händler fahren kann, der auf einen Knopf drückt, seinen Namen sieht und dann die gesamte Geschichte dieses Kunden und seines Fahrzeugs vor sich hat und zum Beispiel genau weiß: Der spielt gern Golf. Der Händler kann dann sagen: «Übrigens, statt dass Sie jetzt hier auf das Auto warten, organisiere ich für Sie eine Runde auf dem nächsten Golfplatz. Sie sind doch an Golf interessiert.»

Das heißt, wir bauen eine globale Datei für jeden Kunden auf und tragen alles ein, was wir über den Kunden wissen sollten. Wir wollen eigentlich möglichst genau wissen, wie viel Geld er verdient, was er sich leisten kann, was seine Hobbys sind, in welchen Häusern er wohnt und wo er lebt, wie er lebt, wie sein Mobilitätsbedürfnis ist, ob wir ihn zum Beispiel zum Golfturnier einladen können oder lieber zu einer Segelregatta. So versuchen wir zu diesen anspruchsvollen Kunden eine besondere Beziehung aufzubauen. Wir wollen ihnen nicht einfach nur eine Blechkiste auf Rädern verkaufen und dann sagen: Bitte kommen sie in zwei oder drei Jahren wieder.

Wir versuchen eine permanente Beziehung zum Kunden aufzubauen und diese Beziehung zu pflegen und dabei immer mehr über unseren Kunden zu lernen. So werden wir auch unabhängiger von einzelnen Mitarbeitern, die den Kunden nur an einem Standort betreuen können. Mit diesem System weiß jeder sofort Bescheid. Der Kunde kann den persönlich auf ihn zugeschnittenen Service überall in Anspruch nehmen. Aber die Pflege der Kundenbeziehungen beginnt natürlich nicht erst, nachdem ein Auto gekauft worden ist. Jaguar will sich zum Beispiel einer modernen, jüngeren Klientel, die sich für eine konventionelle Fahrzeugpräsentation im Autohaus nicht begeistern lässt, öffnen. Deshalb haben wir in Deutschland zehn außergewöhnliche Events durchgeführt.

Die Auftaktveranstaltung in München führte Prominente und Persönlichkeiten aus Wirtschaft, Kunst, Design und Unterhaltung zusammen. In einem theatralischen Ambiente mit mehreren Bühnen, einem unterschiedlichen Darbietungsspektrum von Soul bis Disco und verschiedenen internationalen Spezialitäten-Buffets inszenierte Jaguar eine Lifestyle-Party rund um eine spektakuläre Produktpräsentation. Wir wollten Menschen ansprechen, die anders denken und anders sind als die Masse. Insgesamt haben wir mit diesen Events rund 3500 Meinungsführer und Kunden gezielt angesprochen.

Auch Mercedes finanziert schon seit Jahren in Australien die großen Modeveranstaltungen. Seit 2001 geschieht dies auch in New York. Die New York Fashion Week heißt seit der Frühjahrssaison 2001 Mercedes-Benz Fashion Week. Präsentiert werden dort die Kollektionen aller großen Designer, beginnend bei Donna Karan, Calvin Klein, Joop und Helmut Lang. Diese Verknüpfung von Mercedes und Mode findet im Rahmen des so genannten Presence-Marketing statt. Autos sind ein Teil des Lifestyle, über den in den USA hauptsächlich Frauen entscheiden. 1999 wurden in Deutschland zwar auch über 28 Prozent der Autos von Frauen gekauft, aber nur 15 Prozent von ihnen entschieden sich für einen Mercedes. Jaguar hat gerade in diesem Sommer zusammen mit Vogue eine Wohltätigkeitsveranstaltung der besonderen Art zu Gunsten der Macmillan-Krebsfürsorge inszeniert, deren Schirmherr der Sohn der britischen Königin, Prinz Charles, ist. Ort des Ereignisses war das Schloss Waddesdon Manor, erbaut 1874 von Baron Ferdinand de Rothschild und heute noch berühmt für seine Sammlung europäischer Malerei, Möbel und Teppiche. Nicht nur sämtliche Einnahmen flossen dem guten Zweck zu, es wurde auch das Unikat eines Jaguar X versteigert, den der britische Designer Paul Smith zu einem einzigartigen Sammlerstück veredelt hatte. Dem Motto der Veranstaltung «it's fashion!» entsprachen die in der Gartenlandschaft für diese spezielle Nacht erbauten Pavillons, deren Einrichtung von Giorgio Armani, Asprey & Garrard, Gucci, Dior, Alexander McQueen, Donatella Versace, Burberry und der Zeitschrift «Vogue» ganz speziell kreiert worden waren. Tradition, Lifestyle, Mode und die Stars des Jet-set bildeten den Rahmen für mehrere hundert Gäste, die damit auch die Premiere des Jaguar X in Großbritannien erlebten. Es war in England eines der großen gesellschaftlichen Ereignisse des Jahres, da die Liste der Gäste aus Politik, Wirtschaft, Mode, Kunst und Kultur sich als einmalig darstellte und auf höchstem Niveau lag. Eventmarketing ist heute für alle Hersteller wichtig, um die Lebenswelt der Marke über das reine Produkt hinaus darzustellen. Dabei muss alles zusammenpassen, das Design, die Artikel drum herum, der Raum und die Personen, die darin agieren. Eventmarketing soll eine Kundenbeziehung aufbauen. Die Idee ist, dass der Kunde nicht nur das Auto kauft, sondern dass er sich im übertragenen Sinne einem Club zugehörig fühlt, mit dessen Werten er sich gut identifizieren kann. Wenn man dem Kunden nur das Auto gibt, wird das, was er über die Marke erlebt, eben nur durch das Auto, durch das Produkt in der Benutzung kommuniziert. Aber das ist nicht genug. Um das zu verstärken, was er in seinem Auto sieht, stellen wir das Produkt in eine Markenwelt hinein.

Auch im Show-Room eines Autohändlers muss es deshalb eine Lifestyle-Umgebung für das jeweilige Produkt geben. Da können die Automobilunternehmen noch viel von den Luxusmarken wie Prada oder Armani lernen. Dort werden in den Verkaufsräumen wirklich attraktive Umgebungen geschaffen, während bei den

Automobilherstellern, auch im Bereich der Premiummarken, zwar ein gut gemachtes und konsequentes Corporate Design vorherrscht, aber die Showrooms trotzdem nicht den Charakter überdachter Parkplätze
verloren haben. Wenn man bedenkt, wie teuer heute ein
Auto der Oberklasse ist und in welcher simplen Umgebung es angeboten wird, erkennt man, welch ein Nachholbedarf im Bereich Lifestyle noch besteht.

Viele Automobilunternehmen sind nach wie vor in-
genieurgetriebene Entwicklungs- und Produktionsge-
sellschaften, in denen noch zu wenig Wissen über Marketing und Vertrieb vorhanden ist. Die übrigen
Unternehmen der Luxusindustrie sind da deutlich weiter. Sie beherrschen nicht nur ihr Handwerk perfekt,
sondern auch Marketing und Vertrieb. Sie beginnen mit
ihren Überlegungen beim Kunden und bewegen sich
von da aus ins Unternehmen bis hin zur Fertigung. Die
Umgebung, in der ihr Produkt angeboten wird, hat für
sie eine ganz große Bedeutung, und deshalb werden dort
auch große Anstrengungen unternommen, innovativ,
modern, ästhetisch und hochwertig zu sein.

Die Automobilindustrie beginnt jetzt gerade in diesem Bereich aufzuholen, und ich bin überzeugt, dass die
nächsten zwanzig Jahre immer stärker von Vertrieb und
Marketing bestimmt sein werden, weil die Produkte an
sich untereinander vor allem in ihren Eigenschaften
immer austauschbarer werden. Früher haben sich die

Luxusprodukte von einzelnen Herstellern dadurch unterschieden, dass sie über ganz bestimmte Eigenschaften verfügten, die man bei einer anderen Marke nicht ohne weiteres kaufen konnte. Heute hat schon jedes Volumenmodell ABS, elektrische Fensterheber, Fernbedienung, Audioanlagen, Airbag-Systeme und Fahrwerke, die es früher nur in der Luxusklasse gab.

Die Differenzierung der Luxushersteller wird immer schwieriger, weil der Spielraum zur Differenzierung über die reine Technik immer geringer wird. Ein weiterer Aspekt ist die Schnelllebigkeit. Während man früher mit einer bestimmten technischen Lösung seinen Vorsprung über zwei oder manchmal über drei Jahre halten konnte, ist dieser heute auf nur wenige Monate zusammengeschrumpft. Das liegt unter anderem daran, dass alle großen Automobilhersteller mit denselben großen Zulieferern zusammenarbeiten. Früher gab es Tausende von kleinen und mittleren Zulieferbetrieben, die aber alle im Zuge der «Lopez-Ära» entweder schließen mussten oder von größeren Unternehmen oder ihren Wettbewerbern aufgekauft wurden. Dadurch ist es zu einer Synchronisierung des Fortschritts gekommen, weil die Exklusivität nicht mehr hauptsächlich dem Know-how eines Automobilherstellers entspringt, sondern dem eines Zulieferers. Exklusivität lässt sich heute höchstens noch für sechs Monate vereinbaren.

Das Technikniveau, selbst von Basismodellen, ist

heute schon so hoch, dass eine Differenzierung zu den Spitzenmodellen immer schwieriger wird. Deshalb werden Marke, Design, Lifestyle und Kauferlebnis immer wichtiger. Diese Bereiche standen für viele Marken lange nicht im Fokus ihrer Bemühungen und wurden zum Teil nur amateurhaft betrieben. Viele Entscheidungen hat man den privaten Händlern überlassen, die, oft schon aus finanziellen Gründen, nicht das notwendige Markenniveau halten konnten. Wenn aber ein Automobilhersteller diesen Bereich des Kundenkontakts einem mehr oder weniger unabhängigen Händler überlässt, koppelt er sich auch vom Kundenkontakt ab. Zurzeit liegt das eigentliche Wissen über den Kunden fast ausschließlich beim Händler. Er hat eine sehr wichtige Rolle, nur wird sich auch hier vieles verändern müssen.

Bisher war es so, dass ein klassischer Händlerbetrieb aus dem Showroom, dem Neuwagenverkauf, dem Gebrauchtwagenverkauf, dem Service und dem Ersatzteilverkauf bestand. Insgesamt wurden für diese verschiedenen Elemente sehr große Flächen benötigt. Wenn man heute dazu übergeht, Premiummarken nahe an andere Luxusprodukte heranzubringen, dann muss man auch zumindest mit einem Teil des Händlerbetriebes in die Innenstädte, dorthin, wo die Fashionshops und die Schmuckläden sind.

Das ist jedoch auch unter Kostengesichtspunkten nur möglich, wenn man sich für kleinere Showrooms entscheidet, in denen nur Neuwagen verkauft, die Marke repräsentiert und der Kontakt zum Kunden gepflegt wird. Alles andere ist dort nicht unterzubringen. Eine Premiummarke weit außerhalb der Stadt zu verkaufen macht wenig Sinn. Deshalb wird es notwendig, die verschiedenen Bereiche eines Händlerbetriebes zu trennen. Denn der Service muss nicht dort stattfinden, wo der Wagen verkauft wurde. Es ist durchaus denkbar, dass man den Wagen beim Kunden abholt, ihn zum Service bringt und anschließend das Fahrzeug wieder beim Kunden abliefert. Dann ließe sich auch der Service anders organisieren. Es könnten in Zukunft kleine fabrikähnliche Einrichtungen sein, in denen mehrere verschiedene Marken betreut werden. Das braucht dann allerdings eine professionelle Organisation. All diese Vorstellungen lassen sich jedoch nicht mit einer Vielzahl sehr kleiner Händler verwirklichen. Was man braucht, sind große, finanzstarke Partner, die mehrere Marken im Programm haben werden. Für den Kunden ist damit kein Nachteil verbunden, der Autokauf wird für ihn dadurch noch komfortabler und einfacher.

Merchandising – aber richtig

Es ist zurzeit eine weit verbreitete Tendenz, Luxusmarken auch auf Produkte zu übertragen, die mehr oder weniger weit vom Kerngeschäft entfernt sind.

Im Grundsatz sind so genannte Merchandising-Artikel, also Produkte, die um ein Kernprodukt herum angeboten werden und dessen Markenlogo tragen, sehr wichtig, wenn es darum geht, eine ganz bestimmte Lifestyle-Ausprägung zu kreieren und zu kommunizieren. Das sollte für Premiummarken aber nicht dazu führen, dass der Markenname auf Billigstprodukten steht und damit die Positionierung nach unten zieht.

Heute gibt es ja von jedem Automobilhersteller Merchandising-Artikel: Schreibgeräte, Schlüsselanhänger, T-Shirts, die verschiedensten Formen der Bekleidung bis hin zu Schuhen, sogar Rodelschlitten. Manchmal betritt man den Showroom eines Autohändlers und fragt sich, ob man nicht versehentlich in einem Spielzeuggeschäft gelandet ist. In 90 Prozent der Fälle handelt es sich um Produkte, durch die die Marke verwässert wird. Lizenznehmer halten Qualität oft nicht für wichtig, weil sie glauben, dass der Verbraucher auch Billigprodukte akzeptiert, wenn sie ein wertvolles Label tragen. Natürlich verdienen auch die Automobilunternehmen und die Händler ein bisschen Geld, aber es wäre besser, wenn die Firmen sich darauf konzentrierten, mit ihrem zentralen Produkt Umsatz und Gewinn zu machen – und nicht mit Merchandising-Artikeln.

Jede Marke muss sich ganz genau darüber im Klaren sein, wofür sie steht und welche Artikel um das Auto herum wirklich noch glaubhaft sind und zum Typ der

Fahrzeuge passen. Dabei ist es wichtig, dass auch die Umsetzung markenadäquat erfolgt, das heißt, dass zum Beispiel Kleidungsstücke mit einem Jaguar-Label auch jaguarmäßig in ihrer Qualität, in ihrer Hochwertigkeit und in ihrer Substanz sein müssen – und nicht nur in ihrem Preis. Wenn es diesen Produkten gelingt, zu Kultartikeln zu werden, so ist das der Idealfall.

Wenn es also einem Autohersteller gelänge, die besten Espressomaschinen der Welt zu konstruieren, deren Design und Funktion preisgekrönt werden, dann erhöht das natürlich die Attraktivität der Marke und stützt sie, weil es die technische Kompetenz auch auf anderen Gebieten untermauert. Es käme in diesem Fall darauf an, zu zeigen, dass man nicht nur tolle Autos machen kann, sondern dass alles, was dieses Unternehmen in die Hand nimmt, zu Spitzenqualität wird. Das verschafft auch dem Produkt Auto mehr Glaubwürdigkeit. Es kommt darauf an, zu demonstrieren, dass alles, was dieses Unternehmen anfasst, gelingt und dass man auf allen Gebieten besser ist als andere.

Ein Merchandising-Artikel aus dem Bereich Auto muss also so herausragend in seiner Produktgattung sein, dass es hilft, die Kompetenz des Unternehmens generell zu verstärken. Deshalb ist weniger oft auch mehr. Ein paar Geschenkartikel reichen, aber was heute zum Teil geschieht, dass nämlich in jedem Land andere Produkte mit dem Markenzeichen eines Autoherstellers versehen werden, zeigt, dass viele die Kontrolle über ihre Marke an Lizenznehmer abgegeben haben.

Wer in einem Unternehmen eine Kultur der Detailbesessenheit und des Markenbewusstseins schaffen möchte, kann nicht hinnehmen, dass man genau diese Marke auf Billigartikeln verramscht. Für mich ist es fraglich, ob man Jaguar die Kompetenz zubilligt, ein Kleidungsstück zu machen, das nicht irgendwo einen Bezug zur Marke hat. Bei Land Rover kann ich mir zum Beispiel sehr gut eine Artikelserie vorstellen, die um die Themen Jagd, Auto und Outdoor herum gruppiert ist, überzeugende, hochwertige, perfekte und auch in hohem Maße funktionelle Produkte. Land Rover steht für Abenteuer, Freiheit, aber auch für England, und dazu passen sehr viele Produkte mit Country Style. Bei Jaguar sehe ich eher den Golfsport oder eine feine Lederjacke.

Werbung – zwischen Kreativität und Markenbotschaft

Werbung ist heute nicht so sehr der Wettbewerb der Autofirmen, sondern der Wettbewerb der Werbeagenturen. Viele Autofirmen bezahlen den Werbeagenturen viel zu viel Geld dafür, dass diese sich als besonders kreativ darstellen können. Im Rausch der Kreativität geht die eigentliche Markenbotschaft, die transportiert werden soll, häufig verloren und erreicht den Kunden nicht. Werbung, die Gags um ihrer selbst willen betreibt, hat keine Wirkung. Deshalb sind viele Werbepreise, die für Kreativität vergeben werden, fragwürdig. Sie zeigen mitunter, dass Unternehmen eher die Selbstdarstellung ihrer Agenturen unterstützen, als darauf zu achten, dass die Markenbotschaft die gewünschte Zielgruppe erreicht.

Mein Lieblingsbeispiel ist Marlboro. Über Jahrzehnte wurde das Thema Freiheit und Abenteuer mit Cowboys und Grand Canyon konsequent durchgehalten. Alle Werbemaßnahmen besaßen eine hohe Selbstähnlichkeit, wodurch die Marke immer mehr gefestigt und ausgebaut wurde. Wenn man einen Cowboy zeigte, wusste jeder: Hier ist Marlboro gemeint. Man hätte sogar ein Marlboroplakat zerschneiden können und nur einen Teil des Cowboyschuhs zu zeigen brauchen. Jeder hätte gewusst, es ist Marlboro.

Hier hat sich die Werbung, die über Jahre und Jahrzehnte bezahlt wurde, positiv ausgewirkt, was nicht der Fall sein kann, wenn man ständig mit einer neuen Agentur eine neue Kampagne startet und auf der Suche nach Identität hin und her springt. Die Werbung vieler Luxusartikelhersteller befindet sich heute auf einem so hohen Niveau, dass sie oft nicht mehr differenzieren kann.

Die stärksten Kommunikatoren von Marken sind Farben, weil sie auch am schnellsten Botschaften übermitteln. Eine Marke, die eine eigenständige Farbe besitzt, verfügt über einen unschätzbaren Wert. Cartier mit dem Weinrot, was aber gerade geändert wird, Tiffany mit Blau-Grau, auch Suchard mit seiner lila Kuh gehören in diese Kategorie. In der Automobilbranche besitzt Ferrari das Rot. Und wir bei Jaguar haben die Chance, das British Racing Green dauerhaft zu etablieren. Grün ist zwar nicht so stark wie Rot, aber es hat im Zusammenhang mit Jaguar bereits eine große Bekanntheit. Volvo ist dabei, für sich einen eigenen Blauton zu besetzen, und PAG ist bestrebt, jeder Marke eine eigenständige Farbe zuzuordnen, die einen hohen Wiedererkennungswert hat und einen Wert an sich darstellt. Die Post ist gelb und die Telekom rosa-grau. Irgendwann werden alle Farben besetzt sein.

Im Rahmen der Medienflut wird die konventionelle Werbung hinsichtlich ihrer Effizienz immer fragwürdiger. Deshalb spielen PR und Sponsoring eine ganz große Rolle. Es muss allerdings so durchgeführt werden, dass es sich auf dem Niveau der Marke befindet. Sponsoring ist im Rahmen der Kommunikation zwar ein wichtiges Feld, aber es ist auch ziemlich teuer. Viele Sportarten sind dadurch schon zum reinen Kommerz geworden. Es kommt immer darauf an, dass ein glaubwürdiger Brückenschlag zur Marke hergestellt wird, und nicht nur, dass irgendwelche prominenten Spieler auftreten. Es reicht nicht, dass einmal das eine Unternehmen und dann wieder ein anderes mit einem bestimmten Ereignis auftritt. Ein gutes Beispiel ist Volvo: Das Unternehmen hat das professionelle Golfspielen nach Europa gebracht.

Sehnsucht nach Autos mit Charakter

Das Entwickeln von Automobilen war schon seit jeher mehr als das Konstruieren komplexer Maschinen. Automobile haben seit ihrer Erfindung die Menschen auch persönlich bewegt. Sie werden von Menschen nicht nur bedient, sondern sie verleihen uns die Möglichkeit zur individuellen Mobilität. Dabei wird der Mensch Teil des Systems der Maschine: Er erfährt die Beschleunigung, lauscht dem Geräusch des Motors, kann den Fahrtwind spüren und sich an der Ästhetik der Maschine erfreuen.

Automobile, die diese Sinne in besonderem Maße angesprochen haben, waren seit jeher faszinierend – sozusagen emotionale Ingenieursprodukte. Die gestalterische Freiheit war in den ersten Jahrzehnten nach der Erfindung des Automobils relativ groß. Der Chefkonstrukteur kannte jede Detaillösung und konnte auf diese Weise das Gesamtprodukt persönlich gestalten. So haben Automobile Charakter gewonnen.

Heute ist das alles anders. Aufgrund ihrer überragenden Vorteile sind Automobile längst zu Massenprodukten geworden. Ein Modell mit einer jährlichen Produktionskapazität von rund 50 000 Einheiten erfordert bereits einen Einmalaufwand von mehr als einer Milliarde D-Mark, und an seiner Entwicklung sind mehrere tausend Menschen beteiligt.

Preiswerte Massenproduktion zwingt zu fertigungsgerechten Lösungen, jedes Einzelteil wird kosten- und gewichtsoptimiert, alle Beteiligten sind Hunderten von Einzelanforderungen ausgesetzt, die zahlreiche Zielkonflikte beinhalten.

Heute spielen Fahrleistungen, Kraftstoffverbrauch, Emissionen, Herstellkosten, Fahreigenschaften, Sicherheit, Komfort, Geräuschoptimierung bis hin zum Recycling der eingesetzten Wertstoffe eine entscheidende Rolle. Das Management der Komplexität ist die neue Herausforderung. Für den Detailkonstrukteur am Bildschirm wird es immer schwerer, abzuschätzen, wie sich die Änderungen seines Konstruktionsentwurfes auf den seiner Kollegen auswirken.

So kann es nicht überraschend sein, dass ein neues Automobil im Grunde zwei- bis dreimal konstruiert wird, bevor es in die Produktion geht. Die Fehler des einen bedeuten Änderungen beim anderen – eine gigantische Änderungs-Koordinations-Prozedur ist permanent dabei, sicherzustellen, dass das Endprodukt die gewünschten Eigenschaften erhält und sich innerhalb der vorgegebenen Ziele bezüglich Einmalaufwand, Herstellkosten, Terminen, Gewicht und so weiter bewegt.

Unglücklicherweise aber hat dieser moderne Prozess der computergesteuerten Konstruktion von Massenautomobilen innerhalb riesiger Organisationseinheiten eine weitere Konsequenz: Es wird immer schwieriger, dem derart arbeitsteilig generierten Produkt einen eigenständigen Charakter zu geben.

Ein besonders kreativer und starker Designer kann mitunter noch dafür sorgen, dass das Endprodukt im Umsetzungsprozess nicht zu sehr an Konturen verliert. Aber das, was wir heute massenweise auf den Straßen sehen, sind eben genau diese durchoptimierten Ergebnisse eines extrem arbeitsteiligen Entstehungsprozesses, an dem Hunderte von Restriktionen durch Hunderte von Teams mit Tausenden von Menschen beteiligt sind.

Die gute Nachricht ist: Es gibt praktisch keine schlechten Automobile mehr – selbst die Qualität und Zuverlässigkeit besonders preiswerter Autos ist heute höher als die besonders teurer Automobile von vor zwanzig Jahren. Auch werden die Fälle immer seltener, in denen die Produktion wegen «Hässlichkeit» eingestellt werden muss – irgendwie sehen nahezu alle Automobile einigermaßen ordentlich aus.

Aber die schlechte Nachricht ist: Die emotionalen Ingenieursprodukte mit einzigartigem Charakter werden immer rarer.

Erfolgreiche Großkonzerne erkennen jedoch zunehmend, dass die massenhaft hergestellten Fahrzeuge sich immer weniger von denen der Konkurrenz unterscheiden. So haben sich in letzter Zeit einige führende Hersteller noch ganz schnell die letzten großen Traditionsnamen der Automobilgeschichte zugelegt, um durch die Revitalisierung dieser Legenden der sterilen Masse des Kerngeschäftes etwas Glamour zu verleihen.

Inwieweit das funktioniert, wird sich zeigen. Zum einen wird es äußerst schwierig sein, mit derartigen Nischenprojekten bei einer exklusiven Stückzahl eine Rendite zu erwirtschaften.

Zum anderen wird es besonders kreativer Marketingansätze bedürfen, um einen glaubwürdigen Imagetransfer von legendären Supersportwagen zum «Volks-Wagen» herzustellen.

Und schließlich wird man wieder einen Chefkonstrukteur benötigen, der es versteht, die heutigen Gesetzesanforderungen zu erfüllen und dennoch dem Produkt einen ganz eigenen Charakter zu geben – einen Charakter, der dem Markenkern der Edelmarke entspricht. Selbst wenn sich diese Prestigeobjekte finanziell nicht direkt lohnen, so kann darin vielleicht ein Ansatz gefunden werden, die Entwicklung von Automobilen wieder zu vereinfachen. Das wäre ein lohnender Fortschritt – vom Primitiven über das Komplizierte zum Einfachen.

Als BMW mich zum Entwicklungsvorstand berief, standen wir mit dem neuen Modell der Siebener-Baureihe eineinhalb Jahre vor Serienanlauf. Unser Ziel war es, durch eine Neuentwicklung mit der S-Klasse von Mercedes gleichzuziehen oder sie sogar in der Käufergunst zu schlagen. Doch ich bezweifelte, dass wir das mit dem damaligen Modellentwurf schaffen würden. Das Fahrzeug wirkte nämlich von der Größe her mehr wie der Audi 100 jener Zeit, also ziemlich schmal. Der von Audi zu BMW gewechselte Konstrukteur verfolgte die Idee eines Fahrzeugs mit günstigem Cw-Wert (Luftwiderstandswert). Diesem Wert hatte er alles untergeordnet und sich deshalb für wenig Frontfläche entschieden. Damit war aber der Charakter des Autos auf der Strecke geblieben, und es hätte auch nicht den Erwartungen der anspruchsbetonten Kunden in diesem Segment entsprochen.

Wir entschieden uns, den Wagen in der Mitte «durchzuschneiden» und um 40 mm breiter zu machen. Was natürlich nur bildhaft in der Mitte durchgeschnitten hieß, denn das Auto musste praktisch neu entwickelt werden. Alles wurde verändert, die Front, die Haube und das Heck. Aber auch innen war alles breiter zu konstruieren, sonst wäre das kein Luxusautomobil geworden. Insgesamt haben wir dafür viele Monate Verzögerung in Kauf genommen, aber der Erfolg hat BMW Recht gegeben. Mit einem solchen Entwurf hatte Mercedes nicht gerechnet. Wir verfügten nun über einen Siebener, der die S-Klasse als vollwertiger Wettbewerber herausfordern konnte.

Aerodynamische Autos zu bauen lag damals im Trend. Solange viele Autos schlecht im Cw-Wert waren, haben gute Autos sich damit als fortschrittlich hervorgetan. Aber das als alleiniges Positionierungsmerkmal für ein Luxusprodukt zu nehmen, wäre ein fataler Fehler gewesen.

Die Zukunft der automobilen Gesellschaft

Dass die Automobilhersteller in Zukunft nicht mehr nur Autos bauen, sondern Mobilität gewährleisten werden, habe ich bereits ausgeführt. Dass Autos trotzdem mehr sein werden als nur Transportmittel, dürfte leicht verständlich sein. Wenn es heute noch Sportwagen gibt, bei denen die Heizung und ein Aschenbecher zur Sonderausstattung gehören, mag dies vielleicht zu einer konsequenten Produktphilosophie gehören, ist aber sicherlich nicht zukunftsweisend. Die Zukunft wird darin bestehen, dass das Auto nicht nur in ein komplexes kommunikatives Netzwerk eingebunden ist, sondern auch selbst über solche Kommunikationsnetze verfügt, um noch mehr Komfort, Orientierung und Sicherheit zu gewährleisten.

Die dritte Revolution der Automobilindustrie

Die Automobilindustrie steht zurzeit mit den verschiedensten Konzepten zur Individualisierung vor ihrer dritten Revolution. Die erste Revolution war die Einführung der Massenproduktion am Fließband durch Henry Ford im Jahre 1913. Die zweite Revolution war

die Einführung der schlanken Produktion, Lean Production, nach japanischem Vorbild.

Die Idee der Lean Production war in Japan in der Zeit
zwischen 1950 und 1960 ausgearbeitet worden und ist
in den folgenden Jahrzehnten von der gesamten japanischen Automobilindustrie und auch von den europäischen und amerikanischen Unternehmen übernommen
worden. Sie wurde sehr ausführlich von James P. Womack in seinem Buch «The Machine that changed the
World», erschienen im Jahre 1990, beschrieben. Der
deutsche Titel lautete «Die zweite Revolution in der
Autoindustrie».

Womack schildert auch sehr schön, wie in der Zeit
vor Henry Ford Automobile gebaut und erworben wurden. Autohändler gab es keine. Man wandte sich direkt
an einen Autohersteller, von denen es in Europa nur
wenige gab; diese Firmen fertigten damals übrigens
auch noch alle möglichen anderen Maschinen. Eines
dieser Unternehmen war Panhard et Levassor in Paris.
In England gab es zu der Zeit noch niemanden, der Automobile fertigte. Bei Panhard et Levassor gab es nun
eine Reihe von Handwerkern, die zum Teil auch unabhängig vom Unternehmen waren, im heutigen Sinne
Zulieferer, die das Auto nach Wunsch des Kunden bauten. Kein Auto glich dem anderen, selbst wenn es nach
denselben Plänen hergestellt wurde.

Man fertigte alle Teile so, dass sie gut aussahen und

gut zusammenpassten, sodass zum Beispiel die Kotflü-
gel einmal etwas breiter, einmal etwas höher ausfielen.
Das lag ganz einfach an der handwerklichen Fertigung
und ist für uns heute sicherlich nicht von Relevanz. Interessant ist aber, dass damals hauptsächlich Geschwindigkeit und individuelle Gestaltung in den Details für
den Käufer eine Rolle spielten. Dass das Auto funktio-
nierte, war für ihn selbstverständlich, aber nicht etwa
weil die Technik problemlos war, sondern weil man zu
der Zeit als Mitglied der gehobenen Gesellschaft, und
nur die konnte sich ein Auto leisten, dieses nicht selbst
bediente, sondern einen Chauffeur und oft auch noch
einen speziellen Mechaniker beschäftigte. Die individuelle Gestaltung des Fahrzeugs ging so weit, dass man
auch die Schaltung, Brems- und Gashebel dort hinlegte,
wo der Kunde sie gern haben wollte, rechts oder links
vom Lenkrad, das zu jener Zeit ohnehin in der Mitte saß.

James P. Womack beschreibt sehr genau die Merkmale der handwerklichen Produktion. Es gab hoch qualifizierte Arbeitskräfte, die aufgrund ihrer Qualifikation
selbständig arbeiteten. Es gab eine dezentrale Organisation von kleinen Werkstätten, die nach Kundenwunsch
die Teile zulieferten, und es gab eben eine Produktionsweise, die so organisiert war, dass nicht notwendigerweise Kosten im Mittelpunkt aller Interessen standen, sondern das einzelne Fahrzeug. Japanische Kaizen-Manager
sprechen in diesem Zusammenhang heute von der Los-

größe = 1. Alle Unternehmensprozesse und organisatorischen Maßnahmen waren darauf ausgerichtet, ein einzelnes, individuelles Auto zu einem vom Kunden akzeptierten Preis zu bauen.

Das große Problem dieser Produktionsweise war vor Beginn der Massenfertigung, dass die kleinen und unabhängigen Werkstätten nicht in der Lage waren, die notwendigen technischen Weiterentwicklungen durchzuführen, sondern den bestehenden Fertigungsmöglichkeiten verhaftet blieben. Das ist heute nun ganz anders. Individualisierung ist deshalb wieder eine Revolution im Automobilbau, weil hier alle drei Elemente der Vergangenheit zusammenfließen, die Vorteile der Massenproduktion, die Vorteile der schlanken Produktion und die Vorteile der handwerklichen Produktion. Aus jedem Bereich nimmt man das Beste und fügt es zum Nutzen der Kunden zusammen, sodass im Endergebnis ein hoch individuelles Produkt auf höchsten technischen Standards zum bestmöglichen Preis entstehen kann.

PAG – anders und besser,
fünf Marken statt einer

Als wir die Premier Automotive Group gründeten und die bis dahin unabhängig und selbständig agierenden Marken unter einem gemeinsamen Dach zusammenfassten, war es zuallererst notwendig, sich eine genaue Vorstellung von den Marken und deren jeweiliger Positionierung zu machen. In diesem Zusammenhang wurde für jede einzelne Marke die zukünftige Ausrichtung definiert und klargelegt, welche Marktsegmente wir mit Jaguar, mit Volvo, mit Aston Martin, mit Lincoln Mercury und inzwischen auch mit Land Rover belegen würden. Der große Vorteil der PAG war von Anfang an, dass die fünf Marken sich fast ideal ergänzten und sie in ihrer individuellen Ausprägung praktisch nicht zu kopieren sind.

Nur wenige Kunden, die sich für einen Jaguar interessieren, werden einen Volvo als Alternative in Betracht ziehen. Beim Jaguar sind Emotionen, Styling, Fahrleistung, Fahrspaß und Dynamik die wichtigsten Aspekte. Bei Volvo steht hingegen mehr der rationale Markenkern im Vordergrund. Diese Marke definiert sich stark über rationale Eigenschaften wie Sicherheit, Robustheit, Familientauglichkeit und variable Transportmöglichkeiten. Damit sind diese beiden Marken auf völlig verschiedene Käufergruppen ausgerichtet. Auch wenn sie in einem ähnlichen Preisgefüge liegen, sind sie doch keine Konkurrenten. Das heißt, bei PAG überlappen sich die Produkte kaum, sie substituieren sich auch nicht, sondern decken in sich ergänzender Form alle Segmente des Premiumbereichs ab.

Als wichtigstes Koordinierungsinstrument haben

wir ein internes Marken-Buch entwickelt, unsere
Brand-Bible, in der alles genau festgelegt wird, was im
Zusammenspiel der Marken zu berücksichtigen ist.
Ganz exakt wird darin beschrieben, was im Umgang mit
jeder einzelnen Marke erlaubt und was nicht erlaubt ist,
was bei der Werbung zu beachten ist, wie ein Händlerbetrieb aussieht, welche Marke welche Farben verwendet und welche Materialien in welcher Konstellation
nebeneinander auftauchen dürfen. Diese Brand-Bible
war unabdingbar, um im Gesamtkonzern über eine einheitliche Kommunikationsplattform zu verfügen. Sie
schafft einerseits Transparenz, unter anderem indem sie
die zuständigen Ansprechpartner bei den verschiedenen
Marken nennt, und gibt andererseits klare Antworten
auf bis dahin ungeklärte Fragen. Ein Außenstehender
kann sich kaum eine Vorstellung davon machen, wie
viele Menschen innerhalb der PAG vernetzt miteinander oder parallel zueinander arbeiten. Das beginnt bei
der Planung des Materialeinkaufs in den verschiedenen
Fertigungsstätten und reicht bis zur Schaufenstergestal-
tung bei einem der unzähligen Händlerbetriebe rund
um den Globus.

Die Brand-Bible darf man sich nicht als ein Buch mit
unveränderlichen Weisheiten vorstellen. Sie ist höchst
lebendig, sie wird laufend aktualisiert und fortgeschrie-
ben, denn auch die Strukturen im Unternehmen, die
Märkte, die Technik und die Kundenwünsche verändern

sich ständig. Deshalb ist die Brand-Bible eine höchst komplexe Datensammlung, die den verschiedenen Verantwortungsbereichen auf elektronischem Wege immer in der aktuellsten Fassung zur Verfügung steht. Als Grundlage des zukünftigen Erfolgs war es notwendig, viele Fragen zu klären, die sich vorher nicht gestellt hatten. Was ist zu beachten, damit keine Verwässerung einzelner Marken und kein unguter gegenseitiger Einfluss entsteht, damit man die Marken sauber getrennt hält? Wo dürfen Dinge gemeinsam gemacht werden und wo nicht? Wie wird die jeweilige Markenposition eingenommen und mit welchen Modellen?

Dann wurde festgelegt, welche Produkte wir noch zusätzlich zu den bestehenden brauchen. Nahezu jeder Autohersteller hat heute beispielsweise ein Sport Utility Vehicle (SUV) im Programm. Es macht aber keinen Sinn, für Jaguar eines zu entwickeln, weil wir dafür Volvo haben – oder in Amerika noch Lincoln Mercury. Dass Volvo ein SUV und Jaguar einen Roadster braucht, das war schon gleich nach der Gründung der PAG 1999 ziemlich offensichtlich. Also laufen jetzt die Vorbereitungen, um solche Autos zu bauen.

Zu den wichtigsten Einrichtungen der PAG gehören die in sich rückgekoppelten Informationskreisläufe. Wir machen permanent Testfahrten, parallel mit unseren Prototypen, mit unseren Serienautos und natürlich auch mit den Fahrzeugen unserer Wettbewerber. Dabei analysieren wir ganz genau die jeweiligen Stärken und Schwächen. Zusätzlich erhalten wir natürlich die gesamten Rückmeldungen aus dem Markt, wo zum Beispiel die Qualität verbessert werden muss und wie wir in Vergleichstests in den maßgebenden Automagazinen der Welt abschneiden, vor allem in den USA, in England und in Deutschland.

Ein besonders großes Augenmerk richten wir auf die Profile unserer Marken. Wo stehen wir heute, und wo wollen wir in drei oder fünf Jahren sein? Zu diesem Zweck machen wir so genannte Spider-Diagramme, in denen die verschiedenen Kriterien erfasst werden. Sie sehen aus wie Spinnennetze, daher der Name. Den äußeren Rahmen bildet meist das Soll-Profil, in unterschiedlichen Abständen dazu liegen die gegenwärtigen Positionen. Die Ausprägung der Zuverlässigkeit ist zum Beispiel im Imageprofil der Marke Jaguar noch nicht an dem Punkt, an dem sie sein soll.

Zwischen dem Ist- und dem Soll-Profil besteht also noch eine Lücke, die zu schließen ist. Aber welche Maßnahmen sind dafür die geeignetsten? Was ist die tatsächliche Ursache für diese Differenz zwischen Soll und Ist? Zum Teil besteht zwischen dem, was die Menschen draußen im Markt wahrnehmen, und dem, was die Marke tatsächlich bietet, schon ein Unterschied. Das Image ist generell schwerer zu ändern als Fakten. Man muss unter Umständen viele Jahre lang qualitativ sehr viel besser sein als bisher, bis es anerkannt wird und das Image sich ebenfalls ändert. Das kostet viel Zeit, die man heute in keiner Branche mehr hat.

Deshalb muss man sich überlegen, wie man den Ruf-Aufbau beschleunigt. Dafür gibt es verschiedene Möglichkeiten. Im Bereich der Technologie bietet sich zum Beispiel die Teilnahme an der Formel 1 an. Wenn es gelingt, dort Profil zu gewinnen, dann lässt sich die Marke Jaguar glaubhaft mit Technikkompetenz auffüllen. PAG nutzt also verschiedenste Marketinginstrumente, um die Zeit abzukürzen, die man sonst bräuchte, um mit der Verbesserung der Serienprodukte allein das zukünftige Image-Soll-Profil zu erreichen.

Im Rahmen des Marketing sind auch die Werbeagenturen gefordert, vorausschauend das gewünschte Soll-Profil der Marke zu entwerfen. Zukünftig muss die Werbung progressiver werden und den Markenkern noch genauer treffen. Das ist ein wichtiger Teil der Markenkonsistenz. Aber auch das Produkt muss konsistent sein: wie es aussieht, wie es sich verhält, wie es fährt; wie es der Kunde erlebt, wie es verarbeitet ist, wie zuverlässig es ist; wie es sich anfühlt, wenn man es fährt; wie es auf der Straße ausschaut, wenn es fährt oder steht. Dieses Ganze muss konsistent geführt werden. Und es ist ein permanenter Prozess mit Hunderten von Kleinigkeiten jede Woche, Tausenden übers Jahr.

Jeder Schritt in der Entwicklung der Autos ist wich-

tig. Permanent werden die Prototypen gefahren und beurteilt: Wo sind wir eigentlich gut genug, wo müssen
wir noch besser werden? Die Verarbeitungsqualität ist
ganz wichtig. Touch and feel: die Oberflächenstrukturen
im Innenraum. Spaltmaße: Wie nimmt der Kunde solche Details wahr? Es laufen zahlreiche Verbesserungs-
programme in Sachen Qualität und Verarbeitung, die
schon Früchte tragen. Am wichtigsten ist es, die Einstel-
lung der Mitarbeiter zu ändern. Deshalb muss man dafür sorgen, dass sich in den Schlüsselpositionen die richtigen Führungskräfte befinden, die die Notwendigkeit
dieser Strategie verstehen und die in der Lage sind, sie
umzusetzen. Man muss einerseits permanent motivieren und auf der anderen Seite ehrgeizige Ziele setzen,
die aber nicht zu ehrgeizig sein dürfen, sodass sie auch
noch erreicht werden können. Kurzum, es geht darum,
alle Unternehmen der Gruppe permanent durch anspruchsvolle Zielvorgaben auf Trab zu halten. Ich kann
den Rahmen abstecken, punktuell manchmal einsteigen,
mich auch bewusst um Details kümmern und damit
selbst vorleben, was ich fordere.

Im Grunde ist zwischen sechzig und achtzig Prozent
dessen, was den Erfolg bei Volvo, Jaguar und Land Rover ausmacht, dasselbe. Es sind die Grundlagen, die in
Ordnung sein müssen. Die Qualität muss stimmen und
die Technologie, es muss das Vertriebssystem stimmen
und das gesamte Bestellsystem, vom Neuwagen bis zum

letzten Ersatzdichtring. Eine spezielle Idee bei der PAG ist die, dass wir, wo immer wir es einrichten können, so genannte Mehrmarkenhändler haben werden.

Technische Gemeinsamkeiten nutzen

Unsere Automarken können durchaus einheitliche Strukturen in den Grundtechnologien aufweisen. Es spricht nichts dagegen, wenn die elektrische Grundstruktur in einem Volvo und einem Jaguar gleich ist. Das gilt zum Beispiel auch für das Navigationssystem, das zwar eine markentypische Benutzeroberfläche bietet, dahinter aber mit den gleichen elektronischen Komponenten arbeitet. Da man ein solches System nur einmal entwickeln muss, hat man deutliche Kostenvorteile. Und wenn es nur einmal entwickelt wird, ist es in der größeren Serie auch zuverlässiger, als wenn man viele unterschiedliche Varianten mit voneinander abweichenden Lösungen verwendet. Die Handhabung wird natürlich auch in den Werkstätten einfacher werden, weil man die Mitarbeiter nur einmal mit dem neuen Produkt vertraut machen muss.

In ein paar Jahren wird ein Volvo im Service fast identisch so zu handhaben sein wie ein Jaguar oder ein Land Rover. Natürlich wird es immer noch zahlreiche jaguarspezifische und volvospezifische Details geben, aber die grundsätzlichen Motorstrukturen, die zahlrei-

chen elektronischen Mess- und Regeleinheiten, die in
den modernen Autos stecken, die Hilfssysteme, die der
Fahrer zwar nutzt, aber nie bewusst wahrnimmt, sie alle
lassen sich vereinheitlichen. Es verdirbt weder den Pro-
duktcharakter, noch verwässert es ihn, weil es der elektrischen Energie egal ist, durch welches Bordnetz sie
fließt, solange es nur hervorragend funktioniert.
Unterschiedlich muss nur sein, wie sich das Auto
dem Kunden darstellt. Denn er kauft sich ja in eine Markenwelt ein und will diese auch erleben. Er will keinen
Ford, wo nur Jaguar draufsteht, er will den Jaguar pur
und in sich konsistent. Sowohl in einem puren Jaguar
als auch in einem puren Volvo gibt es elektrische Sitz-
verstellungen, deren Innenleben nicht markenspezifisch
ausgelegt sein muss. Sie sollten nur schnell und gut
funktionieren und außerdem in der Bedienung einfach
und logisch sein. Also spricht nichts dagegen, alle Elek-
tromotoren, alle Stellmotoren und alle Fensterheber zu
standardisieren.

Bei der PAG gibt es deshalb ein ganz einfaches
Prinzip, wir unterscheiden zwischen «frontstage» und
«backstage», also was vor und hinter dem Vorhang der
Bühne passiert, auf der wir unseren Auftritt haben. Alles, was der Kunde sieht und was ihn interessiert, wird
frontstage für jede Marke separat gemacht, beim Fahrzeug wie auch im Vertrieb. Aber «backstage» wird effizient nach einheitlichen Prinzipien verfahren. Dazu

gehören die Teile, die gleich sein können, genauso wie die Serviceabläufe beim Händler oder das Bestellsystem.

Worauf wir hinarbeiten, ist ein intelligentes Spiel der Vereinheitlichung von Prozessen und Komponenten. Wir haben heute fünf Bestellsysteme, wir wollen aber nur eines haben. Wenn man bei einem Volvo-Händler sein Auto bestellt und mit dem Verkäufer vor dem Bildschirm sitzt, um die Bestellung und seine individuellen Wünsche durchzugeben, ist es nicht notwendig, dafür ein spezielles Volvo-Computerprogramm zu haben. Es reicht ein universelles Datenverarbeitungssystem, das einmal entwickelt und überall einsetzbar ist.

Im Verbund der Marken besteht die Chance, auch für die relativ kleinen Marken immer die modernste Technik in der Datenverarbeitung einzusetzen, etwas, das sich Jaguar allein nie hätte leisten können. Die Datenverarbeitung braucht nicht künstlich separat zu laufen. Wenn man auf einen Knopf drückt und seinen Jaguar in Auftrag gibt, kann das Computersystem, über das der Auftrag zu Jaguar gelangt, doch dasselbe sein wie für Volvo.

Unsere Vorstellung bei PAG ist, dass wir die Kosten reduzieren, wo immer wir können, und uns bei der Gelegenheit gleichzeitig den neuesten Stand der Technik durch Standardisierung leisten, überall dort, wo die Marken nicht berührt werden. Damit haben wir dann

ausreichende Mittel zur Verfügung, um uns dort etwas
leisten zu können, wo die Marken differenziert werden
müssen, wo ein Jaguar anders sein muss als ein Volvo.
Dort verwenden wir keine Gleichteile. So wie eine Hand
fünf verschiedene Finger hat, sind auch die fünf Marken
in Richtung Kunde orientiert – er nimmt sie getrennt
wahr. Aber wenn man die ganze Hand und den Arm betrachtet, bilden sie eine kraftvoll funktionierende Einheit. So ist es auch in der Herstellung, in der Entwicklung der Produkte und im Management der Fabriken
und Unternehmen. Je weiter man die Prozesse zu ihren
Ursprüngen verfolgt, desto mehr Synergien und Ge-
meinsamkeiten gibt es.

Fünf Marken, ein Händler

Auf der Ertragsseite versprechen wir uns einen Vorteil
davon, wenn die Händler alle unsere Marken aus einer
Hand anbieten. In den USA sind das fünf, in Europa sind
es zurzeit noch vier. Wir suchen in jeder Stadt den
stärksten Händler, der soll alle Marken von uns bekommen, sodass dann im Idealfall an einem Platz Volvo,
Jaguar, Land Rover und Aston Martin zusammen präsentiert werden. Wenn der Händler es versteht, die Kundenbeziehung richtig zu pflegen, hat er die Chance,
demselben Kunden je nach dessen Bedarf verschiedene
Fahrzeuge zu verkaufen.

Unser Ansatz ist, dass wir die Garagen von den Menschen, die heute schon mehr als ein Auto besitzen, mit unseren Fahrzeugen bestücken wollen. Anspruchsvolle Menschen, die genug Geld haben, suchen für unterschiedliche Zwecke auch verschiedene Fahrzeuge, einen Sportwagen, eine Luxuslimousine, einen Off-Road-Wagen und einen Kleinwagen für die Stadt. Warum sollen sie die nicht alle bei einem Händler kaufen, zu dem sie ein gutes Verhältnis haben? Er versorgt sie mit der Mobilität, die sie brauchen. Die Händler präsentieren die Marken aber immer getrennt und separat. Sie haben nicht in einem Showroom alle Autos stehen, sondern stellen sie nebeneinander aus, wie in einer Shopping Mall, einer Luxus-Shopping-Mall.

Nur wenn ein Händler alle unsere Marken führt, kann er einem Kunden auch die verschiedenen Konzepte anbieten und so verhindern, dass dieser zu einem Wettbewerber abwandert. Zum Beispiel, wenn der Kunde heute ein Off-Road-Fahrzeug fährt und dann noch eine Limousine braucht. Wenn sein Händler nur Land Rover vertritt, dann konnte er bisher keine Luxuslimousine verkaufen – weil er sie nicht hatte. Wenn aber der Händler jetzt Land Rover und Jaguar vertritt, vervielfacht er seine Chancen beim Kunden.

Insofern glauben wir, dass der Handel gemeinsam mit der PAG besonders gute Kundenbeziehungen aufbauen kann. Customer Relationship Marketing ist das

Schlüsselwort der Zukunft. Dies ist jedoch nur dann richtig möglich, wenn man einen genügend hohen Durchsatz hat. Den kann keine unserer Marken allein gewährleisten. Zusammen genommen können wir aber schon fast 900 000 Autos pro Jahr verkaufen. Im Jahre 2000 waren es immerhin schon 880 000 Stück.

PAG ist kein großer Dampfer, sondern ein Flottenverband, der aus kleineren, aber beweglichen Schiffen besteht, mit denen wir sehr agil in den Märkten operieren können. Damit sind wir in der Lage, uns auf alles, was in Zukunft kommen wird, schneller einzustellen. Wenn sich morgen ein neuer Trend entwickelt, zum Beispiel für ein Cross-over-Vehicle, dann haben wir bestimmt eine Marke, zu der ein solches Fahrzeug gut passt, und zwar markenkonsistent.

Es wird sieben bis zehn Jahre dauern, bis wir alle Marken auf dem gleich hohen Niveau haben werden, wie wir es uns vorstellen. Autos, die bereits in Serie gegangen sind, werden noch sieben Jahre weiterproduziert. Wir können erst die Nachfolgemodelle beeinflussen, das heißt, bis wir wirklich überall eine Chance haben, auf alle Aspekte maßgeblich einzuwirken, sind sieben bis zehn Jahre vorbei. Das sind nun einmal leider die Vorlaufzeiten – sie sind etwas länger als bei Textilien, denn dort wechselt die gesamte Kollektion schon nach wenigen Monaten.

Beim Auto werden zwar die Entwicklungszeiten kürzer, zurzeit liegen sie bei drei Jahren, aber das Auto bleibt anschließend immer noch sieben Jahre in Produktion. Sonst amortisieren sich weder die Entwicklungs- noch die Werkzeugkosten. Wenn man versucht, diese Zeit stark zu verkürzen, dann ist es sehr schwer, Geld zu verdienen. Dehnt man hingegen den Zeitraum der Produktion eines Automobils zu weit aus, dann bricht der Absatz ein. Deshalb lohnt es sich in der Regel auch nicht, ein bestimmtes Modell immer weiter zu produzieren und zu aktualisieren.

Perspektive auf dem Weltmarkt

Wir von PAG sind mit unseren Marken zwar schon weltweit vertreten, sehen auf dem Weltmarkt aber noch gute Expansionschancen, zum Beispiel in Asien und speziell in China. Dort ist VW derzeit am besten positioniert. Das Unternehmen ist in China schon seit vielen Jahren aktiv und hat auch in nicht so rosigen Zeiten durchgehalten. Das wird von den Chinesen honoriert. Trotzdem haben auch wir gute Chancen. In einem Massenmarkt mit 1,2 Milliarden potenziellen Autofahrern wird es genügend Menschen geben, die sich ein Auto einer Premiummarke leisten können und wollen.

Die Ford Motor Company ist schließlich ein ganz großer Spieler auf dem Weltmarkt, und das nutzen wir zu unserem Vorteil. Ford produziert rund 7,5 Millionen

Autos pro Jahr, und rechnet man Mazda hinzu, sind es sogar 8,4 Millionen Einheiten. Damit sind wir im Grunde ebenso groß wie General Motors.

Das Auto als globaler Technologieträger

Man muss ohne Wenn und Aber sehen, dass Luxusautos die Treiber von neuer Technologie sind. Denn jede neue Technologie, die später auch Eingang in das Massenauto findet, ist am Anfang einfach teuer. Damit ist im Grunde die Hürde für neue Technologie am Anfang so hoch, dass sie eigentlich nur von den hochpreisigen Autos zu nehmen ist.

ABS wurde zum Beispiel zuerst von Mercedes und BMW eingeführt und hat am Anfang weit über 2000 DM pro Auto gekostet. Deswegen konnte man diese Technologie in einen VW nicht einbauen, das hätte kein VW-Käufer bezahlt. Und da ja am Anfang so eine Technologie mit all den Vorentwicklungs- und Forschungskosten belastet ist und die Fertigung noch nicht auf große Stückzahlen und Linienfertigung und Volumenfertigung ausgerichtet ist, sind die relativen Entwicklungskosten pro Einheit und die Stückkosten in der Fertigung sehr hoch. Das führt dazu, dass regelmäßig eine neue Technologie zuerst in die Luxusautos Eingang findet.

Was heute im Auto selbstverständlich ist, von der

elektrischen Sitzverstellung bis zum ABS, vom Navigationssystem bis zur Stereoanlage, zum Airbag, zur Motorelektronik, war zuerst in Luxusautos eingebaut, selbst die Dieseltechnologie. Die Dieselmotoren der neuen Generation sind auch wieder sehr viel teurer. Da die Dieseltechnologie aber insgesamt schon sehr weit verbreitet ist, wird sie auch in der neuesten Generation sehr viel schneller für Massenautos verwendet. Der Fortschritt im Automobilbereich wird fast ausschließlich von Luxusautos vorangetrieben.

Von daher wird es nie vorkommen, dass eine neue, wichtige Technologie zuerst in einem Massenauto eingesetzt wird. Das ist immer ein Top-down-Ansatz. Deswegen haben die Premiumautos zusätzlich zu der Rolle des Besonderen auch eine Schrittmacherfunktion. Nur durch Luxusautos kann so eine Technologie überhaupt in vernünftiger Zeit in die Massenautos einfließen. Man lernt bei begrenzten Stückzahlen, wie die Herstellung effizient erfolgen kann; damit wird der Prozess des Reifmachens für große Stückzahlen beschleunigt. Wenn Sie von Anfang an die Technik reif machen müssten für niedrige Kosten und hohe Stückzahlen, gerieten sie in eine Sackgasse – das ginge im Grunde gar nicht oder höchstens mit zehn Jahren Verspätung. Dies ist für mich eines der besten Argumente, um am Beispiel Auto zu verdeutlichen, warum Luxus Wohlstand schafft. Damit werden Zehntausende von Arbeitsplätzen geschaffen.

Ein Beispiel: Bei Bosch werden ABS-Systeme hergestellt. Erst einmal entsteht dadurch eine zusätzliche
Wertschöpfung. Man schafft Arbeitsplätze, weil ein neues, wertvolles, innovatives Produkt hergestellt wird, und
gleichzeitig werden Leben geschützt. Das heißt, man tut
etwas für die Volkswirtschaft, man tut etwas für die Sicherheit und schafft damit Arbeitsplätze.

Wer innovative Lösungen in markenkonsistenter
Weise als Erster im Markt einführt, lädt eine Marke sozusagen mit Technikkompetenz auf. Dieses Image der
Technologieführerschaft ist für Premiummarken sehr
wichtig.

Brennstoffzellen werden den Motor ablösen

In zwanzig bis dreißig Jahren wird die Brennstoffzelle
Zug um Zug den Verbrennungsmotor ablösen. Heute ist
die Technologie noch teuer, sodass man sie sich selbst in
Luxusautos noch nicht leisten kann. Aber die Brennstoffzelle wird kommen, und sie wird am Anfang garantiert in Marken wie Jaguar, Volvo und Mercedes eingesetzt werden und nicht irgendwo in einem Massenauto,
es sei denn zu Demonstrationszwecken.

Ford und DaimlerChrysler lassen gemeinsam das ka-
nadische Unternehmen Ballard Power Systems an der
Brennstoffzelle forschen. DaimlerChrysler ist zu 18,64
Prozent und Ford zu 14 Prozent an Ballard beteiligt. Be-

schäftigt werden 600 Mitarbeiter am Firmenstandort Vancouver und rund 400 Techniker und Ingenieure in Nabern bei Stuttgart.

Bereits ab 2004 will Ford neue Autos mit Brennstoffzellen-Antrieb weltweit erproben und auf Leasingbasis auch an Kunden zu Testzwecken weitergeben. Mit einer Vermarktung ist aber vor 2010 nicht zu rechnen. In der derzeitigen Forschungsphase wird ein Ford Focus eingesetzt, der mit 65 Kw ein Spitzentempo von 130 km/h erreicht.

In einer Brennstoffzelle entsteht Strom durch eine kontrollierte Reaktion aus unter hohem Druck stehendem Wasserstoff und Luftsauerstoff zu Wasser. Die frei werdende chemische Energie wird mit mehr als 90 Prozent Wirkungsgrad in Strom umgewandelt, und ein Elektromotor treibt das Auto an. Dabei entstehen keine Schadstoffe, sondern nur Wasserdampf.

Kohlefasertechnologie, der neue Luxus

Früher war Luxus Gold und Demonstration. Heute ist Luxus eher definiert durch technische Substanz und nicht mehr so sehr durch Anspruch nach außen. Eine Blattgoldschicht auf dem Auto – das ist es ja nicht mehr, auch kein vergoldeter Rolls-Royce-Kühler. Sondern heute besteht der Luxus zum Beispiel darin, Kohlefasertechnologie in meinem Aston Martin zu haben.

Beim neuen Aston Martin Vanquish werden Teile aus Kohlefaser eingesetzt. Ich bin ganz sicher, dass diese Materialien, die bisher beispielsweise in Formel-1-Autos verwendet werden, in zwanzig Jahren auch in Massenautos Eingang finden. Man kann damit das Auto sicherer und leichter machen und zugleich auch den Verbrauch verringern. Also hat ein Aston Martin eine gewisse Schrittmacherfunktion. Damit lerne ich bei begrenzter Stückzahl und begrenztem Risiko den Umgang mit diesen Materialien in der Serie und nicht nur im Labor.

Auch wenn es sich zunächst nur um eine kleinere Stückzahl handelt, vielleicht 500 Autos im Jahr – aber es sind 500 Autos, die unter normalen Serienbedingungen hergestellt werden müssen. Und das Auto muss sich auch in Kundenhand bewähren, es muss nach einem Unfall repariert werden können. Man macht praktische Erfahrungen mit einer kleinen Stückzahl und bei begrenztem Risiko und kann daraus lernen. Und weil das sehr teuer ist, geht so etwas nur über ein sehr teuer positioniertes Produkt.

Kohlefasern können sich viele Hersteller noch nicht leisten. Da braucht man schon ein Auto, das wie der Aston Martin nahezu 500 000 DM kostet. Darum haben diese Autos neben ihrem Prestigewert aus meiner Sicht, wenn alles richtig genutzt wird, eine Zusatzfunktion. Für mich ist das der moderne Luxus.

Volvo arbeitet an einem Safety Concept Car

Bereits wenn der Fahrer sich hinsetzt, identifiziert in weiterer Zukunft ein Sensor die Position seiner Augen. Sitz, Lenkrad und Pedale werden autormatisch so in ihrer Lage verändert, dass alle Instrumente sich in richtiger Reichweite befinden und ein bestmögliches Blickfeld entsteht.

Ein Radargerät misst den Abstand zum nachfolgenden Verkehr und zu Fahrzeugen neben dem eigenen Wagen. Zusätzlich werden nach hinten gerichtete Kameras in die Seitenspiegel integriert, die dem Fahrer zeigen, ob sich im toten Winkel ein anderes Fahrzeug befindet.

Die Scheinwerfer passen sich dem Straßenverlauf an, indem sie beispielsweise den Lichtstrahl in die Richtung dirigieren, in die der Fahrer an einer Kreuzung oder Kurve lenkt. Ein Infrarotlichtverstärker erweitert die Nachtsicht über die Reichweite der Scheinwerfer hinaus.

Eine nach vorn gerichtete Kamera überwacht die Position des Wagens auf der Straße und warnt den Fahrer, sobald die Gefahr des Ausscherens besteht. Die Bremslichter blitzen zur Warnung des nachfolgenden Verkehrs auf, wenn scharf gebremst wird. Außerdem verfügt das Volvo SCC über eine Reihe von neuen Funktionen im Bereich aktiver Fahrsicherheit, Unfall-

schutz und persönliche Sicherheit. Zusammen mit den
B-Säulen des Wagens bilden die Vordersitze einen Si-
cherheitsrahmen. Hinzu kommen außerdem noch Vier-
Punkt-Sicherheitsgurte.

Im Vorderteil befindet sich ein externer Airbag, der
Fußgänger und Fahrradfahrer besser schützen soll. Die
Fernbedienung schließlich wurde zur Volvo Personal
Communicator (VPC) weiterentwickelt und enthält einige neue Funktionen. So sorgt ein Fingerabdruck-Sen-
sor dafür, dass die Fernbedienung nur einer Person
zugänglich ist. Der Fahrer braucht nur den Türgriff
anzufassen, um die Tür zu entriegeln, und der Wagen
kann ohne Schlüssel gestartet werden.

Telematik – mehr als Kommunikation

Telematik im Auto hat man ja heute schon. Wenn Sie
einen Unfall haben oder eine Notsituation, wird der
Notruf automatisch ausgelöst. Und der Empfänger weiß
sofort, wo sich Ihr Auto befindet, weil durch das Navigationssystem Ihre Position bekannt ist.

Man wird in Zukunft sogar das Auto teilweise tele-
matisch reparieren lassen können. Wenn irgendwo in
der elektronischen Steuerung etwas nicht in Ordnung
ist, ist das per Telekommunikation zu erfassen. Man
kann also von einer Zentrale aus in den Fehlerspeicher
eines Wagens schauen, den Fehler erkennen und unter

Umständen durch Umprogrammieren des Steuergerätes den Fehler beheben. Fernreparatur ist möglich, wenn nicht ein mechanischer Fehler vorliegt.

Individuelle Mobilität als treibende Kraft

Mobilität und Individualität sind als Grundbedürfnisse fest in der menschlichen Natur verankert. Wann immer, wo immer und wie immer es möglich ist, sie auszuleben und zu erleben, wird der Mensch die vorhandenen Chancen dazu nutzen. Entgegen allem Zukunftspessimismus und aller Globalisierungsangst, die Chancen werden für alle Menschen tatsächlich immer besser.

Vernetzte, dezentrale Arbeitsplätze, unabhängig von großen Zentren, geben den Menschen überall auf der Welt die Möglichkeit, in wenig erschlossenen Regionen mit qualifizierten Tätigkeiten gute Einkommen zu erzielen. Straßen, elektrische Energie und Glasfaserkabel reichen, um eine funktionierende Infrastruktur zu schaffen. Alle notwendigen Güter, die es nicht vor Ort gibt, lassen sich mit dem Auto herbeischaffen.

Gerade haben die Erben des Gründers der Wal-Mart-Handelskette Bill Gates als reichsten Mann der Welt abgelöst. In den kommenden Jahren wird der Handel vor den größten Herausforderungen seiner Geschichte stehen. Globale Märkte, globale Marken und Kunden mit höchst individuellen Wünschen werden die Regeln rund um den Globus ändern. In zehn Jahren wird sich die Zahl der Automarken verdoppelt haben, während die Zahl der Hersteller kleiner wird. Marken werden eine ganz neue Bedeutung bekommen. Galten sie in der Vergangenheit als ein Instrument der Werbung, um im Prinzip gleichartige Produkte unterscheidbar zu machen, hat schon längst der Prozess begonnen, dass Marken über eine Identität verfügen, die ihrerseits die Messlatte für Produktleistung, Produktqualität und Produktdesign immer höher legt. Marken setzen Maßstäbe. In jeder Hinsicht.

Zukünftig wird es keine Autos mehr geben, die eine veraltete Technik einsetzen oder Qualitätsmängel haben, weil überall auf dem Globus das Wissen vorhanden ist, um Qualität beurteilen zu können. Die Zeit, als ein Auto noch die Alternative zum Ochsenkarren war, ist vorbei. Jeder auf den großen Märkten der Zukunft in China und Indien weiß, über welche Sicherheit, welchen Komfort und welche Umwelteigenschaften moderne Autos verfügen sollen. Auf diesen Märkten wird es schon bald viele Menschen geben, die sich Premiumprodukte nicht nur leisten wollen, sondern auch leisten können. Das wird die technische Entwicklung weiter antreiben. Damit schließt sich der Kreis zwischen Wunsch und Realität.

Am Anfang jeden Fortschritts standen Produkte, die

völlig überflüssig zu sein schienen, weil sie zum Zeitpunkt ihrer Erfindung von niemandem wirklich gebraucht wurden. Auto, Telefon und Personal Computer sind der Luxus von gestern, der heute zum Notwendigen zählt. Wir können nicht vorhersagen, was kommen wird. Deshalb müssen wir einfach möglichst viele Ideen erproben, die zunächst reiner Luxus sind. Weil Luxus die Grenzen des technisch Möglichen auslotet, schafft er immer wieder und immer mehr Wohlstand.

Literaturverzeichnis

Bücher:
Bourdieu, Pierre: Die feinen Unterschiede. Kritik der gesellschaftlichen Urteilskraft. Frankfurt am Main 1987
Brooks, David: Die Bobos. Der Lebensstil der neuen Elite. München 2001
Ebert, Horst-Dieter: Album des Luxus und der Moden. München 1999
Handy, Charles: Die Fortschrittsfalle. Der Zukunft neuen Sinn geben. München 1998
Horx, Matthias: Die acht Sphären der Zukunft. Ein Wegweiser in die Kultur des 21. Jahrhunderts. Wien, Hamburg 2000
Ders./Wippermann, Peter: Trendbüro. Markenkult: Wie Waren zu Ikonen werden. Düsseldorf 1995
Lundberg, Ferdinand: Die Reichen und die Superreichen. Macht und Allmacht des Geldes. Hamburg 1969
Landes, David: Wohlstand und Armut der Nationen. Warum die einen reich sind und die anderen arm. Berlin 1999
Martin, Hans-Peter/Schumann, Harald: Die Globalisierungsfalle. Der Angriff auf Demokratie und Wohlstand. Reinbek bei Hamburg 1997
Montaigne, Michel de: Essais. Erste moderne Gesamtübersetzung von Hans Stilett. Frankfurt am Main 1998
Pöll, Günther: Luxus. Eine wirtschaftstheoretische Analyse. Berlin 1980
Reich, Robert B.: Die neue Weltwirtschaft. Das Ende der nationalen Ökonomie. Frankfurt am Main 1996
Rifkin, Jeremy: Das Ende der Arbeit und ihre Zukunft. Frankfurt am Main 1997
Riesman, David: Die einsame Masse. Darmstadt, Berlin, Neuwied 1967
Scitovsky, Tibor: Psychologie des Wohlstandes. Die Bedürfnisse des Menschen und der Bedarf des Verbrauchers. Frankfurt am Main, New York 1989

Sombart, Werner: Luxus und Kapitalismus. München, Leipzig
   1913
Veblen, Thorstein: Theorie der feinen Leute. Eine ökonomische
   Untersuchung der Institutionen. Frankfurt am Main 1989
Weber, Max: Wirtschaft und Gesellschaft. Studienausgabe. Tü-
   bingen 1976
Wickert, Ulrich: Das Buch der Tugenden. Hamburg 1995
Womack, James P./Jones, Daniel T./Roos, Daniel: Die zweite Re-
   volution in der Autoindustrie. Konsequenzen aus der welt-
   weiten Studie des Massachusetts Institute of Technology.
   Frankfurt am Main 1997

Diverse Ausgaben von Zeitungen und Zeitschriften:
«Auto, Motor und Sport»
«Autoforum»
«Financial Times Deutschland»
«Focus»
«Forbes»
«Frankfurter Allgemeine Zeitung»
«Handelsblatt»
«Managermagazin»
«Der Spiegel»
«Stern»
«Süddeutsche Zeitung»
«Die Telebörse»
«Welt am Sonntag»
«Wirtschaftswoche»
«Die Welt»
«Die Woche»